The Blue Book of IPR in China

中国知识产权
蓝皮书

(2021—2022)

彭学龙 **主 编** 詹 映 李士林 **副主编**

知识产权出版社
全国百佳图书出版单位
—北京—

图书在版编目（CIP）数据

中国知识产权蓝皮书.2021—2022/彭学龙主编；詹映，李士林副主编.—北京：知识产权出版社，2023.4

ISBN 978-7-5130-8683-7

Ⅰ.①中… Ⅱ.①彭…②詹…③李… Ⅲ.①知识产权—研究报告—中国—2021-2022 Ⅳ.①D923.404

中国国家版本馆CIP数据核字（2023）第027666号

责任编辑：刘 睿 刘 江　　**责任校对**：王 岩

封面设计：智兴设计室　　**责任印制**：刘译文

中国知识产权蓝皮书（2021—2022）

彭学龙 主编　　詹 映 李士林 副主编

李士林 执行主编

出版发行：知识产权出版社有限责任公司　　**网 址**：http：//www.ipph.cn

社 址：北京市海淀区气象路50号院　　**邮 编**：100081

责编电话：010-82000860转8344　　**责编邮箱**：liujiang@cnipr.com

发行电话：010-82000860转8101/8102　　**发行传真**：010-82000893/82005070/82000270

印 刷：北京建宏印刷有限公司　　**经 销**：新华书店、各大网上书店及相关专业书店

开 本：720mm×1000mm 1/16　　**印 张**：22.25

版 次：2023年4月第1版　　**印 次**：2023年4月第1次印刷

字 数：338千字　　**定 价**：118.00元

ISBN 978-7-5130-8683-7

编委会

加强全面创新的知识产权法治保障

——中国知识产权蓝皮书 2022 年卷首语

彭学龙

党的二十大报告提出，“加快实施创新驱动发展战略”“加快实现高水平科技自立自强”“加强知识产权法治保障，形成支持全面创新的基础制度”。全面建设社会主义现代化国家新征程再一次吹响加强知识产权法治保障的冲锋号。中国知识产权制度建设一直“坚持以人民为中心的发展思想，坚定不移贯彻创新、协调、绿色、开放、共享的新发展理念”，始终秉承“创新是引领发展的第一动力，保护知识产权就是保护创新”的基本理念，着力强调“从国家战略高度和进入新发展阶段要求出发，全面加强知识产权保护工作，促进建设现代化经济体系，激发全社会创新活力，推动构建新发展格局”。作为一场伟大的社会创新实践，中国知识产权制度建设与事业发展始终直面中国问题，寻求中国方案。基于此，《中共中央关于党的百年奋斗重大成就和历史经验的决议》充分肯定我国“强化知识产权创造、保护、运用”的巨大成就和由此闯出的知识产权制度现代化“中国道路”，以及在创新驱动发展战略引领下形成的“中国经验”。

过去的一年，新冠疫情叠加百年未有之大变局，国际形势复杂多变、暗流涌动，单极化和保护主义抬头乃至愈演愈烈，严重破坏多元化和国际主义，知识产权的正常国际贸易和交流生态受到极大威胁，一些国家借机生事，利用技术优势胁迫、打压和孤立中国。为有效应对逆全球化、逆国际化形势，精准回应新兴技术变革提出的新问题、新挑战，我国着力加强知识产权顶层设计，加快推进知识产权强国建设，全面落实国家知识产权“十四五”规划，高质量完成知识产权法律法规修订，适时出台相关司法解释，有针对性地发布系列规范性文件。在行政层面，我国强化知识产权全链条保护，深化体制机制改革，优化知识产权审批登记，完善知识产权行政信息公开；在司法方面，我国着力提升审判质效，激发创造活力，统一裁判标准，健全诉讼规则，探索健全新型案件审理机制，构建专业化审判体系，公正审理涉外案件，开展国际司法合作；在外交舞台，我国通过巩固多边、双边合作，积极举办国际会议，成功搭建知识产权国际保护服务平台，统筹推进知识产权领域国际合作与竞争。为打通知识产权全链条各个环节，我国加快知识产权社会服务体系建设，加大人才培养力度，为中国式现代化建设营造更加优良的知识产权法治环境。

在世界知识产权组织发布的《2022 全球创新指数报告》中，我国排名上升至第 11 位，相比于 2012 年，前进 24 个位次，并保持持续上升的趋势。2021 年，我国授予发明专利 69.6 万件，平均每万人口高价值发明专利拥有量达到 7.5 件，比上年度增加 1.2 件，我国申请人通过《专利合作条约》（PCT）途径提交的国际专利申请达 6.95 万件，申请量连续 3 年位居全球首位。我国共核准注册商标 773.9 万件，收到国内马德里国际注册申请5 928件，截至 2021 年年底，我国申请人马德里商标国际注册累计有效量达 4.9 万件。除了数量的增加，我国知识产权高质量发展也取得优异成绩，在世界领先的五大科技集群中，我国独占两席，“深圳—香港—广州”地区、北京分别位居全球第二和第三。2021 年中国品牌总价值达 1.9 万亿美元，同比增长 7%，全球排名第 18 位；2020 年高新技术产品出口值达7 577亿美元，同比增长 6%，全球排名第 4 位；高科技制造业在制造业中占比高达 48.1%，全球排名第 14 位。

成绩固然辉煌，但我们应当保持足够清醒。诚如吴汉东教授所言，中国仍然是一个发展中的传统大国，有着自身的历史背负。中国知识产权制度现代化道路，在现实障碍和效果实现方面依然绕不开“中国问题”的特殊性。中国知识产权制度的生成，其本身就是一场历史跨越的社会变革和现代化的制度转型。在发展过程中存在发展阶段三期“叠加”问题，城乡差距、中西部差距和行业差距交织极易造成现代知识产权制度与现实社会的某种相悖，在知识产权治理和发展的现代化进程中难免引发大量社会争议和违法、侵权现象。在知识产权立法的初始阶段，社会成员对于知识产权制度固然有着不同的认知，难以形成共同的价值基础；即使在知识产权法律实施的相当时期，依然存在知识产权创造力量的地区差异和知识产权案件数量分布悬殊等问题。必须看到，中国走向现代化，展现了东方现代化的发展力量及其世界影响，当然也会引发现代化治理和发展的诸多问题，包括知识产权数量与质量、需求与供给的联动、政府治理与市场自治的协调。

未来的中国式知识产权建设，必须以习近平法治思想和新发展理念为指引，深刻把握知识产权制度现代化的新目标、新任务、新要求，不断开拓知识产权现代化治理和现代化发展的中国道路。知识产权强国的建设，应以全面建设社会主义现代化国家为战略引领，以建成法治化国家和创新型国家为实现目标，根据知识产权事业在国家战略布局的自身方位，充分发挥知识产权制度的支撑性、保障性和基础性作用，不断完善知识产权制度体系的现代法度，统筹国内国际两个大局，深度参与知识产权全球治理，完善知识产权国际规则和标准，在全球治理体系建设和改革中提出中国方案、贡献中国智慧，在法治建设与创新发展方面实现本国现代化与世界现代化的良性互动。尽解个中玄妙，还请展卷细览。

本卷《中国知识产权蓝皮书》分为五个部分。特稿收录《中国共产党第二十次全国代表大会新闻中心第三次记者招待会上贺荣大法官就“强化知识产权司法保护”答记者问》和吴汉东教授新作《中国知识产权制度现代化的实践与发展》。前者总结新时代十年中国知识产权司法保护伟大实践，阐述继续加大知识产权司法保护力度和进一步深化国际司法合作交流的重大部署，运筹帷幄，高屋建瓴；后者诠释中国式知识产权建设事业的重大意义、总体要求和重点任务，宏论远略，引人深思。

第一编聚焦中国知识产权总体与四大部门法的发展状况，全面展示过去一年中国知识产权立法、执法和司法新成就，系统梳理知识产权学人的研究成效，凸显新理论、新方法和新成果。五篇报告分别由曹新明教授、胡开忠教授、詹映教授、我本人和宁立志教授主笔完成。众多知识产权专业博士生、硕士生或收集论著，或整理案例，或综述理论，青春之气、凌云之志涌动在字里行间，激荡在谋篇布局中。

第二编和第三编收录地区知识产权创新发展报告和知识产权制度创新发展报告，客观呈现地区知识产权综合发展状况，真实反映人民法院审理知识产权案件的实况。前者分别选取江苏和湖北两地样本，由南京理工大学梅术文教授和武汉理工大学孟奇勋副教授主笔完成，希望能收窥一斑而知全豹之效；后者分别聚焦线上演播相关法律问题、地理标志商标权保护和中医药知识产权保护，由中南财经政法大学黄玉烨教授、上海知识产权法院黎淑兰副院长和南昌大学李士林教授率团队撰写，旨在凸显特殊领域知识产权保护新突破。

第四编整理国内知识产权大事要闻，全景勾勒过去一年知识产权事业发展轨迹，着力呈现热点、要点和各界重要关切，由西北师范大学谢晶博士执笔；与此同时，徐剑飞女士将编辑团队所在的教育部人文社会科学重点研究基地中南财经政法大学知识产权研究中心过去一年内的主要活动以大事记的形式完整展现在读者面前。“嘤其鸣矣，求其友声！”中南财经政法大学知识产权研究中心愿与各界同仁砥砺同行，奋进新时代，谱写新辉煌。

自 2007 年，《中国知识产权蓝皮书》第一卷面世，吴汉东教授就一直担纲主编。为加强编辑力量，曹新明教授和我先后担任副主编。从本卷起，吴汉东教授和曹新明教授力主由本人接任主编，他们则分别出任编委会主任、副主任。新生代学人詹映教授、李士林教授担任副主编，李士林教授任本卷执行主编。从 2006 年本书首卷策划、书名设计，到历年栏目安排、编辑组稿乃至资金筹措，吴汉东教授和曹新明教授可谓殚精竭虑，倾注了全部心血。日征月迈，久久为功。艰难困苦，玉汝于成。在此，谨向两位教授表示由衷的敬意！同时，也特别感谢长期关心、支持《中国知识产权蓝皮书》的领导同人、专家学者，尤其是广大作者和读者群体。

新任主编、副主编和编辑部全体同人唯有竭心尽力，善作善为；唯愿不负重托，不辱使命！

竭诚若斯，力有不逮。疏漏之处，敬请指正！

2023年2月18日于武昌文泓楼

目　录

特　稿

第一编　知识产权年度报告

第二编　地区知识产权创新发展报告

第三编　知识产权制度创新发展报告

第四编　知识产权大事记

特　稿

附　诗

中国共产党第二十次全国代表大会新闻中心第三次记者招待会上贺荣大法官就“强化知识产权司法保护”答记者问

（实况整理）

记　者：新时代人民法院在服务创新驱动发展、加强知识产权司法保护方面取得哪些进展？下一步有哪些工作打算？谢谢。

贺　荣：感谢这位记者朋友。

党的二十大报告指出，要加强知识产权法治保障，加快实现高水平科技自立自强。习近平总书记多次强调，创新是引领发展的第一动力，保护知识产权就是保护创新。新时代10年，人民法院坚持严格依法保护知识产权，有力服务创新驱动发展和科技强国建设。

一是司法保护的范围和力度不断加大。目前，知识产权审判范围已经涵盖专利、商标、著作权、商业秘密、集成电路布图设计、植物新品种、地理标志等权利保护以及不正当竞争、垄断行为规制等相关案件，纠纷类型越来越多样。2013年以来审结一审知识产权案件273.8万件，年均增长24.5%。

二是激励创新创造的能力和效果更加彰显。出台涉及植物新品种权、商业秘密保护、惩罚性赔偿等司法解释，依法保护发明创造和创新主体合法权益，服务高水平科技自立自强。严厉打击假冒伪劣、套牌侵权等违法犯罪，促进种业自主创新。出台意见服务建设全国统一大市场，加强反垄断和反不正当竞争司法，维护公平竞争的市场秩序。依法审理电商平台“二选一”“大数据杀熟”等案件，不断加强对新就业形态劳动者和消费者合法权益的保护，促进数字经济、平台经济规范健康发展。

三是专业化审判体系和保护机制进一步完善。充分发挥最高人民法院知识产权法庭和北京、上海、广州、海南自由贸易港4个知识产权法院，以及各地知识产权法庭职能作用，推进知识产权民事、行政、刑事审判“三合一”改革，适用惩罚性赔偿显著提高侵权代价，强化行政执法和司法衔接机制，提高全链条保护水平。

四是司法保护的国际影响力持续提升。依法平等保护中外权利人合法权益，履行国际条约义务，与世界知识产权组织等深化交流合作，向世界传递我国严格保护知识产权的鲜明立场，已经有越来越多的外国企业选择到中国法院解决知识产权纠纷。

下一步，人民法院将按照党的二十大决策部署，深入践行习近平法治思想，充分发挥审判职能作用，服务科教兴国战略实施。继续加大知识产权司法保护力度，为实现高水平科技自立自强提供有力司法服务。推动健全大数据、人工智能、基因技术等领域知识产权的保护规则，加强反垄断和反不正当竞争司法，加强行政执法和司法机制衔接，依法规范和引导资本健康发展。健全公正高效、管辖科学、权界清晰、系统完备的司法保护体制，加强专业化审判体系建设。进一步深化国际司法合作交流，不断提升我国知识产权保护的公正形象和国际影响力。

中国知识产权制度现代化的实践与发展

吴汉东*

中国知识产权制度成长和法治进程的百年历史，呈现出“知识产权弱国→知识产权大国→知识产权强国”的现代化发展过程。在改革开放的40余年间，中国知识产权法制建设取得长足进步，既涉及立法成就，也包括政策经验。中国坚持改革开放，吸收世界制度文明成果，同时注重制度发展的本土思想引领和实践导向，走出了一条知识产权制度现代化的“中国道路”。

一、知识产权制度现代化运动中的中国问题

中国是一个发展中的传统大国，有着自己的历史背负，与知识产权制度的发源地欧美等国的法律发展历程不同；同时，中国也是一个发展中的新兴大国，其世界地位和影响不同于一般的发展中国家。因此，中国知识产权制度现代化道路，在现实障碍和效果实现方面存在中国问题的特殊性。

（1）跨越式转型。从传统国家到现代国家的转型发展，是一个现代治理体系（包括知识产权制度）不断成长、成熟的历史过程。在中国，知识产权

* 中南财经政法大学知识产权研究中心资深教授。本文首发于《中国法学》2022年第5期，根据文摘版增删后转载。

制度从法律移植到本土化改造以至国际化融合，其过程非常急促，问题特别复杂：缺乏知识产权构造的文化基础，同时又面临社会认同不足的现实障碍；加之在法律移植之初，政府和企业制度运作经验不足，往往在知识产权问题上“受制于人”。因此，中国知识产权制度生成，其本身就是一场历史跨越的社会变革和现代化的制度转型。

（2）非均衡性发展。一般认为，现代化运动过程以科技化、工业化为发展动力，以法治化、市场化为环境构成，以社会结构转型和社会整体发展作为现代化实现目标。知识产权法是现代国家通行的法律制度，具有调节、激励和规制创新活动的法律功能。在制度转型发展中，上述发展动力和环境构成等一般社会条件是现代知识产权制度生成并有效运转的基本要素。中国作为一个后发国家，在发展过程中存在发展阶段三期“叠加”问题，其实质是经济与社会发展的不充分、不协调并呈现出非均衡性样态。因此，城乡差距、中西部差距、行业差距等容易导致现代知识产权制度与现实社会的某种相悖，不同区域、不同领域对知识产权存在不同的制度需求。因此，中国知识产权法治建设和事业发展，既要坚持战略引领，进行总体规划；又要聚焦重点领域，注重协调发展。

（3）超大型崛起。超大型人口规模以及相应而成的经济规模、产业规模、市场规模和知识产权事业规模所形成的中国崛起是前所未有的。中国走向现代化，展现了东方现代化的发展力量及其世界影响，当然也会伴随着现代化治理和发展的诸多问题，例如知识产权数量与质量、需求与供给的联动问题，政府治理机制与市场机制的协调问题等。超大型崛起是“中国式现代化”的重要表征，但在社会主义现代化国家建设方面，知识产权制度仍面临着许多挑战和任务。

总之，知识产权制度现代化的中国问题研究，必须探索世界制度文明发展规律，更要吃透本土国情，服务国家大局。面向知识产权制度现代化发展目标，我们必须把握好知识产权问题的核心要义。什么是现代化的知识产权制度、知识产权现代化发展与国家现代化建设有什么关系、如何实现知识产权制度现代化，是关系中国知识产权制度发展变革的方向性、原则性、根本性重大理论和实践问题。

二、中国知识产权制度现代化的思想遵循

探讨知识产权制度现代化建设，需要直面中国问题，总结中国经验，其中最为重要的是找到“中国式现代化”的思想方案。中国特色的知识产权思想学说，对于我国知识产权制度现代化建设来说，其意义是理论上的，也是实践上的，可以说是国际知识产权话语体系中的“中国表达”。改革开放以来，中国并未停步于知识产权的制度引进，而是注重制度学习、吸收和转化。我国的知识产权法律本土化改造过程，是对世界制度文明的理性追求过程，也是本土制度现代化的自我实现过程。

知识产权制度在中国的本土化改造，有着以下基本任务：(1) 从“被逼所用”到“为我所用”，即对外来法律进行合理选择和安排，继而将立法建制植根于本国法治土壤；(2) 从“制度外生”到“制度内化”，即注重法律移植后的实施效果，促使知识产权融入本国社会发展机制之中；(3) 从“认同缺乏”到“价值共信”，即在全社会养成法律价值共识和创新价值共认，实现知识产权文化再造。在中国，知识产权制度表现出本土化变革与现代化发展相关联的基本面相，即知识产权制度生成及运行是在现代化目标指引下的本土化，也是具有本土化特色的现代化。

在法律本土化的过程中，特别是进入新时代以来，中国以习近平法治思想和新发展理念为指导，从国家治理和社会发展的战略高度，确立了知识产权制度建设目标及其实现路径。中国知识产权制度现代化的思想遵循，涉及以下两大方面：习近平法治思想是中国知识产权制度建设的根本遵循。中国从基本国情和发展需要出发，在中国特色社会主义法治体系和全面依法治国总体安排中加强知识产权制度建设。党的十八大以来，习近平总书记就加强知识产权法治的重大问题作出了一系列精辟阐释和深刻分析，诸如“加强知识产权保护”“塑造知识产权保护的营商环境”“建立知识产权综合管理体制”“推进知识产权司法管理体制改革”“加快知识产权保护制度建设”“提

升知识产权意识”等，构成知识产权法治理论的重大思想成果，是新时代中国知识产权现代化治理和现代化发展的思想引领和行动指南。

新发展理念是中国知识产权制度建设的目标指引。中国通过知识产权战略引领，有效发挥本土社会制度优势和公共政策力量，充分释放知识产权激励和保障创新发展的制度功用。进入新时代以来，习近平总书记准确把握知识产权制度与创新发展的相互关系，提出“创新是引领发展的第一动力，保护知识产权就是保护创新”的重要论断；强调产业、企业“着眼国家战略需求”，寻求关键核心领域的原始创新和自主知识产权的重要意义；阐述知识产权保护工作与“完善现代产权制度”“推动高质量发展”的重要关系。这些论述对中国知识产权制度的发展思路、发展方向和发展任务等具有很强的纲领性和指引性作用。

三、“中国式现代化”过程中的知识产权制度实践

中国知识产权制度建设与事业发展是一场伟大的社会创新实践。在这一态势下，我们应在“中国式现代化”经验的基点上，以习近平法治思想和新发展理念为指导，对知识产权制度实践进行理论挖掘和思想总结。

（一）现代化重要表征：知识产权制度创新与知识创新

在知识经济时代，知识产权具有“制度创新”的价值属性和“知识创新”的价值目标。在创新体系构成中，具有基础保障作用的是制度创新，主要是法律创新、政策创新、体制和机制创新；具有功能目标意义的是知识创新，包括文化创新、科技创新、产业和产品创新。中国现代化发展的重要路径在于创新发展，而创新发展的基本制度就是知识产权制度。

（二）现代化基本力量：知识产权治理主体与创新主体

法治现代化是国家现代化建设的重要构成。中国式法治现代化道路在动力机制和推进方式上具有自己的显著特点，即政府推动与社会演进交互作用、上下双向互动结合。基于此，知识产权制度现代化，在法治运行机制方面，表现出“良法善治、多元共治”的局面；在创新驱动机制方面，呈现出“多

元创新、协同创新”的样态。总体说来，在知识产权主体的创新活动中，国家、企业、个人等多元主体各有其责，但相得益彰。其中，国家是制度创新的主导者，而企业、个人是知识创新的行动者，共同致力于现代化国家的创新发展。

（三）现代化制度构成：知识产权法律规范与公共政策

知识产权制度的基本构成，表现为法律规范和公共政策。中国知识产权法律发展，经历了“移植—转化—再造”的阶段性选择和能动性创新的过程，体现了法治道路上的本土特色、实践特色和时代特色。中国知识产权政策发展，具有本土政策思想和政策主张的价值特征，以及服务创新发展和配置规范的制度功能，为知识产权战略实施及其目标实现提供了必要的制度保障。

（四）现代化运行机制：知识产权法治系统与发展系统

知识产权运行机制，构成了知识产权制度现代化目标的实现路径，包括知识产权的法治运动状态和知识产权的社会发展状态两个方面。其中，知识产权法治系统表现出一个立法、执法、司法、守法的法治动态过程；知识产权发展系统主要是一种政策运行状态，包括与知识产权有关的创造、运用、管理、保护和服务等各个方面。

四、新时代知识产权制度现代化的目标任务

面向21世纪中叶，中国以习近平法治思想和新发展理念为指引，深刻把握知识产权制度现代化的新目标新任务新要求，不断开拓知识产权现代化治理和现代化发展的中国道路。

（一）建设知识产权强国的目标向度

知识产权制度现代化的目标向度，是对制度文明建设和现代化发展的趋势及其方向的观察。在当下以至未来一段时期，全面建设社会主义现代化强国既是“中国式现代化”的发展目标，也是中国知识产权制度现代化的道路指引。现代化强国建设目标，在知识产权语境下具象为“中国特色、世界水平”的知识产权强国。知识产权强国即世界强国，以强大的国家综合实力为

基础，以先进的知识产权治理能力和发展实力为表征。在现代化语境中，知识产权强国应具有法治化和创新型两个方面的品质。知识产权强国建设，以法治化国家和创新型国家为目标构成，具有物质文明、精神文明、生态文明和制度文明的国家现代化建设的基本要义。“中国式现代化”的发展道路，在知识产权方面有着自己的智识体验、路径选择和目标安排。知识产权强国的中国建设，应以全面建设社会主义现代化强国为战略指引，以建成法治化国家和创新型国家为实现目标，根据知识产权事业在国家战略布局的自身方位，充分发挥知识产权制度的支撑性、保障性和基础性作用。

（二）完善知识产权制度体系的现代法度

在中国，现代化“法度”意义上的知识产权制度体系构建，包括以下三个方面：一是知识产权基础性法律制定问题。涉及私法领域的基础性法律，可以表现为《民法典》“知识产权编”，也可以采取“知识产权专门法典”；或是公法领域的基础性法律，其法律形式为“知识产权基本法”。二是知识产权专门性法律改造问题，包括新技术、新领域、新业态保护制度、科技成果转化和产权交易制度等，特别是制定商业秘密保护法、职务发明条例等。三是知识产权替代性法律安排问题，包括“非现代性”的知识保护形式（传统文化、民间文学艺术和遗传资源保护制度）和“非市场性”的产权保护形式（如“专利奖赏制度”“发明和发现奖励制度”）。

（三）拓展知识产权全球治理的世界维度

从拓展知识产权制度现代化的世界维度出发，我们必须统筹国内国际两个大局，在法治建设与创新发展方面实现国家现代化与世界现代化的良性互动。一是以全人类共同价值为引领，构建知识产权领域的人类命运共同体。中国秉持全人类共同价值理念，致力“建立面向新科技革命和产业变革的政策制度体系，营造国际合作环境，让科技创新成果为更多国家和人民所及、所享、所用”“推动国际秩序和全球治理体系朝着更加公正合理方向发展”。可以认为，构建人类命运共同体，是推动知识产权国际保护制度变革的中国主张。二是以世界贸易组织（WTO）和《与贸易有关的知识产权协定》（TRIPs）为基础，维护知识产权保护的多边体制。中国坚持对外开放立场，坚守包括知识产权保护的国际贸易规则，无论是在 WTO 多边体制框架之下，还是在“体制转换”中的区域、双边场合之中，我们都应以知识产权国际保护规则为基础来实现全球治理。三是以共商、共建、共享为路径，改革和完善全球知识产权治理体系。在政治多极化、经济全球化、文化多样化的世界维度中，中国知识产权制度建设，不仅是中国式的现代化，也是多元性的国际化。其重大国际任务是：建立公正合理的多边贸易体制和平等开放的对话机制，增加新兴市场国家和发展中国家的代表性和发言权；完善知识产权国际规则和标准，在全球治理体系建设和改革中提出中国方案、贡献中国智慧；促进南南合作和南北对话，反对单边主义，妥善解决知识产权争端。

五、结　语

知识产权制度现代化，是一个法律变革和政策发展的运动过程。从过去到现在以至未来，中国直面知识产权制度建设的一系列问题：一是知识产权法治建设的本土化与现代化、一体化的关系；二是现代知识产权制度的时代性要求与本国阶段性选择的关系；三是国家创新体系中知识产权制度创新与知识创新的关系；四是全球化进程中知识产权制度风险与风险法律控制的关系；五是权利冲突中知识产权保护与基本人权保障的关系；六是制度体系构造中知识产权现代性与传统资源本源性的关系；七是知识产权法律移植、制度转化与法治文化、创新文化养成的关系；八是知识产权国际贸易与中国国家安全的关系；九是知识产权立法专门化、体系化与法典化的关系；十是知识产权现代化国家治理与一体化全球治理的关系。中国用自己的制度实践、制度经验和制度创新活动，已经或正在解决知识产权制度现代化过程中的各种问题。这一答卷将为发展中国家知识产权主张提供“中国样板”，也为世界知识产权制度文明贡献出“多元模式”。

第一编　知识产权年度报告

中国知识产权发展状况报告（2021—2022）

曹新明　马子斌*

一、引　言

习近平总书记强调："创新是引领发展的第一动力，保护知识产权就是保护创新。"自党的十九大以来，以习近平总书记为核心的党中央对知识产权工作作出重大部署。2021年，党中央、国务院印发《知识产权强国建设纲要（2021—2035年）》和《"十四五"国家知识产权保护和运用规划》，标志着中国知识产权事业进入新的发展阶段。2021—2022年，《知识产权强国建设纲要和"十四五"规划实施年度推进计划》《推动知识产权高质量发展年度工作指引（2022）》《2022年知识产权强国建设纲要和"十四五"规划实施地方工作要点》《关于面向企业开展2022年度知识产权强国建设示范工作的通知》等一系列文件的印发，全方位强化知识产权强国建设的顶层设计工作，是进一步落实知识产权强国的重要保障。

2021—2022年，知识产权创造、运用、保护、环境等方面取得显著成就。

---

* 曹新明，中南财经政法大学知识产权研究中心教授，博士生导师；马子斌，中南财经政法大学知识产权研究中心博士研究生。

为加强我国知识产权法治化水平，加快对时代变化下新问题的回应，实施知识产权强国战略并落实国家知识产权“十四五”规划，我国完成了对知识产权法律法规的修订，出台相关司法解释，以及印发多项规范性文件。在行政工作方面，对知识产权保护工作进行更完美的顶层设计，强化知识产权全链条保护，深化体制机制改革，优化知识产权审批登记，完善知识产权行政信息公开等；在司法工作方面，提升审判质效，激发创造活力，统一裁判标准，健全诉讼规则，探索健全新型案件审理机制，健全专业化审判体系，公正审理涉外案件，开展国际司法合作等。通过巩固多边、双边合作，积极举办国际会议，搭建知识产权国际保护服务平台，统筹推进知识产权领域国际合作与竞争。为了打通知识产权全链条各个环节，我国加快知识产权社会服务体系建设，进一步规范学术研究，加大人才培养力度等，为中国式现代化建设创造更加优良的知识产权保护环境。

2022 年，习近平总书记在党的二十大报告中，郑重宣示了新时代新征程中国共产党的使命任务，为我们描绘了中国式现代化的宏伟蓝图，同时也为未来中国知识产权法治建设和事业发展提供了战略指引。❶ 以此为契机，我们坚定不移地把学习宣传贯彻党的二十大精神作为当前和今后一个时期的首要政治任务，在全面学习、全面把握、全面落实上下功夫，坚定不移把党的二十大提出的目标任务落到实处。❷

二、知识产权保护状况

以习近平同志为核心的党中央高度重视知识产权保护工作。《中共中央关于党的百年奋斗重大成就和历史经验的决议》肯定了我国在“强化知识产权创造、保护、运用”方面所取得的成就。党的十八大要求我国坚持走中国特

❶ 吴汉东．党的二十大报告为中国知识产权发展提供战略指引［EB/OL］.［2022-12-05］. https：//mp. weixin. qq. com/s/ymgwl4zulpdkq8dtct3clq.

❷ 国家知识产权局党组理论学习中心组深入学习贯彻党的二十大精神［EB/OL］.［2022-11-04］. https：//www. cnipa. gov. cn/art/2022/11/1/art_53_180074. html.

色自主创新道路，实施创新驱动发展战略，党的十九大要求我国推动高质量发展，2021—2022年，我国按照党的十八大、十九大精神和具体要求，在知识产权全链条各个环节的质效获得显著提升。

（一）知识产权创造发展

2022年4月24日，国务院新闻办就2021年中国知识产权发展状况举行发布会并进行详细介绍。2022年9月29日，世界知识产权组织发布《2022年全球创新指数报告》，我国排名继续上升至第11名，较10年前已前进24个位次并且保持持续前进的趋势。❶ 2021—2022年，我国授予发明专利69.6万件，平均每万人口高价值发明专利拥有量较上年提升1.2件，达到7.5件，并且积极通过《专利合作条约》（PCT）途径提交国际专利申请，连续三年位居全球首位。核准注册商标773.9万件，收到国内马德里国际注册申请5 928件。除此之外，新认定地理标志保护产品、核准注册地理标志证明商标、集体商标，授予植物新品种权，以及登记作品、计算机软件著作权的数量全面提升。❷ 因此，我国知识产权创造集中于尖端科技，提高科技成果审批登记量与质，同时，我国积极宣传知识产权综合发展专题并提升知识产权保护成效，深刻领会知识产权工作的重大战略部署，扎实推进知识产权强国建设，为“十四五”的全面发展夯实基础，实现良好开局。

（二）知识产权运用发展

知识产权运用是推动知识产权价值实现，促进经济创新发展的关键环节，在新技术转化等方面发挥着重要作用。2021年，我国知识产权密集型产业迅速发展，全国专利、商标质押融资持续推进，完善知识产权市场化定价与交易机制，大力推动知识产权转化运用，开展专利开放许可试点工作，以及探索海外知识产权纠纷应对指导机制。统计数据显示，2020年，专利密集型产业增加值达到12.13万亿元，同比增长5.8%，占GDP比重达到11.97%，版

❶ 2022年全球创新指数报告发布 中国排名继续上升［EB/OL］.［2022-10-30］. http://www.gov.cn/xinwen/2022-09/29/content_5713958.html.

❷ 2021年中国知识产权发展状况发布会［EB/OL］.［2022-10-30］. http://www.gov.cn/xinwen/2022-04/24/content_5686971.htm.

权产业增加值达到 7.51 万亿元，同比增长 2.58%，占 GDP 比重达到 7.39%。

2021 年，全国专利、商标质押融资总额达 3 098亿元，同比增长 42%，惠及企业 1.5 万家。知识产权使用费进出口总额 3 783亿元，其中出口 760.2 亿元，同比增长 27.1%；出口增速超进口增速 10.5 个百分点。共签订涉及知识产权技术合同 21.9 万项，成交额突破 1.4 万亿元。发行知识产权资产证券化产品 42 只，发行规模 95 亿元。❶

（三）知识产权保护发展

习近平总书记指出，知识产权保护工作关系国家治理体系和治理能力现代化，关系高质量发展，关系人民生活幸福，关系国家对外开放大局，关系国家安全。❷ 在全国范围内开展知识产权保护工作检查考核和打击侵权假冒工作绩效考核，新建 25 家知识产权保护中心和快速维权中心，累计设立 22 家国家海外知识产权纠纷应对指导中心地方分中心。查处专利、商标等领域违法案件 5.01 万件。处理专利侵权纠纷行政裁决案件 4.98 万件。受理知识产权纠纷调解案件 6.48 万件。查办侵权盗版案件 2 957件，删除侵权盗版链接 119.7 万条。累计扣留进出口侵权嫌疑货物 7.92 万批。新收各类知识产权一审、二审、再审等案件 63.5 万件，审结 59.5 万件。批准逮捕涉及侵犯知识产权犯罪案件 4 500余件 7 800余人。侦破侵权假冒犯罪案件 2.1 万起，抓获犯罪嫌疑人 3.8 万名，涉案总价值 95.3 亿元。❸ 知识产权保护社会满意度进一步提高至 80.61 分，较上一年上升 0.56 分，得到社会主体的广泛认可。❹

（四）知识产权环境发展

知识产权制度方面，2021 年，第十三届全国人大常委会第三十二次会议分别通过《关于修改〈中华人民共和国科学技术进步法〉的决定》《关于修

❶ 2021 年中国知识产权发展状况发布会［EB/OL］.［2022-10-30］. http://www.gov.cn/xinwen/2022-04/24/content_5686971.htm.

❷ 习近平：全面加强知识产权保护工作 激发创新活力推动构建新发展格局［EB/OL］.［2022-10-30］. https://www.cnipa.gov.cn/col/col2472/index.html.

❸ 2021 年中国知识产权发展状况发布会［EB/OL］.［2022-10-30］. http://www.gov.cn/xinwen/2022-04/24/content_5686971.htm.

❹ 2021 年中国知识产权保护状况［R］.

改〈中华人民共和国种子法〉的决定》，并分别于2022年1月1日、2022年3月1日正式施行。2022年，第十三届全国人大常委会第三十五次会议通过《关于修改〈中华人民共和国反垄断法〉的决定》，于2022年8月1日起正式实施的新《反垄断法》保留了八章、四支柱的核心结构，条款增加多于删减，数目从57条增加至70条，条文内容也有所修改，本次修订的内容可概述为“9大方面＋23处调整”。

知识产权公共服务方面，国务院常务会议审议通过深化知识产权领域“放管服”改革文件，部署16项改革举措。知识产权审查质量和效率持续提升，高价值发明专利审查周期压减至13.3个月，商标注册平均审查周期稳定在4个月，提前完成国务院确定的五年压减周期目标任务。知识产权公共服务机构实现省级层面及副省级城市全覆盖。新增88家国家知识产权信息公共服务网点，新建50家技术与创新支持中心。新增开放10种知识产权数据，实现集成电路布图设计数据首次开放，上线欧盟商标查询系统，开展知识产权信息服务专项行动，服务中小企业30余万次。❶

（五）知识产权和国家创新发展的国际比较

2020—2021年，我国全面贯彻党的十九大和十九届历次全会精神，深入落实习近平总书记在中央政治局第二十五次集体会议时知识产权方面的重大讲话精神，持续推进知识产权创新的高质量发展，激发全社会创新活力，使我国知识产权发展水平一直稳居世界中上游。2022年9月，世界知识产权组织发布的《2022年全球创新指数报告》指出：中国在创新投入和创新产出方面，国内市场规模、本国人专利申请量、本国人实用新型申请量、本国人工业品外观设计申请量、本国人商标申请量等9个细分指标排名第一；同时，2021年，中国品牌总价值达1.9万亿美元，同比增长7%，全球排名第18，2020年，高新技术产品出口值达7 577亿美元，同比增长6%，全球排名第四；高科技制造业占制造业的比重达48.1%，较2018年增长1个百分点，全球排

❶ 2021年中国知识产权发展状况发布会［EB/OL］.［2022-10-30］. http：//www.gov.cn/xinwen/2022-04/24/content_5686971.htm.

名第 14；知识产权收入达 89 亿美元，同比增长 34%；在世界领先的五大科技集群中，我国独占两席，深圳-香港-广州地区、北京分别位于全球第二和第三，这不仅体现出中国数十年的努力，还展现了中国知识产权强国未来强劲的发展态势。❶

三、知识产权法律体系建设

2021—2022 年，随着《知识产权强国建设纲要（2021—2035 年）》和《“十四五”国家知识产权保护和运用规划》的出台，我国完成知识产权事业未来发展的重大顶层设计。为深入贯彻习近平总书记在十九届中央政治局第二十五次集体会议学习时关于知识产权工作的重要指示论述，深刻领会和准确把握党中央、国务院对知识产权工作的战略部署，扎实推进知识产权强国建设，实现“十四五”的良好开局，知识产权相关部门通过完善知识产权法律体系建设，落实知识产权事业顶层设计的实施，为推进知识产权事业高质量发展、建设创新型国家和社会主义现代化强国提供坚实的法律保障。

（一）法律法规

1. 完成《中华人民共和国种子法》的修订工作

2021 年 12 月 24 日，第十三届全国人民代表大会常务委员会第三十二次会议通过《关于修改〈中华人民共和国种子法〉的决定》，完成《中华人民共和国种子法》（以下简称《种子法》）的第四次修订，并于 2022 年 3 月 1 日正式实施。新《种子法》主要是从扩大植物新品种权的保护范围及保护环节、建立实质性派生品种制度、完善侵权赔偿制度、完善法律责任四个方面进行修改，共修改 16 条，删除 2 条。总体上，可以将修改概括为三个“增加”、四个“修改”、四个“取消”。此次修订强化了知识产权保护，在审批管理上进行精简放权，达到了激励育种创新的目的。

❶ 2022 全球创新指数报告［R］.

2. 完成《中华人民共和国科学技术进步法》的修订工作

2021年12月24日，中华人民共和国主席签发《中华人民共和国主席令（第一〇三号）》：第十三届全国人民代表大会常务委员会第三十二次会议修订通过《中华人民共和国科学技术进步法》（以下简称《科学技术进步法》），并于2022年1月1日起施行。从修订的主要内容来看，修订后的《科学技术进步法》共12章117条，其中“建立健全以国家实验室为引领、全国重点实验室为支撑的实验室体系”“鼓励科研单位采取股权、期权、分红等方式激励科学技术人员”“探索赋予科学技术人员职务科技成果所有权或者长期使用权制度”等成为此次修法的亮点。此次修法健全了科技创新保障措施，完善国家创新体系，破除自主创新障碍，为我国实现高水平科技自立自强提供法治保障。

（二）部门规章

《农业植物品种命名规定》

2022年1月21日，农业农村部对《农业植物品种命名规定》进行修订，并于2022年1月21日起施行。本次修订主要修改了10处条文，并新增加“通过基因工程技术改变个别性状的品种，其品种名称与受体品种名称相近似的，应当经过受体品种育种者同意”的条款。《农业植物品种命名规定》的修改，是贯彻落实《知识产权强国建设纲要（2021—2035年）》和《“十四五”国家知识产权保护和运用规划》的体现，也是农业农村部为有序推进生物育种产业化应用，发展现代种业，保障粮食安全的重要举措。

（三）司法解释

1.《最高人民法院关于第一审知识产权民事、行政案件管辖的若干规定》

2021年12月27日，最高人民法院审判委员会第1858次会议通过《最高人民法院关于第一审知识产权民事、行政案件管辖的若干规定》，于2022年4月20日公布，2022年5月1日起正式施行。依据该“规定”，最高人民法院确定了具有知识产权民事、行政案件管辖权的基层人民法院及其管辖区域，管辖第一审知识产权民事案件诉讼标的额的标准。该“规定”统一诉讼标的额标准，为当事人诉讼提供便利，同时合理定位法院审级职能，优化法院管辖标准，调整知识产权刑事案件管辖，确保“三合一”审判改革的协同推进，为进一步发挥知识产权专门审判机构的服务保障功能，重大科技创新的司法保障提供重要的法律依据。

2.《最高人民法院关于适用〈中华人民共和国反不正当竞争法〉若干问题的解释》

2022 年 1 月 29 日，最高人民法院审判委员会第 1862 次会议通过《最高人民法院关于适用〈中华人民共和国反不正当竞争法〉若干问题的解释》，于 2022 年 3 月 16 日发布，2022 年 3 月 20 日起施行。新司法解释对反不正当竞争中市场竞争关系的认定、仿冒混淆、网络不正当竞争、商业宣传、法定赔偿的适用等方面进行细化。其中不正当竞争行为认定的规定，体现对新类型法律纠纷的回应以及新领域新业态的权利边界、责任认定的明确。《最高人民法院关于适用〈中华人民共和国反不正当竞争法〉若干问题的解释》的出台，是贯彻落实党中央关于加强反垄断、反不正当竞争工作重大决策部署的有力举措，对深度落实公平竞争政策、健全公平竞争制度、推进公平竞争市场的建设具有重要意义。

（四）其他规范性文件

1.《专利权质押登记办法》印发

2021 年 11 月 15 日，国家知识产权局发布修改后的《专利权质押登记办法》。该办法对部分条款进行顺序调整、精简内容、规范表述以及对部分条款进行实质性修改。主要的修改内容包含四个方面：一是推行以承诺方式办理质押登记手续（第 7 条、第 13 条、第 14 条、第 20 条）；二是减少不予办理登记的情形（第 11 条）；三是压缩登记审查期限（第 10 条、第 13 条、第 14 条）；四是优化登记相关服务（第 6 条、第 16 条、第 19 条）。此次修改着力于“放管服”改革，为国家知识产权局开展规范、便利、高效的专利质押登记服务提供坚实的制度保障，为推动专利质押融资，实现知识产权价值提供充分便利。

2.《中国商标法律保护和执法指南》印发

2021 年 11 月 23 日，中国国家知识产权局局长申长雨与英国知识产权局局长蒂姆·摩斯以视频方式举行会见。会后，两局共同发布中英两国知识产权保护指南。中国国家知识产权局编译《中国商标法律保护和执法指南》，英方编译《英国知识产权保护指南》。该指南主要内容围绕中国的商标保护制度，涉及注册申请、审查、异议、侵权与救济等程序，并提供网上检索、申请、商标保护策略性建议等实用信息。该指南的发布，加深了中英两国对彼此知识产权制度的了解，为两国知识产权用户提供优质服务，进而促进两国经济的高质量发展。

3.《商标审查审理指南》印发

2021年11月16日，国家知识产权局发布新版《商标审查审理指南》，于2022年1月1日起施行，原《商标审查及审理标准》同时废止。《商标审查审理指南》主要分上、下两编，上编为“形式审查和事务工作编”，系对现行各流程形式审查标准和工作规程的系统梳理和优化，下编为“商标审查审理编”，系商标审查审理实体性标准。新版指南的主要亮点为：一是增加形式审查部分；二是增加商品服务和商标检索要素的分类；三是增加不以使用为目的的恶意商标注册申请的审查标准；四是充实和完善商标审查审理标准；五是增加示例便于准确理解审查标准。该“指南”旨在确保商标审查审理工作顺利进行、确保商标审查意识形态安全，为商标审查审理总结实践经验，维护国家利益与社会稳定，维护社会善良风俗、公平竞争秩序和消费者利益。

4.《商标一般违法判断标准》印发

2021年12月13日，国家知识产权局出台《商标一般违法判断标准》，于2022年1月1日起施行。该“标准”主要内容，是针对现行商标法律、法规及部门规章规定的必须使用注册商标而未使用，使用不得作为商标使用的标志，在商业活动中使用“驰名商标”字样，商标被许可人未依法标明其名称和商品产地，自行改变注册商标、注册人名义、地址或者其他注册事项，将未注册商标冒充注册商标使用，未履行集体商标、证明商标管理义务，未履行商标印制管理义务，恶意申请商标注册等九类违反商标管理秩序的违法行为进行了细化规定。该规定旨在加强商标管理，统一执法标准，提升执法水平，全面加强知识产权保护。

5.《专利和商标审查“十四五”规划》印发

2021 年 12 月 31 日，国家知识产权局发布关于印发《专利和商标审查“十四五”规划》的通知，《专利和商标审查“十四五”规划》主要分为五个部分：第一部分是对“十三五”期间专利和商标审查工作成就的总结；第二部分阐述“十四五”时期面临的主要形势与挑战；第三部分从指导思想、基本原则、发展目标三个角度出发，提出了“十四五”期间的总体要求；第四部分提出“十四五”规划的主要任务是持续完善审查制度、稳步提升审查质量、继续提高审查效率、协同推进申请质量提升、提升审查组织机构运行效能、深化专利申请和商标注册便利化改革、全面深入开展审查审理业务国际合作；第五部分实行加强廉政风险防控、人才队伍保障、经费保障、信息化保障以及审查文化建设的保障措施。该“规划”的印发，明确了专利和商标审查“十四五”时期的工作目标、任务、举措和实施蓝图，是助推技术进步、营造良好营商环境、促进市场繁荣的重要举措，也是发挥政府职能、提高国家智能能力的重要体现。

6.《地理标志保护和运用“十四五”规划》印发

2021 年 12 月 31 日，国家知识产权局发布《地理标志保护和运用“十四五”规划》。其旨在贯彻落实《知识产权强国建设纲要（2021—2035 年）》《“十四五”国家知识产权保护和运用规划》《关于强化知识产权保护的意见》，提升地理标志保护和运用水平。主要内容包含四个部分：第一部分叙述该规划印发的背景；第二部分从指导思想、发展目标层面提出总体要求；第三部分提出规划的主要任务是夯实地理标志保护和管理基础、提升地理标志保护和管理水平、加强地理标志品牌建设、发展地理标志特色产业、扩大地理标志对外交流；第四部分阐述规划的保障措施，分别是加强组织领导、政策支持、人才队伍建设以及宣传引导。该《规划》的发布，对进一步推进乡村振兴，加强保护和传承优秀传统文化，激励企业参与市场竞争具有重大意义。

7.《知识产权人才“十四五”规划》印发

2021 年 12 月 31 日，国家知识产权局发布《知识产权人才“十四五”规划》。其旨在加强知识产权人才队伍建设，激发全社会创新活力，为建设中国特色、世界水平的知识产权强国提供人才支撑。《知识产权人才“十四五”规划》主要包含五个部分：第一部分是规划的背景；第二部分是人才规划的总体要求，提出坚持人才引领发展、需求导向、质效并重、系统推进的基本原则，并提出“十四五”时期知识产权人才工作的总体目标；第三部分是“十四五”时期完成的主要任务；第四部分是人才建设的重点项目，包含培训基地、网络培训课程、人才高地、智库专家人才库、职称评价、专业学位设置；第五部分是规划的具体组织实施。该“规划”的印发有助于构建和完善符合新时代知识产权强国建设需要的知识产权人才体系，打造知识产权重点队伍和基础人才队伍。

8.《知识产权公共服务“十四五”规划》印发

2021年12月31日，国家知识产权局印发《知识产权公共服务“十四五”规划》。其主要内容分为七部分，分别为发展基础、总体要求、形成便民利民的知识产权公共服务体系、加强智慧便捷的知识产权信息化设施建设、强化丰富多元的知识产权公共服务供给、巩固提升知识产权公共服务发展基础以及强化实施保障。该“规划”旨在提高知识产权创造质量，强化知识产权保护综合效能，提升知识产权运用效益，营造良好的创新环境和营商环境，激发全社会创造力和市场活力，有力推动创新型国家建设和经济社会高质量发展。

9.《2022年全国知识产权行政保护工作方案》印发

2022年1月20日，国家知识产权局发布《2022年全国知识产权行政保护工作方案》。该“方案”包含三部分，分别是总体要求、主要任务和工作要求，其中部署了夯实工作基础、突出主责主业、聚焦重要环节和时间节点、创新工作机制四项工作任务。为坚持“稳”字当头，稳中求进，落实为要、质量优先，全面提高知识产权保护效果，整治群众反映强烈、社会舆论关注、侵权假冒多发的重点领域和区域，坚持人民利益至上，推动公正合理保护，实现激励创新与维护公共利益兼得，加快构建便捷高效、严格公正、公开透明行政保护体系。

10.《国家知识产权局知识产权信用管理规定》印发

2022年1月24日，国家知识产权局印发《国家知识产权局知识产权信用管理规定》（以下简称《规定》），并于当日施行。《规定》旨在建立健全知识产权领域信用管理工作机制，加强知识产权保护，促进知识产权工作高质量发展。《规定》共6章26条，主要内容是明确六种失信行为，认定失信行为所依据的法律文书，失信行为的认定程序、管理期限、管理措施解除、失信主体的公示、救济方式以及信用修复的条件和程序等。《规定》对失信主体实施限制措施，加大监管工作力度，有助于大幅度减少失信主体数量，遏制失信行为的发生，保障主体在法治轨道建立的信用体系下正常工作。

11.《全国知识产权系统法治宣传教育第八个五年实施方案（2021—2035年）》印发

2022年1月21日，国家知识产权局印发《全国知识产权系统法治宣传教育第八个五年实施方案（2021—2025年）》（以下简称《方案》）。《方案》旨在做好第八个五年知识产权法治宣传教育工作，进一步加大知识产权普法力度。《方案》主要包括五部分：第一部分是实施方案的总体要求，到2025年实施方案的主要目标，四项基本工作原则；第二部分明确了普法的重点任务是突出学习宣传习近平法治思想、突出宣传宪法、突出宣传民法典、突出宣传知识产权法律法规、深入宣传党内法规、持续加强知识产权文化建设；第三部分是加强重点受众普法，集中于国家工作人员、创新主体和市场主体以及青少年；第四部分是着力提高知识产权普法针对性时效性；第五部分着力于加强组织实施。该方案有助于提高知识产权工作法治化水平、增强公民知识产权普法度、持续改善法治环境、提升知识产权工作人员的法治素养和依法行政能力，使知识产权文化理念深入人心。

12.《推动知识产权高质量发展年度工作指引（2022）》印发

2022年3月16日，国家知识产权局为进一步做好2022年知识产权工作，印发《推动知识产权高质量发展年度工作指引（2022）》。该“工作指引”第一部分总体要求包含指导思想、四项基本原则以及知识产权创造、保护、运用、服务、管理的主要目标；第二部分提出落实《纲要》和《规划》提出的目标任务，确立知识产权高质量发展指标体系；第三部分提出加强《纲要》和《规划》落实的衔接保障，完善知识产权高质量发展政策体系；第四部分提出做好《纲要》和《规划》实施的动态监测，改进知识产权高质量发展统计体系；最后一部分提出完成工作的要求。该“工作指引”旨在持续提升知识产权创新质量、加速知识产权运用效益、增强知识产权服务水平、统筹推进知识产权国际合作和竞争、全面加强知识产权保护工作，进一步激发创新活力，为服务构建新发展格局提供有力支撑。

13.《国家知识产权保护示范区建设方案》印发

2022年6月20日，国家知识产权局印发《国家知识产权保护示范区建设方案》。该“方案”要求到2025年，在全国范围内遴选20个左右的城市（地区）完成建设工作，经评估认定为示范区，打造若干知识产权保护高地。还提出示范区建设城市（地区）人民政府要对照示范区建设的目标要求，明确全面加强知识产权保护、推动高质量发展的功能定位，结合实际需求，立足区域基础，重点从六个层面推进示范区建设。为示范区建设顺利实施，该“方案”部署了加强组织领导、严格创建示范、强化政策支持、严格监督管理四项保障措施。建设知识产权保护示范区，有利于我国建设高效的知识产权综合管理体制，打通知识产权创造、运用、保护、管理、服务全链条，进而引领我国知识产权保护水平的整体提升，深入推进知识产权强国建设，激发全社会创新活力，有力支撑经济社会高质量发展。

14.《展会知识产权保护指引》印发

2022年7月20日，为深入落实《关于强化知识产权保护的意见》有关决策部署，加强展会知识产权保护工作，国家知识产权局制定了《展会知识产权保护指引》。该其分别从展前保护、展中保护以及展后保护三个阶段规范展会知识产权保护管理，且适用于在中华人民共和国境内举办的各类线上线下经济技术贸易展览会、展销会、博览会、交易会、展示会等活动中有关知识产权的保护。该“指引”的发布，有利于展会举办地的知识产权管理部门统筹协调、专业指导和监督检查本区域内所举办展会的知识产权保护，维护展会知识产权保护秩序，同时提升展会知识产权保护宣传，增强参展方知识产权保护意识，为展会提供知识产权保护的强有力保障。

四、知识产权行政工作

聚焦2019—2022年，知识产权行政工作深入贯彻落实习近平总书记关于全面加强知识产权保护工作的重要讲话精神和党中央、国务院决策部署，加强知识产权行政工作顶层设计，构建便捷高效、严格公正、公开透明的行政保护体系，扩大知识产权行政工作地方实践，深刻打击知识产权行政违法行为，深化知识产权行政保护机制。为知识产权行政工作夯实法律基础、人才基础，优化知识产权营商环境，强化知识产权创造、运营、运用、保护等方面的行政保护，为知识产权强国建设、高水平知识产权保护提供重要保障。

（一）完善知识产权保护工作顶层设计，强化知识产权全链条保护

1. 持续提高知识产权保护工作法治化水平

自2019年国务院印发《关于强化知识产权保护的意见》以来，我国大幅度提高知识产权保护工作的法治化水平，具体表现为：2021年11月30日，国家知识产权局和中国国际贸易促进委员会为丰富海外知识产权纠纷应对网络、提升海外知识产权纠纷应对水平、优化海外知识产权动态发布机制、提升市场主体应对海外纠纷能力、夯实海外纠纷应对机制建设基础，印发《关于进一步加强海外知识产权纠纷应对机制建设的指导意见》。[1] 2021年12月31日，为夯实地理标志保护基础，提高地理标志运用效益，扩大地理标志保护范围，实现地理标志认定数量稳定增长，国家知识产权局印发《地理标志保护和运用“十四五”规划》；[2] 2022年6月20日，为加强知识产权保护工作，打造若干知识产权保护高地，国家知识产权局发布《国家知识产权保护

[1] 国家知识产权局 中国国际贸易促进委员会关于进一步加强海外知识产权纠纷应对机制建设的指导意见［EB/OL］.［2022-10-31］. http：//www. gov. cn/zhengce/zhengceku/2021-12/04/content_5655845. htm.

[2] 国家知识产权局关于印发《地理标志保护和运用“十四五”规划》的通知［EB/OL］.［2022-10-31］. https：//www. cnipa. gov. cn/art/2022/1/10/art_75_172699. html.

示范区建设方案》，并计划到 2025 年，在全国范围内完成 20 个左右的城市（地区）的建设工作。❶ 为继续高标准落实《关于强化知识产权保护的意见》，2022 年 10 月 28 日，国家知识产权局发布《深入实施〈关于强化知识产权保护的意见〉推进计划》提出 26 条法律法规等文件的修改计划。

2. 积极加强协同配合，推动构建大保护工作格局

2022 年 4 月 25 日，最高人民检察院与国家知识产权局联合举办强化知识产权协同保护暨协作意见会签活动，双方会签《关于强化知识产权协同保护的意见》，提出双方要建立常态化联络机制、建立健全信息共享机制，加强业务支撑，加大办案协作力度，加强人才交流培训，深化研究合作，加强宣传配合和国际合作，建立奖惩机制等。该文件的出台有利于进一步深化行政保护和司法保护协作配合，健全完善行刑衔接机制，推动构建知识产权协同保护体系，提升知识产权司法和行政综合保护效能。❷ 2022 年 7 月 13 日，国家知识产权局办公室、司法部办公厅发布《关于确定第三批专利侵权纠纷行政裁决规范化建设试点地方的通知》，深化国家知识产权局与司法部在试点工作方面的协作。❸ 2022 年 10 月 13 日，为贯彻习近平总书记关于"着力在推动企业创新上下功夫，加强产权保护，激发涌现更多专精特新中小企业"的重要指示精神，国家知识产权局与工业和信息化部共同发布《关于知识产权助力专精特新中小企业创新发展的若干措施》的通知，要求各地方知识产权管理部门与工业和信息化主管部门加强信息沟通，共享辖区内的企业相关信息，提供知识产权快速协同保护。❹ 2022 年 10 月 11 日，国家知识产权局、最高人民法院发布《国家知识产权局办公室　最高人民法院办公厅关于征集

---

❶ 国家知识产权局关于印发《国家知识产权保护示范区建设方案》的通知［EB/OB］.［2022-10-31］. https：//www. cnipa. gov. cn/art/2022/6/22/art_75_176143. html.

❷ 最高人民检察院 国家知识产权局关于强化知识产权协同保护的意见［EB/OL］.［2022-10-31］. https：//www. spp. gov. cn/xwfbh/wsfbt/202204/t20220425_555135. shtml#1.

❸ 国家知识产权局办公室 司法部办公厅关于确定第三批专利侵权纠纷行政裁决规范化建设试点地方的通知［EB/OL］.［2022-10-31］. https：//www. cnipa. gov. cn/art/2022/7/18/art_546_176609. html.

❹ 国家知识产权局 工业和信息化部关于知识产权助力专精特新中小企业创新发展若干措施的通知［EB/OL］.［2022-10-31］. https：//www. cnipa. gov. cn/art/2022/10/24/art_75_179782. html.

2021—2022 年知识产权纠纷多元调解经验做法和案例的通知》，落实建立知识产权纠纷在线诉调对接机制。[1]

3. 加快推进服务创新主体，激发创新活力

2021 年，我国新建知识产权保护中心、快速维权中心 25 家，截至 2021 年年底，全国知识产权保护中心达 57 家，快速维权中心达 30 家，共办理纠纷调解、维权援助等案件 4.3 万余件，受理专利预审案件 9.45 万件；知识产权公共服务机构也持续推进省（区、市）及副省级城市全覆盖，地级市综合性知识产权公共服务机构达 104 家，覆盖比例增长 33%；在公共服务重要网点建设方面，联合世界知识产权组织新增遴选第四批技术与创新支持中心（TISC）50 家，完成首期建设目标。联合教育部认定第三批高校国家知识产权信息服务中心共 20 家，备案首批国家知识产权信息公共服务网点 88 家，截至 2021 年年底，全国国家级重要服务网点达到 269 家，各类服务机构累计服务中小企业 30 万余次。[2] 2021 年，各级知识产权管理部门会同司法行政机关统筹管理知识产权纠纷组织 992 家，受理调解案件 6.48 万件，指导 28 个省（自治区、直辖市）的 265 家知识产权纠纷调解组织、1556 名调解员入驻人民法院调解平台，处理调解案件 2.3 万余件。[3] 2021 年，我国持续加强专利侵权纠纷行政裁决工作，全国知识产权管理部门累计立案专利侵权纠纷行政裁决案件 4.98 万件，同比增长 17.4%。[4]

（二）深化知识产权保护工作体制机制改革

1. 深化知识产权领域"放管服"改革

2021 年 12 月 31 日，为深入贯彻《优化营商环境条例》，积极推动知识产

---

[1] 国家知识产权局办公室 最高人民法院办公厅关于征集 2021—2022 年知识产权纠纷多元调解经验做法和案例的通知［EB/OL］.［2022-10-31］. https://www.cnipa.gov.cn/art/2022/10/18/art_75_179439.html.

[2] 国家知识产权局 2021 年度报告［R］.

[3] 国家知识产权局对十三届全国人大五次会议第 6496 号建议答复的函［EB/OL］.［2022-10-31］. https://www.cnipa.gov.cn/art/2022/7/22/art_516_176742.html.

[4] 国家知识产权局关于政协十三届全国委员会第五次会议第 02527 号（科学技术类 119 号）提案答复的函［EB/OL］.［2022-10-31］. https://www.cnipa.gov.cn/art/2022/9/9/art_516_178630.html.

权领域“放管服”改革，国家知识产权局印发《国家知识产权局公共服务事项清单（第一版）》，公开知识产权服务事项及获取途径，推动知识产权公共服务事项便利化改革。[1] 2022 年 8 月 29 日，李克强同志在第十次全国深化“放管服”改革电视电话会议上发表重要讲话，强调要持续深化“放管服”改革，不断打造市场化法治化国际化营商环境，培育和壮大市场主体，更大激发市场活力和社会创造力。[2] 2022 年 6 月 27 日，中法签署《中法地理标志合作议定书》和《中欧地理标志保护与合作协定》，深化“放管服”，扩大国家知识产权朋友圈。[3] 国家知识产权局为落实《关于深化知识产权领域“放管服”改革优化创新环境和营商环境的通知》，2022 年 7 月 6 日，印发《国家知识产权局办公室关于严厉打击代理伪造地理标志申请材料行为的通知》，严厉打击违法违规行为，维护公平竞争环境。[4] 综上，我国知识产权领域“放管服”改革仍在火热进行中并且不断取得新的突破。

2. 强化知识产权领域专项整治行动

持续开展“蓝天”专项行动。继 2021 年 3 月 11 日国家知识产权局印发《关于深入开展“蓝天”专项整治行动的通知》以来，2021 年知识产权代理行业“蓝天”专项整治行动取得积极成效。2021 年，国家知识产权局共约谈代理机构 2 350家，责令整改 2 105家，作出罚款与警告 220 件，吊销和停业 12 家机构。[5] 2022 年 3 月 25 日，国家知识产权局发布《关于持续深化知识产权代理行业“蓝天”专项整治行动的通知》，提出 2022 年要持续加大对重点违法代理行为打击力度，切实加强平台型知识产权服务机构综合治理，全面

---

[1] 《国家知识产权局公共服务事项清单（第一版）》解读［EB/OL］.［2022-10-31］. https：//www. cnipa. gov. cn/art/2022/2/8/art_66_173093. html.

[2] 李克强在第十次全国深化“放管服”改革电视电话会议上发表重要讲话 韩正主持［EB/OL］.［2022-10-31］. http：//www. gov. cn/premier/2022-08/30/content_5707352. htm.

[3] 国家知识产权局领导出席中法地理标志保护与发展论坛［EB/OL］.［2022-10-31］. https：//www. cnipa. gov. cn/art/2022/7/6/art_53_176400. html.

[4] 国家知识产权局办公室关于严厉打击代理伪造地理标志申请材料行为的通知［EB/OL］.［2022-10-31］. https：//www. cnipa. gov. cn/art/2022/7/8/art_551_176435. html.

[5] 重拳治乱象 监管守蓝天——2021 年“蓝天”行动进展⑦［EB/OL］.［2022-10-31］. https：//www. cnipa. gov. cn/art/2022/1/27/art_53_172969. html.

加强知识产权代理从业人员监督，加强创新主体引导和社会监督，强化政策协同联动，强化行业自律作用，强化实施保障七项内容。❶ 为加强知识产权服务机构综合治理能力，2022 年 7 月，国家知识产权局推出“全国专利商标代理公共服务平台”微信小程序，进一步强化智慧监管，持续推进信息化建设，提高监管效能。国家知识产权局表示将进一步深化知识产权代理行业“蓝天”专项整治行动，严厉打击各类违法违规代理行为，不断加大代理信息公示和违法行为曝光力度，持续净化代理行业发展环境，为全面促进代理行业健康发展提供有力支撑。❷

持续开展“剑网”专项行动。2021 年，国家版权局等部门针对短视频、网络直播、体育赛事、在线教育、院线电影等领域侵权盗版行为开展版权专项整治，各级版权执法部门检查实体市场相关单位 36.17 万家（次），查办各类侵权盗版案件 3 095 件，关闭侵权盗版网站（App）1 066个，处置删除侵权盗版链接 119.7 万条，推动网络视频、网络直播、电子商务等相关网络服务商清理各类侵权链接 846.75 万条；公布 15 批 106 部重点作品版权保护预警名单。有关部门联合挂牌督办 67 起侵权盗版大要案件。❸ 2022 年 9 月，国家版权局、工业和信息化部、公安部、国家互联网信息办公室四部门联合启动打击网络侵权盗版“剑网 2022”专项行动，开展全国第 18 次打击网络侵权盗版专项行动。此次行动重点从四个方面开展：一是开展文献数据库、短视频和网络文学等重点领域专项整治；二是加强对网络平台版权监管；三是强化 NFT 数字藏品、“剧本杀”等网络新业态版权监管；四是持续加强对院线电影、网络直播、体育赛事、在线教育、新闻作品版权保护，巩固网络音乐、游戏动漫、有声读物、网盘等领域工作成果。❹ 可见，“剑网”专项行动将贯

---

❶ 国家知识产权局发布《关于持续深化知识产权代理行业“蓝天”专项整治行动的通知》[EB/OL].[2022-10-31]. https://www.cnipa.gov.cn/art/2022/7/20/art_53_176686.html.

❷ “蓝天”行动：国家知识产权局推出“全国专利商标代理公共服务平台”微信小程序 [EB/OL].[2022-10-31]. https://www.cnipa.gov.cn/art/2022/7/20/art_53_176686.html.

❸ 2021 年中国知识产权保护状况 [R].

❹ 国家版权局等四部门启动“剑网 2022”专项行动 [EB/OL].[2022-10-31]. http://www.gov.cn/xinwen/2022-09/09/content_5709237.htm.

彻党的二十大精神，加强网络版权全链条保护，打造市场化、法治化、国际化营商环境，为促进创业创新、推动平台经济规范健康持续发展、保障和改善民生提供版权工作支撑。

持续开展“昆仑”专项行动。自2020年全国公安机关深入开展“昆仑2020”“昆仑2021”专项行动以来，取得显著成就，截至2021年6月底，全国公安机关共侦破食药环和知识产权犯罪案件2.3万起，抓获犯罪嫌疑人4.2万名，涉案总价值135亿元。❶ 2022年2月28日，公安部部署打击食药环和知识产权犯罪“昆仑2022”专项行动，该会议表示，要紧紧围绕党的二十大安保维稳主题主线，努力推动“昆仑2022”专项行动取得更大成效。此次行动做出三点要求：第一要求高位部署、统筹推进，积极主动推进线索摸排；第二要求密切协作、着力攻坚，全面形成严打高压态势；第三要求宣传发动，汇集民智，着力营造浓厚社会氛围。同时，为保障“昆仑2022”专项行动顺利进行，会议要求要加强组织领导、体系分工，要加强监管与责任落实，要严格规范执法、强化执法队伍。❷

持续开展“龙腾行动”“蓝网行动”“净网行动”。2021年，中国海关总署为加大知识产权保护执法力度，先后部署开展“龙腾行动”“蓝网行动”“净网行动”等专项执法行动，2021年，全国海关共查扣进出口侵权嫌疑货物7.9万批次、7 180万件，查扣侵权嫌疑货物批次和件数同比分别增长27.9%、27.8%。

查扣的侵权嫌疑货物涉及商标专用权、专利权、著作权等。其中，涉嫌侵犯商标权货物7.89万批次6 804.63万件，涉嫌侵犯专利权货物85批次293.33万件，涉嫌侵犯著作权货物233批次81.47万件。❸ 为打击进出口侵权商品高压态势，“龙腾行动”中相关省份海关扣留食品198.9万件，贴身产品

---

❶ “昆仑2021”：集中破案攻坚4.2万名犯罪嫌疑人被抓获［EB/OL］.［2021-12-10］. https：//baijiahao. baidu. com/s? id=1706941321401565312&wfr=spider&for=pc.

❷ 公安部部署打击食药环和知识产权犯罪“昆仑2022”专项行动［EB/OL］.［2022-10-31］. http：//www. gov. cn/xinwen/2022-03/01/content_5676236. htm.

❸ 2021年中国知识产权保护状况［R］.

582.2 万件，玩具 90 万件，汽车零配件 58.8 万余件；为对跨境邮寄、快件渠道侵权商品实施严密监管，开展“蓝网行动 2021”，行动期间，全国海关在邮递渠道扣留侵权嫌疑货物 4.8 万批 74.3 万件；快件渠道扣留侵权嫌疑货物 1 269批 675.6 万件；为打击出口转运侵权货物违法行为，实行“净网 2021”专项行动，拱北海关扣留经港珠澳大桥出境输往香港的侵权光电耦合器 10.5 万个、集成电路 1.75 万个；深圳海关扣留多批次以跨境电商 B2B 申报出口香港的侵权货物，包含侵权手机配件、蓄电池、眼镜等 2 万余件；广州海关扣留涉港澳侵权货物 36 批次 6.9 万件；为服务保障北京冬奥会、冬残奥会顺利举办，2021 年，全国海关共扣留奥林匹克相关知识产权侵权货物13 批次 11.8 万件。❶ 2022 年 7 月 25 日，全国海关为高压严打进出口侵权违法行为，继续深入开展“龙腾行动 2022”“蓝网行动 2022”等专项执法行动，1—6 月，共查扣侵权嫌疑货物 2.25 万批次，扣留侵权嫌疑货物 4 527万件。❷

开展“保护种业”知识产权专项整治行动。基于我国粮食安全基础不稳固、粮食供求失衡的局面，新品种的知识产权保护日益重要。为激励保护种业原始创新，净化种业市场，促进种业振兴，营造良好环境，2021 年 7 月，农业农村部发布《农业农村部办公厅关于开展保护种业知识产权专项整治行动的通知》。❸ 截至 2021 年，全国累计出动执法人员 66.78 万人次，抽取样品 8.37 万个；立案 7 101件，办结 6 331件；移送司法机关 93 件；处罚结果信息公开 5 640件；涉案种子 543.69 万公斤；涉案金额 5 628万元。开展打击侵犯植物新品种权专项行动，全国共查处假冒伪劣、无证、超范围经营、未按要求备案、无档案等各类种苗违法案件 219 起，同比增长 83.3%；罚没金额 85 万元，同比增长 10.81%；移送司法机关 9 起；查处侵犯林业植物新品种权案

---

❶ 2021 年中国海关知识产权保护状况［R］.

❷《法治日报》：海关上半年扣留侵权嫌疑货物 4527 万件，曝光 12 起侵犯知识产权典型案例［EB/OL］.［2022 - 10 - 31］. http：//shenzhen. customs. gov. cn/shenzhen _ customs/511680/511681/4487280/index. html.

❸ 农业农村部办公厅关于开展保护种业知识产权专项整治行动的通知［EB/OL］.［2022-10-31］. HTTP：//WWW. GOV. CN/ZHENGCE/ZHENGCEKU/2021-07/06/CONTENT_5622747. HTM.

件 2 起。形成打击侵犯植物新品种权的高压态势。[1]

（三）深化知识产权审批登记工作

2021—2022 年，我国知识产权审批登记数量保持持续稳定增长，审查质量与效率显著提高。

1. 专利方面

专利申请量呈现稳定增长趋势。2021 年，我国发明专利申请量为 158.6 万件，同比增长 5.9%。其中，国内发明专利申请 142.8 万件，占总量的 90.0%，同比增长 6.2%。国外在华发明专利申请 15.8 万件，占总量的 10.0%，同比增长 3.6%。国内发明专利申请中，职务申请 131.4 万件，占 92.0%，同比增长 8.2%。国内发明专利申请中企业所占比重达到 66.8%，较上年提升 6.1 个百分点。2021 年，我国实用新型专利申请量为 285.2 万件，同比下降 2.5%；我国外观设计专利申请量为 80.6 万件，同比增长 4.6%。[2]

专利审查质量和效率持续提升。2021 年，审结发明专利 126.6 万件。受理三种专利优先审查案件 7.7 万件，其中发明专利申请 7.4 万件，同比增长 31.5%。加强审查阶段的周期过程管理，调配优势资源向高价值专利倾斜，持续推进专利审查提质增效。2021 年，高价值发明专利审查周期压减至 13.3 个月，提前完成国务院深化"放管服"改革任务目标，发明专利平均审查周期压减至 18.5 个月。开展长周期案件专项清理工作，全年审结长周期案件 21.7 万件。扎实落实《提升发明专利审查质量和审查效率专项实施方案（2019—2022 年）》工作部署，严格依法审查，把好授权确权关，持续提高审查质量和审查效率。2021 年度专利审查质量用户满意度指数为 85.7，连续 12 年保持在满意区间。[3]

2021 年，授权发明专利 69.6 万件，同比增长 31.3%。其中国内发明专利授权 58.6 万件，占总量的 84.2%；国外在华发明专利授权 11.0 万件，同比

---

[1] 2021 年中国知识产权保护状况［R］.

[2] 国家知识产权局 2021 年度报告［R］.

[3] 国家知识产权局 2021 年度报告［R］.

增长 23.0%。国内发明专利授权中，职务发明专利授权 56.5 万件，占 96.4%，同比增长 33.3%；非职务发明授权 2.1 万件，占 3.6%，同比增长 23.0%。2021 年，授权实用新型专利 312.0 万件，同比增长 31.2%；授权外观设计专利 78.6 万件，同比增长 7.3%。2021 年，我国发明专利授权率为 55.0%。截至 2021 年年底，已授权并维持有效的发明专利拥有量为 359.7 万件，同比增长 17.6%。其中，国内发明专利拥有量 277.3 万件，占总量的 77.1%，同比增长 21.7%；国外在华发明专利拥有量为 82.4 万件，占总量的 22.9%，同比增长 5.8%。截至 2021 年年底，我国国内（不含港澳台）每万人口高价值发明专利拥有量达 7.5 件。❶

2021 年，共受理通过 PCT 途径提交的国际专利申请 7.3 万件，同比增长 1.5%。其中，6.8 万件来自国内，同比增长 2.1%。共完成国际检索报告 7.8 万件，同比增长 11.6%。自 1994 年起累计受理通过 PCT 途径提交的国际专利申请 52.1 万件，累计完成 PCT 国际检索报告 48.5 万件。2021 年，收到进入中国国家阶段的 PCT 国际申请 10.7 万件，同比增长 6.3%，其中发明专利申请 10.6 万件，实用新型专利申请 916 件。自 1994 年起收到进入中国国家阶段的 PCT 国际申请累计 141.9 万件。❷

2021 年，共收到集成电路布图设计登记申请 2 万件，同比增长 41.6%，予以公告并发出证书 1.3 万件，同比增长 11.6%。自 2001 年 10 月 1 日《集成电路布图设计保护条例》实施以来，共收到集成电路布图设计登记申请 6.6 万件，予以登记公告并发出证书 5.2 万件。截至 2021 年年底，累计受理 24 件集成电路布图计撤销案，其中当年新增受理 4 件集成电路布图设计撤销案，累计审结 18 件。❸

2021 年，共受理专利复审请求 7.6 万件，同比增长 39.2%，结案 5.4 万件，同比增长 12.4%，复审请求的结案周期平均为 16.4 个月，审结的发明专

❶ 国家知识产权局 2021 年度报告［R］.
❷ 国家知识产权局 2021 年度报告［R］.
❸ 国家知识产权局 2021 年度报告［R］.

利复审案件中，撤销驳回占 47.2%、维持驳回和其他方式结案占 52.8%。

2021 年，共受理专利无效宣告请求 7 628 件，同比增长 23.5%，结案 7 065件，同比下降 1.1%。专利无效宣告请求的结案周期平均为 5.8 个月。审结的发明专利无效案件中，全部无效占 24.7%、部分无效占 15.0%、专利权维持占 60.4%；❶ 审结的实用新型专利无效案件中，全部无效占 42.0%、部分无效占 17.8%、专利权维持占 40.2%；审结的外观设计专利无效案件中，全部无效占 49.9%、部分无效占 0.9%、专利权维持占 49.1%。

2. 商标方面

商标申请受理量持续稳定增长。2021 年，我国商标注册申请量 945.1 万件，其中国内商标申请 919.3 万件，占总量的 97.3%，同比增长 0.8%；国外在华商标申请 25.8 万件，占总量的 2.7%，同比增长 11.6%。在全年商标注册申请中，服务商标的注册申请量 322 万件，占总申请量的 34.1%，同比增长 7.3%。❷

商标审查质效进一步提升。2021 年，完成商标注册审查 1 056.8万件，同比增长 20.3%。商标注册申请平均审查周期稳定在 4 个月，一般情形商标注册周期压缩至 7 个月。商标注册全流程质量管理进一步加强，审查审理质量进一步提升，商标审查抽检合格率达 97% 以上。全面实施商标注册审查审签机制改革，各地方商标审查协作中心审查审核、商标局审签的“一审一核一签”机制正式运行，切实加强商标审查中央事权，建立商标注册申请快速审查机制，制定《商标注册申请快速审查办法（试行）》，提高商标授权确权效率。❸

商标注册数量增长显著。2021 年，商标注册量为 773.9 万件，同比增加 34.3%。其中国内商标注册 754.5 万件，占总量的 97.5%，同比增长 35.3%；国外在华商标注册 19.4 万件，占总量的 2.5%，同比增长 5.2%。2021 年，我

❶ 相关数据引自《国家知识产权局 2021 年度报告》，其因小数取舍而产生的误差均未作配平处理。下不再注。

❷ 国家知识产权局 2021 年度报告［R］.

❸ 国家知识产权局 2021 年度报告［R］.

国商标注册审查签发量中初步审定占 56.9%，部分驳回占 15.2%，驳回占 27.8%。截至 2021 年年底，有效注册商标量 3 724.0万件，同比增长 23.4%。其中国内有效注册商标 3 532.3万件，占总量的 94.9%，同比增长 24.4%；国外在华有效注册商标 191.7 万件，占总量的 5.1%，同比增长 7.7%。

马德里商标国际注册申请量大幅提升。2021 年，国家知识产权局共收到我国申请人提交的马德里商标国际注册申请 5 928件。截至 2021 年年底，我国申请人马德里商标国际注册累计有效量达 4.9 万件。马德里商标国际注册业务全面实现电子化，网上申请率达到 97%。2021 年，收到外国申请人指定中国的马德里商标国际注册领土延伸申请 2.7 万件。指定中国的马德里商标国际注册领土延伸申请审查周期缩短至 4 个月，国际转让、变更、续展审查周期缩短至 1 个月，达到历史最快水平。❶

2021 年，受理商标异议申请 17.6 万件，同比增长 31.1%，完成异议申请形审审核 17.2 万件，异议形审审核周期压缩至 2.5 个月。完成异议审查 16.4 万件，同比增长 10.1%，异议平均审查周期已压缩至 11 个月。2021 年审结的商标异议案件中，异议成立占 38.6%，部分成立占 10.4%，不成立占 51.0%，恶意注册在异议程序中得到有效遏制。异议决定书在中国商标网全面公开，2021 年公开决定书 16.2 万件，有效增强了商标异议工作的透明度。❷

2021 年，受理各类商标评审案件申请 47.3 万件，同比增长 28.8%。其中，受理驳回复审申请 38.3 万件，受理涉及双方当事人的复杂案件申请 9.0 万件。审理裁定各类评审案件 38.3 万件，其中裁定驳回复审案件 30.8 万件，裁定涉及双方当事人的复杂案件 7.4 万件。❸

3. 著作权方面

著作权登记总量大幅增长。2021 年，我国著作权登记总量 626.44 万件，同比增长 24.30%。其中，作品登记总量 398.39 万件，同比增长 20.13%；计

❶ 国家知识产权局 2021 年度报告［R］.

❷ 国家知识产权局 2021 年度报告［R］.

❸ 国家知识产权局 2021 年度报告［R］.

算机软件著作权登记总量 228.01 万件，同比增长 32.34%。❶

根据中国版权保护中心著作权质权登记信息统计，2021 年，全国共完成著作权质权登记 372 件，同比下降 3.13%；涉及合同数量 357 个，同比增长 4.69%；涉及作品数量 1 078 件，同比下降 12.43%；涉及主债务金额 452 906.2万元，同比增长 11.59%；涉及担保金额 432 986.1万元，同比下降 10.31%。计算机软件著作权质权登记 340 件，同比增长 3.98%；涉及合同数量 340 个，同比增长 3.98%；涉及软件数量 1 046件，同比下降 10.90%；涉及主债务金额 409 872.7万元，同比增长 7.94%；涉及担保金额 389 952.6万元，同比增长 6.27%。作品（除计算机软件外）著作权质权登记 32 件，同比下降 43.86%；涉及合同数量 17 个，同比增长 21.43%；涉及作品数量 32 件，同比下降 67.62%；涉及主债务金额 43 033.5万元，同比增长 64.61%；涉及担保金额 43 033.5万元，同比增长 68.21%。❷

4. 地理标志方面

2021 年，受理地理标志产品保护申请 22 个，批准保护地理标志产品 99 个，核准使用地理标志产品专用标志市场主体 7 677家。截至 2021 年年底，累计批准地理标志产品 2 490个，核准地理标志专用标志市场主体 1.7 万家。2021 年，新核准注册地理标志商标 477 件。截至 2021 年年底，累计注册地理标志商标 6 562件，其中外国申请人注册地理标志商标 215 件。已注册的地理标志商标中，用于第 31 类（农产品、新鲜水果蔬菜等）商品的数量最多，共 3 346件，占全部地理标志商标的 51.0%；其次分别是用于第 29 类（肉、鱼、蛋、奶等）产品和用于第 30 类（咖啡、茶、米、蜂蜜等）产品，分别为 1 178件和 1 107件，占比 18.0% 和 16.9%。数据表明，地理标志商标主要注册在农产品及其初级加工品、中药材、茶叶和瓷器等，其与农业的关系最紧密。已注册地理标志商标数量居于前五位的省份分别为：山东省（855 件）、

❶ 2021 年中国知识产权保护状况［R］.

❷ 国家版权局关于 2021 年全国著作权登记情况的通报［EB/OL］.［2022-12-31］. https://www.ncac.gov.cn/chinacopyright/contents/12228/356060.shtml.

福建省（594件）、四川省（552件）、湖北省（500件）和江苏省（379件），该五省地理标志注册量占全部已注册地理标志商标数量的43.9%。截至2021年年底，共核准注册国外地理标志商标215件，比2020年年底增加2.4%。排名前三位的国家为法国（154件）、意大利（24件）、美国（14件），三国注册量占外国在华地理标志商标注册量的89.3%。❶

（四）完善知识产权行政信息公开

2021—2022年，知识产权行政部门坚持完善信息公开制度，持续以典型案例进行引领与示范，准确、及时、透明地向社会公布知识产权行政保护具体成果。

2022年3月31日，最高人民法院发布《第二批人民法院种业知识产权司法保护典型案例》，其中包含刑事案例2件，民事案例8件。❷ 2022年4月21日，最高人民法院发布《2021年中国法院10大知识产权案件和50件典型知识产权案例》。❸

2022年4月24日，中国海关总署发布《2021年中国海关知识产权保护典型案例》，共列举十大典型案例。❹ 同日发布《2021年中国海关知识产权保护状况》，从知识产权保护工作部署、重点领域专项整治、知识产权执法方法创新、知识产权执法协同配合、知识产权服务措施优化、知识产权国际合作等方面，介绍2021年中国海关知识产权保护成果。❺

2022年4月27日，公安部发布《打击侵犯知识产权犯罪十起典型案例》，对破获的侵权假冒犯罪案件分类罗列，包含打击侵犯北京冬奥会知识产权犯罪，打击危害公共安全假冒伪劣犯罪，打击危害民生安全侵权假冒犯罪，打

❶ 国家知识产权局2021年度报告［R］.

❷ 最高人民法院发布第二批人民法院种业知识产权司法保护典型案例［EB/OL］.［2022-10-31］. https://ipc.court.gov.cn/zh-cn/news/view-1944.html.

❸ 最高人民法院发布2021年中国法院10大知识产权案件和50件典型知识产权案例［EB/OL］.［2022-10-31］. https://www.cnipa.gov.cn/art/2022/4/22/art_2863_174920.html.

❹ 2021年中国海关知识产权保护典型案例［EB/OL］.［2022-10-31］. https://www.cnipa.gov.cn/art/2022/4/24/art_2863_175006.html.

❺ 2021年中国海关知识产权保护状况［R］.

击侵犯商业秘密犯罪，打击利用直播带货售假犯罪，打击侵犯影视作品著作权犯罪，打击侵犯民营企业知识产权犯罪，打击侵犯外商投资企业知识产权犯罪，打击危害粮食安全假冒伪劣犯罪，打击化妆品领域侵权假冒犯罪。❶

国家知识产权局持续发布和征集多项多类典型案例。2022 年 4 月 26 日，发布“2021 年度专利复审无效十大案件”❷“2021 年度知识产权行政保护典型案例”❸“2021 年度商标异议和评审典型案例”❹；2022 年 8 月 3 日，发布“第三期全国知识产权信息服务优秀案例”；2022 年 9 月 23 日，发布《关于开展第三批知识产权行政执法指导案例推荐工作的通知》；❺ 2022 年 10 月 11 日，国家知识产权局、最高人民法院办公厅发布《关于征集 2021—2022 年知识产权纠纷多元调解经验做法和案例的通知》。❻

（五）稳步推进知识产权国际合作与竞争，维护知识产权领域国家安全

1. 国际合作成效显著

2022 年 5 月 5 日，《关于为盲人、视力障碍者或其他印刷品阅读障碍者获得已出版作品提供便利的马拉喀什条约》（以下简称《马拉喀什条约》）对中国正式生效，中国成为条约的第 85 个缔约方。《马拉喀什条约》要求各缔约方规定版权限制与例外，以保障阅读障碍者平等欣赏作品和接受教育的权利，是世界上迄今为止唯一一部版权领域的人权条约。我国在 2013 年 6 月签署《马拉喀什条约》，为实行该条约的要求，我国 2020 年 11 月 11 日，在《著作权法》第三次修改中，将第 24 条合理使用中的“将已经发表的作品改

❶ 公安部公布打击侵犯知识产权犯罪十起典型案例［EB/OL］.［2022-10-31］. https：//www. ncac. gov. cn/chinacopyright/contents/12222/356481. shtml.

❷ 2021 年度专利复审无效十大案件发布［EB/OL］.［2022-10-31］. https：//www.cnipa.gov.cn/art/2022/4/26/art_2661_175202.html.

❸ 2021 年度知识产权行政保护典型案例［EB/OL］.［2022-10-31］. https：//cdn.capnet.com.cn/upload/2022/qidong/zhangzhichengsizhang.mp4.

❹ 2021 年度商标异议和评审典型案例［EB/OL］.［2022-10-31］. https：//cdn. capnet. com. cn/upload/2022/qidong/cuishoudongjuzhang. mp4.

❺ 关于开展第三批知识产权行政执法指导案例推荐工作的通知［EB/OL］.［2022-10-31］. https：//www. cnipa. gov. cn/art/2022/9/29/art_546_179030. html.

❻ 关于征集 2021—2022 年知识产权纠纷多元调解经验做法和案例的通知［EB/OL］.［2022-10-31］. https：//www. cnipa. gov. cn/art/2022/10/18/art_75_179439. html.

成盲文出版”拓宽至“以阅读障碍者能够感知的无障碍方式向其提供已经发表的作品”。2021年10月23日，十三届全国人大常委会第31次会议决定批准《马拉喀什条约》，2022年2月5日，中国向世界知识产权组织交存《马拉喀什条约》批准书。❶

2022年9月15日，中国国家知识产权局主办的第十四次金砖国家知识产权局局长会议以视频形式举行。会议高度评价金砖国家知识产权合作取得的丰硕成果，并要求全面落实《北京宣言》，扎实推进专利、商标和外观设计等领域合作。除此之外，会议审议了金砖五局8个合作领域的工作进展，批准《金砖五局人工智能审查规则对比研究报告》《金砖五局外观设计视图提交要求对比研究报告》《金砖五局商标申请和审查程序对比手册》等多项成果。此次会议为金砖国家的发展提供交流空间，分享发展经验，助力金砖国家在知识产权全球治理中发挥更大影响力。❷

2022年9月9日，2022年中国国际服务贸易交易会涉外知识产权高端服务论坛在国家会议中心成功举办。此次会议主题为“服务合作促发展、绿色创新迎未来”。为充分聚集优质国际知识产权服务资源，推动首都知识产权服务业朝着更加高端化、品牌化、国际化、集群化方向发展，首都知识产权服务业协会与芬兰商会、中国农业国际合作促进会技术转化和产业发展分会在论坛上分别签署合作备忘录，中芬科技创新服务工作站落户北京（中关村）国际知识产权服务大厅现场揭牌。此次会议，有助于国际服务工作的交流合作和提升中国的国家影响力。❸

2. 推动关键核心技术机构的建立与研发合作

2022年5月6日，国家知识产权局办公室发布《关于开展专利导航工程

---

❶ 《马拉喀什条约》今日对中国生效［EB/OL］.［2022-10-21］. https：//www. ncac. gov. cn/chinacopyright/contents/12227/356698. shtml.

❷ 中国国家知识产权局主办第十四次金砖国家知识产权局局长视频会议［EB/OL］.［2022-10-21］. https：//www. cnipa. gov. cn/art/2022/9/22/art_53_178894. html.

❸ 2022年服贸会涉外知识产权高端服务论坛在京举办［EB/OL］.［2022-10-21］. https：//www. cnipa. gov. cn/art/2022/9/9/art_57_178645. html.

支撑服务机构建设工作的通知》（以下简称《通知》）。《通知》指出，国家知识产权局将通过建立健全培育提升、指导服务、供需对接机制等方式，推进国家级专利导航工程支撑服务机构建设，并提出诸多重点举措。同时，《通知》要求，国家级专利导航工程支撑服务机构要切实承担示范引领、需求支撑、服务供给等职责，积极开展国家级机构建设，优质高效完成工作任务，并详细列举机构需要完成的多项重任。此外，本次专利导航工程支撑服务机构建设工作，旨在带动专利导航服务体系整合升级，服务经济高质量发展。❶

2022 年 6 月 22 日，教育部办公厅、工业和信息化部办公厅、国家知识产权局办公室联合印发《关于组织开展“千校万企”协同创新伙伴行动的通知》，提出有组织地推动 1 000所以上高校支撑服务 1 万家以上企业高质量发展的“千校万企”行动目标。此次三个重要部门联合开展“千校万企”活动，不仅进一步加快高校知识产权和科技成果向企业转移转化，而且将推动高校与龙头企业、中小企业加强产学研合作，最大程度发挥校企协同效应，促进创新链、产业链深度融合。❷

3. 加快国家海外知识产权纠纷应对指导中心建设

2021 年，海外知识产权纠纷应对机制建设取得积极进展。国家海外知识产权纠纷应对指导中心有效运行，省、市、县三级累计设立地方分中心 22 家，共处理各类知识产权纠纷指导案件 569 件，提供咨询服务 2 400余次。同时，国家海外知识产权信息服务平台智南针网不断完善，更新海外知识产权信息动态 300 余篇、典型案例 76 个，更新 14 个国家（地区）知识产权环境概览，发布 2020 年中国企业在美知识产权纠纷调查报告、国际知识产权保护指数报告等重要研究报告。除此之外，我国针对海外风险防控、纠纷应对、海关知识产权保护等领域组织专题培训 100 余次，累计培训 5.6 万人次。❸

---

❶ 我国将建设一批国家级专利导航工程支撑服务机构［EB/OL］.［2022-10-21］. https://www.cnipa.gov.cn/art/2022/5/13/art_407_177522.html.

❷ 高校驶入知识产权转移转化“超车道”［EB/OL］.［2022-10-21］. https://www.cnipa.gov.cn/art/2022/7/20/art_55_176661.html.

❸ 国家知识产权局 2021 年度报告［R］.

五、知识产权司法工作

2021—2022 年，是最高人民法院知识产权法庭三年试点收官之年，最高人民法院在党组织的坚强领导下，以习近平新时代中国特色社会主义思想为指导，深入学习习近平法治思想，贯彻落实习近平总书记关于知识产权保护、科技创新和公平竞争的系列重要论述，充分发挥知识产权案件集中审理优势，加大对关键核心技术、重点领域、新兴产业等领域知识产权司法保护力度，深入推进公平政策实施，积极开展对外交流合作，不断完善专业化审判机制，为知识产权强国建设和高水平科技自立自强提供坚实司法保障。

（一）提升审判质效，激发创造活力

2021 年，人民法院受理、审结知识产权案件数量大幅增长。2022 年 4 月 21 日，最高人民法院发布《中国法院知识产权司法保护状况（2021 年）》，其中数据显示：人民法院受理、审结知识产权案件数量再创历史新高，双双突破 60 万件。2021 年，新收一审、二审、申请再审等各类知识产权案件 642 968件，审结 601 544 件（含旧存），比 2020 年分别上升 22.33% 和 14.71%。最高人民法院新收知识产权民事案件 4 243件，审结 3 557件，比 2020 年分别上升 22.28% 和 9.11%；新收知识产权行政案件 2 852件，审结 2 487件，比 2020 年分别上升 49.4% 和 43.34%。地方各级人民法院新收知识产权民事一审案件 550 263件，审结 515 861件，比 2020 年分别上升 24.12% 和 16.52%；新收知识产权行政一审案件 20 563件，审结 19 342件，比 2020 年分别上升 11.37% 和 7.8%；新收侵犯知识产权刑事一审案件 6 276件，审结 6 046件，比 2020 年分别上升 13.2% 和 9.53%。[1]

创新是引领发展的第一动力，保护知识产权就是保护创新。人民法院充分发挥知识产权审判激励科技创新之作用。其一，人民法院坚决保护科技创新进步。人民法院加大重点领域保护力度、切实强化保护措施、依法制止不

[1] 中国法院知识产权司法保护状况（2021 年）[R].

诚信诉讼行为。其二，人民法院有效维护市场公平竞争，加强对平台经济、核心技术、医药通信等重点领域垄断和不正当竞争案件的审判指导力度，切实强化技术秘密司法保护，审结一批司法导向鲜明的有利于科技创新和公平竞争的典型案件。其三，依法监督支持行政行为，切实加强对知识产权和反垄断行政行为的司法审查，推动行政执法标准与司法裁判标准统一。其四，更好地服务对外开放大局，坚持依法平等保护，公平公正审理涉外知识产权和垄断案件，努力营造国际一流营商环境。❶

（二）深化统一裁判标准，健全诉讼规则

人民法院面对新时代发展带来的新问题，坚持深化统一裁判标准，不断完善知识产权诉讼规则，以提升知识产权审判水平持续保障知识产权创新积极性。

在统一裁判标准方面，2021 年，最高人民法院先后发布《最高人民法院关于审理侵害知识产权民事案件适用惩罚性赔偿的解释》《最高人民法院关于审理申请注册的药品相关的专利权纠纷民事案件适用法律若干问题的规定》《最高人民法院关于审理侵害植物新品种权纠纷案件具体应用法律问题的若干规定（二）》等司法解释。❷ 2022 年 2 月 28 日，最高人民法院发布《最高人民法院知识产权法庭裁判要旨摘要（2021）》，精选 48 个典型案例，提炼出 55 条裁判要旨，集中展示最高人民法院知识产权法庭在技术类知识产权和垄断案件中的司法理念、审理思路和裁判方法。❸ 2022 年 3 月，最高人民法院又出台《最高人民法院关于适用〈中华人民共和国反不正当竞争法〉若干问题的解释》，其中统一反不正当竞争案件的裁判标准，有助于深入实施公平竞争政策、完善公平竞争制度、推进高标准市场体系建设。❹

在健全诉讼规则方面，积极推进司法数据深度应用，持续完善“知己”

---

❶ 最高人民法院知识产权法庭年度报告（2021）[R].

❷ 最高人民法院知识产权法庭年度报告（2021）[R].

❸ 最高人民法院知识产权法庭裁判要旨摘要（2021）[R].

❹ 最高人民法院关于适用《中华人民共和国反不正当竞争法》若干问题的解释 [EB/OL]. [2022-11-01]. http://gongbao.court.gov.cn/Details/1f66c5b4e27a98a98e85265bf06167.html.

裁判规则库，分类编纂技术类知识产权案件裁判规则，推行办案裁判规则检索报告工作机制，推动案件信息、裁判规则、司法大数据等审判资源互联互通。“知己”裁判规则库互联网版对接海丝中央法务区（厦门）云平台。大力推进在线诉讼，依托“中国移动微法院”，探索打造“知产法庭云”，为当事人提供在线开庭、在线质证、在线询问、在线调解、集约送达等诉讼服务，目前已在线庭审案件3 000余件，有效保障在疫情期间及时回应人民群众司法需求。探索应用实物证据3D成像在线全方位立体展示，有效解决实物证据在线质证难题。全面推行诉讼文书集约送达，目前超过98%的案件采用电子送达，全年电子送达26 443人次，成功率达96.4%，平均送达周期仅12.7小时，大大缩短送达周期，节约邮资88万余元。积极推进一审卷宗电子化上诉移送，已实现与上海、广州、杭州、宁波等地法院系统对接，大幅提高司法程序衔接效率。法庭中英文网站总访问量超过1.4亿人次，法庭官微粉丝已突破5万人。[1]

（三）探索健全新型案件审理机制，健全专业化审判体系

2021—2022年，人民法院不断完善以技术调查官制度为基础，以专家辅助、专家陪审、技术咨询、技术鉴定为重要组成部分的多元化技术事实查明机制，及时调整充实“全国法院技术调查人才库”并加强在全国范围按需调派；法庭增加4名技术调查官，创新法庭内部技术调查官申请配额制度，组建庭内技术调查志愿者队伍，有效解决技术类案件事实查明难题。人民法院知识产权审判“三合一”改革全面推进，大幅提升知识产权保护整体效能。充分利用上诉案件集中审理优势，深入探索专利民事与行政案件协同审理机制，多起关联案件得以协同处理，有效缩短纠纷解决周期，确保权利要求解释协调一致。健全便民利民诉讼服务机制，深化案件繁简分流改革，设立速审合议庭，集中审理程序性案件和批量商业维权案件，实现快慢分道。探索民事和行政案件审理合议庭适当分工机制，对专业性较强案件集中审理，进

[1] 最高人民法院知识产权法庭年度报告（2021）[R].

一步提升法庭审判专业化水平。❶

当前，我国已形成以最高人民法院知识产权审判部门为牵引，4 个知识产权法院为示范、27 个地方中级人民法院知识产权法庭为重点、地方各级人民法院知识产权审判庭为支撑的专业化审判格局，国家层面知识产权案件上诉审理机制进一步完善，知识产权专门审判机构建设进一步加强，互联网法院和地方各级人民法院知识产权审判庭审判功能不断强化。❷ 同时，最高人民法院进一步健全知识产权案件诉讼管辖制度，发挥专门管辖和集中管辖的优势，确保司法资源配置与各级法院审级职能定位相匹配。2022 年 4 月 20 日，最高人民法院发布《关于印发基层人民法院管辖第一审知识产权民事、行政案件标准的通知》，确定具有知识产权民事、行政案件管辖权的基层人民法院及其管辖区域、管辖第一审知识产权民事案件诉讼标的额的标准。❸ 2022 年 4 月 27 日，最高人民法院发布《关于涉及发明专利等知识产权合同纠纷案件上诉管辖问题的通知》，明确发明专利等知识产权合同纠纷案件上诉管辖事宜。❹

（四）参与构建知识产权大保护工作格局，推动知识产权全链条保护

人民法院积极参与知识产权保护体系建设工程，注重与其他部门的协同配合，积极听取和吸收意见建议，推动建立信息资源共享机制，促进知识产权行政保护与司法保护、垄断行政执法和司法等工作的有效衔接。此前与农业农村部签署合作备忘录并联合召开种业知识产权保护座谈会。为加强国家中医药管理局和国家知识产权局的工作协调，建立中医药专利授权特别规则和特殊保护机制。持续指导长三角等地法院与行政机关共建跨地域跨部门协作机制助推区域协同创新。深化落实与国家知识产权局共同印发的《关于建立知识产权纠纷在线诉调对接机制的通知》建立“总对总”在线诉调对接工

❶ 最高人民法院知识产权法庭年度报告（2021）[R].

❷ 中国法院知识产权司法保护状况（2021 年）[R].

❸ 最高人民法院关于印发基层人民法院管辖第一审知识产权民事、行政案件标准的通知 [EB/OL]. [2022-11-01]. https://www.court.gov.cn/zixun-xiangqing-355831.html.

❹ 最高人民法院关于涉及发明专利等知识产权合同纠纷案件上诉管辖问题的通知 [EB/OL]. [2022-11-01]. https://www.court.gov.cn/fabu-xiangqing-359651.html.

作机制，开展知识产权纠纷多元调解工作全流程线上办理，入驻调解组织 289 家、调解员 1 635 名。各地法院委派诉前调解涉知识产权纠纷案件超过 2 万件。❶

各省法院也积极推动跨部门协作。青海省高级人民法院与省市场监督管理局会签《青海省对知识产权（专利）领域严重失信主体开展联合惩戒的合作备忘录》，联合惩治各类侵权失信主体。新疆维吾尔自治区高级人民法院与自治区市场监督管理局联合签署《知识产权保护合作框架协议》实现跨部门协作。河北省法院积极参与农资打假专项行动、电子商务领域知识产权保护联合行动等专项行动，提供有力司法服务和保障。安徽省淮北市中级人民法院依托《淮海经济区知识产权司法协同保护工作框架协议》建设省际知识产权协同保护示范样板。辽宁省高级人民法院联合省检察院、省公安厅印发《关于办理侵犯知识产权刑事案件若干问题的会议纪要》，统一执法司法标准，全面提升知识产权刑事司法保护力度。山东省青岛市中级人民法院与市检察院签订《知识产权审判与检察职能衔接合作框架协议》，完善案件管辖和协调机制。山西、吉林、湖南、广西、云南等地法院积极组织送法进企业、进社区，开展公开庭审、公开执行等活动，落实“谁执法谁普法”，深化司法公开，促进增强全社会尊重和保护知识产权意识。❷

（五）公正审理涉外案件，积极开展国际司法合作

人民法院坚持统筹推进国内法治和涉外法治，依法平等保护中外当事人各类市场主体合法权益，公平公正审理涉外知识产权和垄断案件，努力营造国际一流营商环境。2021 年，共新收涉外案件 382 件，约占法庭全部新收案件的 8.8%，审结 246 件。在“带锁髓内钉”发明专利侵权案中，因侵权人拒不提交账册，改判全额支持外方权利人主张的 2 000万元赔偿，彰显我国开放、公平、公正、非歧视的科技发展环境。❸

---

❶ 中国法院知识产权司法保护状况（2021 年）[R].

❷ 中国法院知识产权司法保护状况（2021 年）[R].

❸ 中国法院知识产权司法保护状况（2021 年）[R].

秉承开放透明、自信包容的态度，加强与国际组织和有关国家的合作交流。参与编写《世界知识产权组织全球专利案件管理司法指南（中国专章）》，派员参加世界知识产权组织“2021 年知识产权法官论坛”等国际会议，4 案裁判文书入选南方中心和联合国贸发会议“知识产权与公共卫生案例数据库”，积极讲好中国知识产权司法保护故事，发出中国声音。[1] 2021 年 10 月 19 日，第十八届上海知识产权国际论坛开幕，会议强调中国法院将依法公正高效审理涉外知识产权案件，积极营造法治化营商环境，服务高水平对外开放。[2] 2021 年 11 月，国际商标协会（INTA）2021 年年会通过“线上+线下”的方式成功举办，并举行了国际商标协会与中国法官代表团双边交流会，中国三级法院法官代表、国际商标协会相关负责人、各分委会委员、全球咨询顾问等 30 余人参会研讨；2021 年 10 月，在日本知识产权高等法院线上举办的“2021 年知识产权司法研讨会”中，北京知识产权法院法官刘义军向来自日本知识产权高等法院、韩国专利法院和印度德里高等法院的法官，分享了中国的专利审判相关问题和技术调查官制度。[3]

六、知识产权强国建设

2022 年 10 月 16 日，中国共产党第二十次全国代表大会在北京召开。10 月 24 日，国家知识产权局召开传达贯彻党的二十大精神大会，研究部署贯彻落实工作。会议指出，要以党的二十大部署为指引，切实抓好知识产权领域各项工作，推动党的二十大精神在知识产权系统落地生根，开花结果，其中之一就是要求统筹推进知识产权强国建设纲要和“十四五”规划实施，在新

---

[1] 最高人民法院知识产权法庭年度报告（2021）［R］.

[2] 贺荣出席第十八届上海知识产权国际论坛并致辞依法严格保护知识产权 服务知识产权强国建设［EB/OL］.［2022-11-01］. https：//www. court. gov. cn/zixun-xiangqing-327661. html.

[3] 彰显知产审判的“中国范儿”——北京知识产权法院加强国际交流工作纪实［EB/OL］.［2022-11-01］. https：//www. court. gov. cn/zixun-xiangqing-341251. html.

的历史起点开启知识产权强国建设新征程。❶ 在此之前，我国为实施知识产权强国战略，贯彻落实“十四五”规划，应对数字经济下的新问题新挑战，做出诸多工作。

（一）《知识产权强国建设纲要和“十四五”规划实施年度推进计划》印发

2022 年 1 月 1 日，国务院知识产权战略实施工作部联席会议办公室印发《知识产权强国建设纲要和“十四五”规划实施年度推进计划》（以下简称《推进计划》），明确 2021—2022 年度贯彻落实《知识产权强国建设纲要（2021—2035 年）》和《“十四五”国家知识产权保护和运用规划》，推进知识产权强国建设的 7 方面 115 项重点任务和工作措施。在完善知识产权制度方面，《推进计划》提出，完善知识产权法律法规规章，改革完善知识产权重大政策，完善新兴领域和特定领域知识产权规则。在强化知识产权保护方面，《推进计划》提出，加强知识产权司法保护，强化知识产权行政保护，加强保护长效机制建设。在完善知识产权市场运行机制方面，《推进计划》提出，提高知识产权创造质量，加强知识产权综合运用，促进知识产权市场化运营。《推进计划》还在提高知识产权公共服务水平、营造良好的知识产权人文社会环境、深度参与全球知识产权治理、加强组织保障等方面明确了具体措施。❷

（二）《推动知识产权高质量发展年度工作指引（2022）》印发

2022 年 3 月 16 日，为贯彻落实《知识产权强国建设纲要（2021—2035 年）》和《“十四五”国家知识产权保护和运用规划》，国家知识产权局发布关于印发《推动知识产权高质量发展年度工作指引（2022）》的通知。该“指引”做出如下具体要求：一是落实《纲要》和《规划》提出的目标任务，确立知识产权高质量发展指标体系，包含发挥知识产权高质量发展指标指挥棒作用和抓好知识产权高质量发展指标体系实施两点；二是加强《纲要》和

---

❶ 国家知识产权局召开传达学习贯彻党的二十大精神大会［EB/OL］.［2022 - 11 - 01］. https：//www. cnipa. gov. cn/art/2022/10/25/art_3084_179816. html.

❷《知识产权强国建设纲要和“十四五”规划实施年度推进计划》印发［EB/OL］.［2022-11-01］. https：//www. cnipa. gov. cn/art/2022/1/7/art_53_172644. html.

《规划》落实的衔接保障，完善知识产权高质量发展政策体系，要求加强知识产权宏观政策研究、健全知识产权保护政策、完善知识产权运用促进政策、优化知识产权服务体系、深化知识产权国际交流合作、营造良好知识产权人文社会环境；三是做好《纲要》和《规划》实施的动态监测，改进知识产权高质量发展统计体系，加强知识产权申请质量监测、完善指标统计监测工作机制。❶

（三）《2022 年知识产权强国建设纲要和“十四五”规划实施地方工作要点》印发

2022 年 4 月，国家知识产权局印发《2022 年知识产权强国建设纲要和“十四五”规划实施地方工作要点》（以下简称《地方工作要点》）。《地方工作要点》的主要任务包含加强顶层设计、加强知识产权保护、促进知识产权转移转化、优化知识产权服务、推进知识产权国际合作、推进知识产权人才和文化建设等六个方面。《地方工作要点》各项任务举措围绕全面贯彻落实《知识产权强国建设纲要（2021—2035 年）》和《“十四五”国家知识产权保护和运用规划》，在加强司法保护、行政保护、协同保护、源头保护等方面突出了全面加强知识产权保护的工作重点，在完善知识产权转移转化机制、提升知识产权转移转化效益、提升知识产权国际合作水平和加强知识产权保护国际合作等方面充分体现地方产业发展特色、发挥地方区位优势。同时，针对《纲要》和《规划》实施过程中的痛点难点问题积极探索创新工作思路，组织开展先行先试。《地方工作要点》还从加强组织协调、加强条件保障及加强考核评估等方面提出组织实施和保障机制，确保 2022 年度各项具体任务措施落到实处。❷

---

❶ 国家知识产权局关于印发《推动知识产权高质量发展年度工作指引（2022）》的通知［EB/OL］.［2022-11-01］. https：//www. cnipa. gov. cn/art/2022/3/21/art_551_174161. html.

❷《2022 年知识产权强国建设纲要和“十四五”规划实施地方工作要点》印发［EB/OL］.［2022-11-01］. https：//www. cnipa. gov. cn/art/2022/4/8/art_53_174412. html.

（四）《关于面向企业开展 2022 年度知识产权强国建设示范工作的通知》印发

2022 年 5 月 26 日，国家知识产权局为贯彻落实《知识产权强国建设纲要（2021 — 2035 年）》和《“十四五”国家知识产权保护和运用规划》的决策部署，印发《关于面向企业开展 2022 年度知识产权强国建设示范工作的通知》。此次开展示范工作，目的是分型分类推进知识产权强国建设示范工作，促进企业提升知识产权综合能力和核心竞争力，打造知识产权强企建设第一方阵，为加快建设知识产权强国提供有力支撑。国家知识产权优势企业和国家知识产权示范企业申报、复核工作主要包含三部分：第一部分是组织测评，设定条件范围，以及数字化测评模式；第二部分是推荐上报，包含申报推荐名额以及复核上报；第三部分是审核认定、初审公示、发文认定等。最后，关于政策措施，国家知识产权局提出将进一步加大优势示范企业培育工作力度，突出高质量导向，强化政策支持与协同，定期组织开展测评，促进企业知识产权运用效益和竞争优势持续提升，有力支撑知识产权强国建设。❶

七、知识产权社会服务体系

党中央、国务院高度重视知识产权公共服务工作，习近平总书记曾明确要求“构建便民利民的知识产权公共服务体系”。在“十三五”时期，各级知识产权管理部门认真贯彻习近平总书记关于知识产权工作的重要讲话精神，严格落实党中央、国务院有关知识产权工作的决策部署，以“全链条服务、服务全链条”为理念，强化政府公共服务职能，加大公共服务供给，知识产权公共服务工作取得明显成效。❷

---

❶ 国家知识产权局办公室关于面向企业开展 2022 年度知识产权强国建设示范工作的通知［EB/OL］.［2022-11-01］. https：//www. cnipa. gov. cn/art/2022/5/30/art_75_175800. html.

❷ 国家知识产权局关于印发知识产权公共服务“十四五”规划的通知［EB/OL］.［2022-11-02］. https：//www. cnipa. gov. cn/art/2022/1/7/art_75_172687. html.

（一）完善知识产权服务制度

1. 公安部部署打击食药环和知识产权犯罪“昆仑 2022”专项行动

2022 年 2 月 28 日，全国公安机关召开“昆仑 2022”专项行动部署会议。此次会议是贯彻习近平总书记重要指示精神的体现，并要求紧紧围绕党的二十大安保维稳主题主线，不断强化工作措施，努力推动“昆仑 2022”专项行动取得更大成效。具体而言，此次行动主要做到八方面：一是要求主动出击，深入重点领域；二是要求加强破案攻坚，增强打击实效；三是要求除恶务尽，依法严惩，确保执法质效；四是要求增强风险意识，确保政治、法律和社会效果的有机统一；五是要求强化宣传引导，增强法治意识；六是要求加强组织领导，明确责任分工；七是要求督导推进，落实责任；八是要求严格规范执法，锻炼过硬队伍。此次行动有助于依法打击食药环和知识产权犯罪，创造安全稳定的政治社会环境。❶

2. 印发《专利权质押登记办法》

2021 年 11 月 15 日，国家知识产权局发布关于《专利权质押登记办法》的公告。该“办法”是基于专利质押登记面临种种新问题的背景之下，对 2010 年《专利权质押登记办法》的修改。此次修改对深化知识产权领域“放管服”改革，开展更加规范、便利、高效的专利质押登记服务具有重要的实践意义，为推动专利质押融资，充分实现知识产权价值提供重要制度保障。此次修改的主要内容包含四点：第一是推行以承诺方式办理质押登记手续；第二是减少不予办理登记的情形；第三是压缩登记审查期限，登记手续的审查期限由 7 个工作日缩减至 5 个工作日，网申申请审查期限缩减至 2 个工作日，等等；第四是优化登记相关服务，例如拓展登记办理渠道，明确专利权质押登记材料的查阅复制程序等。❷

---

❶ 公安部部署打击食药环和知识产权犯罪“昆仑 2022”专项行动 [EB/OL]. [2022-11-02]. http://www.gov.cn/xinwen/2022-03/01/content_5676236.htm.

❷ 国家知识产权局关于《专利权质押登记办法》的公告（第 461 号）[EB/OL]. [2022-11-02]. https://www.cnipa.gov.cn/art/2021/11/16/art_2073_171517.html.

3. 印发《关于专利开放许可试点工作方案》的通知

2022 年 5 月 11 日，为深入贯彻落实《知识产权强国建设纲要（2021—2035 年）》和《“十四五”国家知识产权保护和运用规划》决策部署，确保专利开放许可制度平稳落地、高效运行，大力推动知识产权转化运用，国家知识产权局印发《专利开放许可试点工作方案》的通知。该“方案”分为总体要求、试点方式、试点任务、支持措施、进度安排、工作要求六个部分，其中试点任务包含搭建许可信息发布平台、促进供需对接、做好定价指导等配套服务、完善激励和规范措施五项任务。该“方案”有助于加快推进知识产权转化运用，同时为专利开放许可制度做好政策、机制、平台、项目等各方面准备，保障专利开放许可制度的顺利运行。❶

（二）深化知识产权服务“放管服”改革

1. 国家知识产权局深入地理标志保护产品专用标志使用改革试点

2022 年 4 月 14 日，国家知识产权局办公室发布《关于第一批地理标志保护产品专用标志使用核准改革试点验收情况的通报》，对国家知识产权局在 12 个省市开展第一批地理标志产品专用标志使用改革试点工作完成情况及取得的成效进行验收。对有关地方围绕专用标志使用核准工作体系建设、地理标志产品专用标志使用核准、地理标志产品专用标志使用监管、地理标志产品专用标志使用核准工作支撑等方面，结合本地实际，改革创新，形成的一批典型经验做法进行宣传推广。❷ 2022 年 4 月 22 日，国家知识产权局办公室印发《关于开展第二批地理标志专用标志使用核准改革试点及持续深化第一批改革试点的通知》，结合前期改革试点实践经验，提出试点目标、试点原则、试点工作任务，发布申报条件和申报程序，深入贯彻落实国务院有关“放管服”改革要求，扎实推进简政放权、加强放管结合、优化服务改革，切实提

❶ 国家知识产权局办公室关于印发专利开放许可试点工作方案的通知［EB/OL］.［2022-11-02］. https：//www.cnipa.gov.cn/art/2022/5/17/art_2073_175677.html.

❷ 国家知识产权局办公室关于第一批地理标志保护产品专用标志使用核准改革试点验收情况的通报［EB/OL］.［2022-11-02］. https：//www.cnipa.gov.cn/art/2022/4/19/art_575_174805.html.

高地理标志保护和管理能力。❶

2. 国家知识产权局商标局深化“放管服”改革，助力营商环境优化

2022年，国家知识产权局商标局深化“放管服”改革，助力营商环境优化。一是简政放权，商标注册更加便利化，获得夯实改革制度基础，商标业务受理窗口遍布全国，持续简化材料、优化流程，商标业务“一网通”惠民利民，商标便民服务更贴心，商标数据信息更公开。二是放管结合，商标注册日趋法治化。具体而言，制定实施《商标审查审理指南》、建立源头治理商标注册秩序格局、源头规范商标注册秩序成效显现。2021年，商标局在审查审理程序中打击商标恶意注册50万余件，是2013年的25倍；依职权宣告无效恶意注册商标1 729件，是过去10年总和的5倍。三是优化服务，精准助力品牌经济发展的预期目标。国家知识产权局商标局积极支持复工复产、探索制定商标注册申请快速审查办法，充分发挥商标助力产业、区域经济发展作用，推广马德里体系、服务中国品牌“出海”。总之，2022年，商标局深入推进商标注册领域改革，改革举措密集发力，不断释放改革红利。❷

（三）巩固综合性知识产权公共服务机构的改革成果

1. 印发《2022年地方知识产权业务受理窗口工作要点》

2022年4月8日，国家知识产权局印发《2022年地方知识产权业务受理窗口工作要点》，要求地方知识产权业务受理窗口要深入贯彻实施《知识产权强国建设纲要（2021—2035年）》和《“十四五”国家知识产权保护和运用规划》，进一步完善“一站式”服务，丰富服务职能，提升服务效能，在新的起点上推动业务融合向纵深发展。“工作要点”在拓展窗口服务职能、提升窗口服务能力和完善窗口管理机制等三方面作出新的部署，具体包括积极扩展窗口业务范围、全面拓展运用促进业务、打造文化宣传和普法阵地、提高窗

❶ 国家知识产权局办公室关于开展第二批地理标志专用标志使用核准改革试点及深化第一批改革试点的通知［EB/OL］.［2022-11-02］. https://www.cnipa.gov.cn/art/2022/4/24/art_575_175013.html.

❷ 深化“放管服”改革 助力营商环境优化［EB/OL］.［2022-11-02］. http://sbj.cnipa.gov.cn/sbj/ssbj_gzdt/202210/t20221014_22003.html.

口服务意识和服务质量、加大业务培训交流和人才培养力度、不断健全窗口管理指导工作机制和稳步推进商标业务受理窗口优化设置等七项工作。2020年9月至2022年，全国已有32个地方整合设立知识产权业务受理窗口，基本实现省级综合窗口全覆盖，累计设立277个市县商标受理窗口，为优化知识产权领域营商环境作出了积极贡献。❶

2. 印发《国家知识产权局公共服务事项清单（第一版）》

2021年12月31日，国家知识产权局发布关于印发《国家知识产权局公共服务事项清单（第一版）》的通知，该通知说明，编制该清单是为贯彻落实习近平总书记关于知识产权工作的重要指示精神，推动知识产权公共服务标准化、规范化建设，切实提升社会公众和市场主体的获得感和满意度。该“清单”一方面向社会作出公开承诺，使社会公众对知识产权公共服务事项及获取途径一目了然，便利各类主体获得知识产权公共服务；另一方面也为推动更多知识产权公共服务事项便利化改革，实现公共服务事项“线上线下统一管理、同源发布、一体服务”和“同标准受理，无差异办理”打下坚实的基础。该“清单”的编制对于知识产权公共服务发展具有重要意义，是体系化推进知识产权公共服务清单制度建设的第一步。❷

（四）加强知识产权服务信息化建设

1. 提升知识产权公共服务效能

2021年，知识产权公共服务效能持续提升。知识产权公共服务机构实现省级层面及副省级城市全覆盖。新增88家国家知识产权信息公共服务网点，新建50家技术与创新支持中心。新增开放10种知识产权数据，实现集成电路布图设计数据首次开放。上线欧盟商标查询系统。开展知识产权信息服务

❶《2022年地方知识产权业务受理窗口工作要点》印发 稳步推进“一窗通办”[EB/OL].[2022-11-02]. https://www.cnipa.gov.cn/art/2022/4/15/art_53_174717.html.

❷《国家知识产权局公共服务事项清单（第一版）》解读[EB/OL].[2022-11-02]. https://www.cnipa.gov.cn/art/2022/2/8/art_66_173093.html.

专项行动，服务中小企业30余万次。❶ 2022年1月，国家知识产权公共服务网百度小程序顺利上线运行，为移动端用户获取知识产权信息公共服务提供便利。该小程序由国家知识产权局公共服务司与百度公司合作开发而成，主要包括“专利查询”“商标查询”“常用问题”“机构导航”以及“公益课堂”等业务内容，极大方便了移动端用户查询专利商标信息、了解知识产权常见问题、获取知识产权培训资源以及导航全国知识产权公共服务机构等，显著提高了知识产权信息公共服务质量和传播利用效能，有力提升了知识产权公共服务能力和水平。❷

2. 持续提升高效知识产权信息服务水平

2022年6月17日，国家知识产权局、教育部联合发布《关于开展第四批高校国家知识产权信息服务中心遴选工作的通知》，在此之前，我国已经遴选三批高校国家知识产权信息服务中心，切实发挥引领示范作用，显著提高高校创新质量和效益。第四次遴选工作旨在健全完善全国知识产权信息公共服务重要网点建设，增强高校在知识产权创造、保护、运用、管理和服务全链条的信息公共服务能力，切实提升高校知识产权工作的能力和水平。❸ 2022年10月25日，国家知识产权局、教育部公示第四批高校国家知识产权信息服务中心遴选名单，经自主申报、材料提交、形式审查、专家初评、复评答辩等环节，遴选出23家第四批高校国家知识产权信息服务中心。❹

（五）开展多元化知识产权服务交流研讨活动

1. 首期知识产权信息服务优秀案例分享活动

2022年3月31日，国家知识产权公共服务司举行“首期知识产权信息服

❶ 中国官方公布2021年知识产权发展“成绩单”［EB/OL］.［2022-11-02］. https://www.chinanews.com.cn/gn/2022/04-24/9737913.shtml.

❷ 国家知识产权公共服务网百度小程序上线运行［EB/OL］.［2022-11-02］. https://www.cnipa.gov.cn/art/2022/1/12/art_53_172725.html.

❸ 国家知识产权局办公室 教育部办公厅关于开展第四批高校国家知识产权信息服务中心遴选工作的通知［EB/OL］.［2022-11-02］. http://ggfw.cnipa.gov.cn:8010/PatentCMS_Center/info/1975.

❹ 第四批高校国家知识产权信息服务中心遴选名单公示［EB/OL］.［2022-11-02］. https://www.cnipa.gov.cn/art/2022/10/24/art_75_179787.html.

务优秀案例分享活动”。分享活动邀请三家信息服务机构从不同领域和角度深度解读各自利用知识产权信息服务创新发展的典型经验和先进做法，并就热点问题与参会者进行线上交流。此次活动进一步推动各地公共服务机构形成“比学赶帮超”的良好氛围，开拓了知识产权信息服务思路和视野，通过加强机构间横向沟通，学习借鉴，有力地提升了公共服务能力，对拓展服务渠道、丰富服务内容、提升服务效能发挥了积极推动作用，为实现知识产权公共服务工作新突破、发挥新动能奠定了坚实基础。

2. 2022 年“知识产权服务万里行”活动

2022 年 4 月 26 日，国家知识产权局印发《关于组织开展 2022 年“知识产权服务万里行”活动的通知》（以下简称“万里行”），正式启动 2022 年“万里行”活动。此次活动围绕五个方面的重点任务开展：一是知识产权服务助力强国建设试点示范行动；二是知识产权服务支持企业创新发展行动；三是知识产权服务促进转移转化行动；四是知识产权服务业集聚区和服务出口基地送服务行动；五是知识产权服务业加强行风建设行动。各地还可以结合工作实际，在重点任务之外选择安排其他任务。[1]

（六）聚焦海外知识产权服务建设

1. 印发《关于进一步加强海外知识产权纠纷应对机制建设的指导意见》

2021 年 11 月 30 日，国家知识产权局、中国国际贸易促进委员会发布《关于进一步加强海外知识产权纠纷应对机制建设的指导意见》。该“意见”提出建立工作体系，丰富海外知识产权纠纷应对工作网络、加强指导服务，提升海外知识产权纠纷应对水平、强化信息服务，优化海外知识产权动态发布机制、加强专业建设，提升市场主体应对海外纠纷能力、加强组织保障，夯实海外纠纷机制建设基础五项要求。旨在完善海外知识产权纠纷应对指导工作体系，加强信息服务、能力建设和支撑保障，统筹推进知识产权领域国际合作和竞争，切实维护知识产权领域国家安全，有效促进高水平对外开放，

[1] 2022 年“知识产权服务万里行”活动正式启动［EB/OL］.［2022-11-02］. https: //www. cnipa. gov. cn/art/2022/4/26/art_53_175216. html.

推动经济高质量发展。❶

2. 2022 年度海外知识产权纠纷应对指导工作会议

2022 年 6 月 30 日，2022 年度海外知识产权纠纷应对指导工作会议在北京召开。会上，国家知识产权局知识产权保护司等部门对海外知识产权纠纷工作进行报告，会议还发布了 2021 年度海外知识产权纠纷应对指导优秀案例、第二批知识产权保护国别指南、2021 年中国企业在美知识产权纠纷调查报告、2022 年海外专利费用指引等工作成果，新改版上线国家海外知识产权信息服务平台“智南针网”。由此看出，过去一年海外知识产权纠纷工作成效显著。会议要求新一年要提高站位，夯实工作基础，破除重点难点问题，加强央地联动协同，加大投入力度，扎实做好海外知识产权纠纷应对指导工作，切实维护知识产权领域国家安全，全面助力知识产权强国建设。❷

八、知识产权学术研究

知识产权学术研究是建立和完善知识产权制度服务的重要一环，为我国知识产权制度的建立和实施提供了有力支持。《知识产权强国建设纲要（2021—2035 年）》以及《“十四五”国家知识产权保护和运用规划》明确的是“设立知识产权一级学科”的目标，因此，知识产权学术研究也是知识产权强国建设纲要和“十四五”规划的重要举措。2021—2022 年，我国开展了诸多知识产权学术研究活动，助力我国知识产权制度的发展。

（一）2022 年知识产权南湖论坛国际研讨会顺利举办

2022 年 4 月 16 日，中南财经政法大学主办的“2022 年知识产权南湖论坛国际研讨会”成功开幕。此次研讨会聚焦“现代化强国建设与知识产权全球治理”主题，由来自美国、德国、日本的知识产权专家和 80 余名国内知识

❶ 国家知识产权局 中国国际贸易促进委员会 关于进一步加强海外知识产权纠纷应对机制建设的指导意见［EB/OL］.［2022-11-02］. https：//www.cnipa.gov.cn/art/2021/12/7/art_67_171979.html.

❷ 2022 年度海外知识产权纠纷应对指导工作会议在京召开［EB/OL］.［2022-11-02］. https：//www. cnipa. gov. cn/art/2022/8/4/art_2520_176996. html.

产权实务部门、高校研究机构以及企业界人士为我国知识产权事业发展和全球知识产权治理体制构建建言献策。在研讨会期间，知识产权各领域专家、学者和实务工作者围绕数字版权的保护与发展、建立健全中国特色知识产权专门化审判体系、数据知识产权保护、新《著作权法》下惩罚性赔偿制度的适用、地理标志保护制度、知识产权强国建设等六个专题进行交流讨论。此外，为鼓励青年学者进行学术研究，举办"新业奖"论文评选活动。❶

（二）中国知识产权保护论坛成功举办

2022 年 4 月 22 日，国家知识产权局举办"2022 中国知识产权保护高层论坛"，此次论坛主题是"全面加强知识产权保护，优化创新环境和营商环境"。会议上，国家知识产权局局长申长雨指出，要认真落实习近平总书记关于知识产权保护工作的重要指示精神，结合知识产权强国建设纲要和知识产权"十四五"规划相关部署，从健全知识产权法律制度，完善大保护工作格局，坚持知识产权平衡保护和国内外平等保护等方面进一步做好工作，为构建新发展格局、推动高质量发展提供有力支撑。最高人民法院副院长贺小荣、最高人民检察院检察委员会副部级专职委员宫鸣等专家学者均作主题演讲，为我国知识产权保护工作提供经验，凝聚共识和力量。❷

（三）博鳌亚洲论坛知识产权与中小企业分论坛成功举办

2022 年 4 月 19 日，由世界知识产权组织（WIPO）与博鳌亚洲论坛共同举办的知识产权和中小企业分论坛在博鳌亚洲论坛国际会议中心成功举办。此次分论坛主题为"亚洲知识产权：趋势与机遇"。此次会议聚焦亚洲在全球知识产权治理体系中的作用，共享亚洲主要国家和地区知识产权政策变动，并通过讨论新技术、新业态、新趋势，探讨知识产权当前的机遇与挑战，提

---

❶ 2022 年知识产权南湖论坛国际研讨会［EB/OL］.［2022-11-02］. https://www.cnipa.gov.cn/art/2022/4/25/art_2864_175333.html.

❷ 2022 中国知识产权保护高层论坛在京举办［EB/OL］.［2022-11-02］. https://www.cnipa.gov.cn/art/2022/4/24/art_53_174973.html.

出知识产权保护跨区域协作的新模式和新路径。❶

(四)“一带一路”知识产权合作论坛成功举办

2022 年 8 月 14 日，国家知识产权局、陕西省政府共同主办第六届丝绸之路博览会“一带一路”知识产权合作论坛。论坛以“加强知识产权保护 创造幸福美好生活”为主题，采取线上线下相结合的方式，为“一带一路”沿线国家和地区以及社会各界提供知识产权交流合作平台。论坛包括主旨演讲和圆桌论坛等环节，邀请有关知识产权国际组织、“一带一路”沿线国家、跨国企业、政府机构、高校、新闻媒体和知名专家学者等代表参加。此次论坛有利于各地专家深入探讨，凝聚共识，为高质量共建“一带一路”贡献智慧与力量。❷

(五)“2022 第九届强国知识产权论坛暨第四届科创论坛”顺利举办

2022 年 11 月 6 日，“2022 第九届强国知识产权论坛暨第四届科创论坛”成功举办。此次会议主题为“知识产权构筑国家安全”，副标题为“知识产权助力关键核心技术攻关新型举国体制”，参会专家涵盖院士，各主管部门，各领域专家，以及汽车、芯片、新能源产业的巨头等。在开幕式中涉及芯片战略与知识产权安全、网联汽车与知识产权发展策略，碳中和、绿色发展与知识产权，在知识产权政策与法律论坛中，包含专利、商标、版权、反垄断、数据与信息等专题。通过此次论坛，能够为我国建立高质量、绿色发展，关键核心技术新型举国体制，知识产权强国和创新驱动发展献计献策。❸

(六)“加强知识产权保护，促进湖北科技自立自强”学术研讨会成功举办

2022 年 11 月 26 日，湖北省法学会知识产权法学研究会和湖北省知识产

---

❶ 申长雨在博鳌亚洲论坛 2022 年年会知识产权分论坛上作视频致辞 [EB/OL]. [2022-11-02]. https://www.cnipa.gov.cn/art/2022/4/28/art_53_175261.html.

❷ “一带一路”知识产权合作论坛在西安举办 [EB/OL]. [2022-11-02]. https://www.cnipa.gov.cn/art/2022/8/17/art_53_177352.html.

❸ 2022 第 9 届强国知识产权论坛暨第 4 届强国科创论坛 [EB/OL]. [2022-11-02]. http://www.qgip.net/plus/view.php? writer=admin&tid=3&aid=1906.

权研究会举办 2022 年年会暨学术研讨会。此次研讨会主题为“加强知识产权保护，促进湖北科技自立自强”，该主题旨在以实际行动迎接党的二十大胜利召开，深入贯彻习近平新时代中国特色社会主义思想和习近平总书记关于知识产权工作的系列重要指示，全面实施《知识产权强国建设纲要（2021—2035 年）》，积极落实国家区域科技创新中心建设重大战略部署，加快推进湖北知识产权强省建设，助力武汉具有全国影响力的科技创新中心建设，加深知识产权学术研究。❶

九、知识产权人才培养

2022 年 10 月，中国共产党第二十次全国代表大会开幕，习近平代表第十九届中央委员会向大会作报告，报告中表示：“坚持科技是第一生产力、人才是第一资源、创新是第一动力，深入实施科教兴国战略、人才强国战略、创新驱动发展战略，开辟发展新领域新赛道，不断塑造发展新动能新优势。”❷2021—2022 年，各级知识产权部门深化落实人才强国战略的战略部署，在知识产权人才培训、知识产权学位建设、知识产权职称制度、知识产权人才培养模式以及知识产权人才国际化合作交流方面获得显著成效。

（一）强化知识产权人才培训力度

2021—2022 年，国家知识产权局不断强化知识产权人才培训力度。制定印发《2021 年全国知识产权人才专业能力培训计划》，充分发挥知识产权培训基地等机构作用。同时，依托中国知识产权培训中心及远程教育平台开展培训，全年共培训约 24.1 万人。其中，举办面授培训班 15 期，培训人员

❶ 湖北省法学会知识产权法学研究会、湖北省知识产权研究会 2022 年年会暨学术研讨会预通知 [EB/OL]. [2022-11-02]. https: //iprcn. zuel. edu. cn/zgzscqyjw-zgzscqyjw_tzgg/zgzscqyjwcn_cont_news/details-30958. html.

❷ 习近平 . 高举中国特色社会主义伟大旗帜 为全面建设社会主义现代化国家而团结奋斗——在中国共产党第二十次全国代表大会上的报告 [R/OL]. (2022-10-16). [2022-12-29]. http: //cpc.people.com.cn/20th/n1/2022/1026/c448334-32551867.html.

1 200余人；举办线上培训班980余期，培训人员24万余人；举办国际培训班及研讨会5期，培训人员100余人。举办17期行政管理人员能力提升培训班，采用线上线下相结合方式，累计培训7万余人次。远程教育平台新开设子平台2个，新开设分站17个，新发布课程118门（累计577门），新注册用户约15万人。❶ 除此以外，国家知识产权局围绕知识产权保护等重点工作开展培训，举办全国知识产权局局长高级研修班、地方知识产权行政管理人员轮训43期，超过1.2万人次，举办专题业务培训近1.3万人次，举办全国法院知识产权审判业务和技术类知识产权审判业务各3期，每期400人等。❷

（二）加强高校知识产权学科和专业学位建设

自“十三五”以来，我国知识产权人才发展体制机制和政策环境进一步优化，全国知识产权人才队伍达到69万人，“五个一批”知识产权急需紧缺人才队伍基本形成。为解决知识产权人才供给与需求之间的矛盾，专业学位教育是培养知识产权强国建设人才的重要途径，《知识产权强国建设纲要（2021—2035年）》《“十四五”国家知识产权保护和运用规划》均要求推进论证设置知识产权专业学位。2022年印发的《知识产权人才“十四五”规划》将知识产权专业学位设置支持项目列为重点项目，明确提出要加快推进设置知识产权专业学位，充分发挥高校在知识产权人才培养中的重要作用，满足知识产权强国建设对高层次人才的需要。因此，2022年10月10日，国务院学位委员会、教育部印发《研究生教育学科专业目录（2022年）》，新设知识产权硕士专业学位类别，切实落实强国人才战略与“十四五”人才建设规划。❸

（三）完善知识产权职称制度

2021—2022年，国家知识产权局修订印发《国家知识产权局专业技术资格评审办法》，以继续开展局高级职称评审；向各地印发《关于调研知识产权

❶ 国家知识产权局2021年度报告［R］.

❷ 2021中国知识产权保护状况［R］.

❸ 我国新设知识产权专业学位类别［EB/OL］.［2022-10-26］. https：//www.cnipa.gov.cn/art/2022/10/10/art_53_179146.html.

职称制度改革情况的通知》，推动知识产权职称制度改革顺利实施；配合人才资源和社会保障部做好考试服务工作；推进职称信息化建设等。❶ 2021 年 12 月 31 日，国家知识产权局印发的《知识产权人才“十四五”规划》提出要积极推动知识产权支撑制度改革，支撑地方制定知识产权专业技术人员评价标准条件，科学确定评价内容，满足不同层级专业技术人员的评价需求。加强职称评审信息化管理，建立全国知识产权职称评审服务网络平台，部分具备条件的地方建立知识产权高级职称评审委员会等。

（四）创新知识产权人才培养模式

2021—2022 年，国家知识产权局持续推进知识产权教育。首先，探索创新知识产权教育新模式，拓展知识产权师资培训覆盖面，组织开展全国中小学知识产权教育线上培训年度累计 2 000人次；其次，支撑开展“中小学知识产权教育”系列线上科普活动，全国 31 个省（自治区、直辖市）超 500 万人参与；再次，积极开展青少年知识产权教育国际交流，向 50 余个国家（地区）介绍我国中小学知识产权普及教育工作经验；最后，推进论证设置知识产权专业学位。支持高校知识产权学院和研究院建设，举办全国大学生版权征文活动，全国 31 个省（自治区、直辖市）及香港特别行政区、澳门特别行政区 200 余所高校参与。❷

（五）加强知识产权人才国际化交流

2021—2022 年，我国开展 2 期 WIPO 远程课程中文平台项目，培训 2.01 万人次；举办 3 期远程教育英文平台培训班，开发 16 门英文课程，为超过 30 个国家、地区和组织的 160 余名学员提供了培训；以线上方式分别举办了中日和中日韩知识产权培训机构领导会议；为香港知识产权署提供线上审查业务培训；举办“一带一路”背景下企业“走出去”知识产权战略研修班、国际商标纠纷与保护高级研修班，充分利用国际人才培养培训资源，选派人员参加有关奖学金项目，并且选派 13 位国家知识产权局涉外教师参加“一带一

---

❶ 国家知识产权局 2021 年度报告［R］.

❷ 2021 中国知识产权保护状况［R］.

路”知识产权培训班、海湾阿拉伯国家合作委员会（GCC）审查员培训班等4期线上培训班授课。[1] 2022年5月24—27日和6月1日，国家知识产权局成功举办2022年哥斯达黎加国家注册局生物医药领域知识产权线上培训班。[2]

十、知识产权国际合作

习近平总书记在中央政治局第二十五次集体学习时强调，要统筹推进知识产权领域国际合作和竞争。《“十四五”国家知识产权保护和运用规划》亦提出，要推进知识产权国际合作，服务开放型经济发展。2021年，我国各级知识产权部门积极主动地持续巩固多双边合作，积极举办国际会议，搭建知识产权国际保护服务平台，使知识产权国际合作不断取得新突破，形成国际知识产权合作新局面。

（一）巩固多双边合作

1. 持续深化双边交流合作

2021年11月23日，中英两局共同发布知识产权保护指南，我国编译《中国商标法律保护和执法指南》、英国编译《英国知识产权保护指南》，继续加深两国企业对中英知识产权制度的了解，为两国创新者提供更好的服务。[3] 2021年12月1日，中丹两局签署《中华人民共和国国家知识产权局与丹麦专利商标局合作谅解备忘录》；[4] 7日，中墨两国签署新版合作谅解备忘录；[5] 31日，《中国国家知识产权局与柬埔寨工业、科技和创新部关于外观设

[1] 国家知识产权局2021年度报告［R］.

[2] 国家知识产权局面向哥斯达黎加国家注册局生物医药领域培训班成功举办［EB/OL］.［2022-10-26］. https：//www.cnipa.gov.cn/art/2022/6/6/art_53_175895.html.

[3] 中英两局共同发布知识产权保护指南［EB/OL］.［2022-10-26］. https：//www.cnipa.gov.cn/art/2021/11/30/art_53_171784.html.

[4] 中丹两局签署首份知识产权合作谅解备忘录［EB/OL］.［2022-10-26］. https：//www.cnipa.gov.cn/art/2021/12/1/art_53_171787.html.

[5] 中墨两局签署新版知识产权合作谅解备忘录［EB/OL］.［2022-10-26］. https：//www.cnipa.gov.cn/art/2021/12/10/art_53_172078.html.

计合作的谅解备忘录》正式签署生效。[1] 2022 年 6 月 29 日，中国国家知识产权局与马来西亚知识产权局延长五年专利审查高速路（PHH）试点项目。[2] 12 月 14 日，中国国家知识产权局和葡萄牙工业产权局共同决定，将中葡专利审查高速路（PHH）试点再延长五年，在此之前，PHH 试点已延长两次。[3]

2. 持续强化多边对话合作

自 2021 年 12 月 1 日起，按照国家知识产权局与世界知识产权组织签订的关于（PCT）费用汇交的谅解备忘录，中国国家知识产权局开始按世界知识产权组织公布的人民币标准收取 PCT 申请国际阶段费用，不再以瑞士法郎标准进行折算。此番成功推动人民币作为 PCT 相关国际费用的定价和结算货币，标志着人民币在联合国系统内首次获得正式使用。国家知识产权局也成为首家以人民币进行大额国际结算的中央部门。以人民币作为 PCT 相关国际费用的结算货币，也进一步便利了国内创新主体大量地通过 PCT 途径提交国际专利申请的需求。据统计，2021 年中国仍然是 PCT 的最大用户，共提交 69 540 件国际专利申请，同比增长 0.9%，连续第三年位居申请量排行榜首位。[4]

2022 年 1 月 1 日，《区域全面经济伙伴关系协定》（RCEP）正式生效实施。RCEP 中的知识产权规则以及“一带一路”倡议下的知识产权合作，妥善处理了知识产权领域国际合作和竞争问题，是中国主动参与国际知识产权秩序建设的重要实践，体现了中国式合作的优势和魅力。此次正式生效实施体现了中国积极参与全球知识产权治理，也凸显了区域知识产权保护水平的不断提升。[5]

---

[1] 中柬签署外观设计合作谅解备忘录并启动外观设计认可项目［EB/OL］.［2022-10-26］. https://www.cnipa.gov.cn/art/2022/1/4/art_53_172588.html.

[2] 中马（来西亚）专利审查高速路（PPH）试点项目延长［EB/OL］.［2022-10-26］. https://www.cnipa.gov.cn/art/2022/6/29/art_53_176284.html.

[3] 中葡（萄牙）专利审查高速路（PPH）试点再延长五年［EB/OL］.［2022-10-26］. https://www.cnipa.gov.cn/art/2021/12/14/art_53_172183.html.

[4] 中国 PCT 国际专利申请量连续三年居首（知识产权报）［EB/OL］.［2022-12-11］. https://www.cnipa.gov.cn/art/2022/2/16/art_55_173211.html.

[5] 促合作深度参与知识产权全球治理（知识产权报）［EB/OL］.［2022-10-29］. https://www.cnipa.gov.cn/art/2022/4/15/art_55_174714.html.

2021 年 11 月 1—5 日，中国国家知识产权局以线上线下相结合的方式分别主办了 2021 年中美欧日韩外观设计五局合作年度会议和 2021 年中美欧日韩商标五局合作年度会议。会上，五局代表分别就《2021 年中美欧日韩外观设计五局合作联合声明》和《2021 年中美欧日韩商标五局合作联合声明》内容达成共识，并且迅速通过各局审批手续，对外发布。❶ 2022 年 10 月 24—28 日，中美欧日韩商标五局合作和外观设计五局合作年度系列会议举行，此次会议肯定了 TM5 和 D5 合作取得的丰硕成果，同时审议通过《TM5 运行指南》，并更新了《ID5 操作规程》，并对未来合作项目的进展有了进一步的规划。❷

2022 年 2 月 5 日，中国加入《工业品外观设计国际注册海牙协定》，并于 5 月 5 日生效。作为外观设计申请大国，中国外观设计专利申请量近年来不断增长。根据 WIPO 发布的数据报告显示，2020 年全球海牙注册申请量 18 580 万件，其中中国以 826 件位居第九名，同比增长 22.7%。为加入该协定，我国作出一系列努力，2021 年 6 月 1 日，我国新修改的《专利法》正式生效，外观设计的保护期限由修改前的 10 年延长至 15 年，消除了加入《海牙协定》的法律障碍。《专利法》修改通过后，中国国家知识产权局立即启动了加入《海牙协定》的国内报批程序。2022 年 1 月，经国务院审批同意，中国正式加入海牙协定 1999 年文本。❸

2022 年 2 月 5 日，中国向世界知识产权组织（WIPO）提交《关于为盲人、视力障碍者或其他印刷品阅读障碍者获得已出版作品提供便利的马拉喀什条约》（以下简称《马拉喀什条约》）批准书，成为该“条约”第 85 个缔约方，于 5 月 5 日在我国生效。作为世界上迄今为止唯一一部版权领域的人

---

❶ 中国国家知识产权局主办 2021 年中美欧日韩外观设计五局合作年度视频会议［EB/OL］.［2022-11-04］. https：//www. cnipa. gov. cn/art/2021/11/4/art_53_171206. html.

❷ 2022 年中美欧日韩商标五局合作和外观设计五局合作年度系列会议举行［EB/OL］.［2022-11-04］. https：//www. cnipa. gov. cn/art/2022/11/4/art_53_180153. html.

❸ 促合作深度参与知识产权全球治理（知识产权报）［EB/OL］.［2022-11-04］. https：//www. cnipa. gov. cn/art/2022/4/15/art_55_174714. html.

权条约，《马拉喀什条约》旨在保障视力障碍者和其他印刷品阅读障碍者欣赏作品和接受教育的权利。近年来，中国一直高度重视阅读障碍者获取和使用作品的权益，为推动《马拉喀什条约》的缔结和生效做出诸多行动。2020 年 11 月 11 日，《著作权法》完成第三次修改，并于 2021 年 6 月 1 日施行，其中将合理使用情形由原来的“将已经发表的作品改成盲文出版”扩展到“以阅读障碍者能够感知的无障碍方式向其提供已经发表的作品”，体现了《马拉喀什条约》的核心内容。2021 年 10 月 23 日，十三届全国人大常委会第三十一次会议决定批准《马拉喀什条约》。2022 年 2 月 5 日，中国向世界知识产权组织交存了《马拉喀什条约》批准书。❶

（二）积极举办国际会议

2021 年 11 月 25 日，第十二届中国—东盟知识产权局局长会议正式举行。此次会议回顾总结了 2020—2021 年度中国—东盟知识产权合作工作计划的执行情况，讨论并通过了 2021—2022 年度工作计划。❷ 2022 年 8 月 24 日，第十三届中国—东盟知识产权局局长会议以线上线下相结合的方式举行。此次会议总结了在 2021—2022 年度，中国国家知识产权局与东盟成员国知识产权机构充分利用中国—东盟合作、“一带一路”合作等机制，积极落实年度合作工作计划，在知识产权能力建设、知识产权保护与运用、遗传资源、传统知识和民间文艺保护等领域都开展了富有成效的务实合作，构建了富有活力的知识产权区域合作环境，有效推动了区域内各国知识产权事业的发展。同时，进一步制定并通过了在后疫情时代区域共同发展的 2022—2023 年度工作计划。❸

2022 年 9 月 2 日，中国国家知识产权局主办第十四次金砖国家知识产权

❶ 《马拉喀什条约》今日对中国生效［EB/OL］.［2022-10-29］. https://www.ncac.gov.cn/chinacopyright/contents/12227/356698.shtml.

❷ 第十二届中国—东盟知识产权局局长会议举行［EB/OL］.［2022-10-26］. https://www.cnipa.gov.cn/art/2021/12/2/art_53_171831.html.

❸ 第十三届中国—东盟知识产权局局长会议举行［EB/OL］.［2022-10-26］. http://www.gov.cn/xinwen/2022-09/07/content_5708702.html.

局局长视频会议。此次会议全面落实《北京宣言》要求，扎实推进专利、商标和外观设计等领域合作。会上，金砖五局局长共同批准更新《金砖知识产权合作运行指南框架》。该更新文件为金砖五局未来合作提供了更加明确的指引，并将“知识产权支撑联合国2030年可持续发展议程”写入合作目标，将数字技术、知识产权保护和管理纳入未来合作内容，进一步完善了合作机制。会议审议了金砖五局8个合作领域的工作进展，批准了《金砖五局人工智能审查规则对比研究报告》《金砖五局外观设计视图提交要求对比研究报告》《金砖五局商标申请和审查程序对比手册》等多项成果。会上，金砖五局和世界知识产权组织还首次围绕“知识产权助力实现联合国2030年可持续发展议程”进行了经验分享，各方一致认为，金砖五局就知识产权助力实现联合国2030年可持续发展议程开展交流具有重要意义，有助于金砖国家在知识产权全球治理中发挥更大影响力，未来将围绕该议题开展更为深入的交流。❶

2021—2022年，我国积极举办诸多大型国际会议，除上述会议外，2021年12月9日，由中国国家知识产权局主办的第二十八次中日知识产权局局长会议、第二十七次中韩知识产权局局长会议和第二十一次中日韩知识产权局局长会议以视频方式分别举行；❷ 2021年12月21日、28日，举行中俄知识产权局局长会议❸与第十五次中欧两局局长会议；❹ 2022年3月1日、9日，中吉、中老进行知识产权局局长会议；❺ 2022年4月9日，中法举行地理标

❶ 中国国家知识产权局主办第十四次金砖国家知识产权局局长视频会议［EB/OL］.［2022-10-26］. https://www.cnipa.gov.cn/art/2022/9/22/art_53_178894.html.

❷ 2021年中日、中韩和中日韩知识产权局局长会议分别举行［EB/OL］.［2022-10-26］. https://www.cnipa.gov.cn/art/2021/12/9/art_53_172033.html.

❸ 中俄知识产权局局长视频会议举行［EB/OL］.［2022-10-26］. https://www.cnipa.gov.cn/art/2021/12/21/art_53_172347.html.

❹ 第十五次中欧两局局长会议举行［EB/OL］.［2022-10-26］. https://www.cnipa.gov.cn/art/2021/12/28/art_53_172461.html.

❺ 中吉两国知识产权局举行局长视频会议［EB/OL］.［2022-10-26］. https://www.cnipa.gov.cn/art/2022/3/11/art_53_173944.html；中老知识产权局局长举行视频会谈［EB/OL］.［2022-10-26］. https://www.cnipa.gov.cn/art/2022/3/16/art_53_174082.html.

志在线研讨会；❶ 4 月 22 日，国家知识产权局与国际商标协会就知识产权工作情况与合作情况等事项进行视频会议；❷ 2022 年 5 月 26 日，中瑞两局第九次正式会谈及第七届产业界圆桌会在线举行；❸ 等等。我国积极主办并参与诸多双边会议及多边会议，不断加强国际合作与交流，持续提升在国际知识产权领域的重要性。

（三）搭建知识产权国际保护服务平台

2021 年 11 月 29 日至 12 月 1 日，由中国国家知识产权局和世界知识产权组织（WIPO）共同主办的全球技术与创新支持中心（TISC）会议在线成功举行。会议探讨了 TISC 在促进技术转让方面的作用，以及对于全球各社群所面临的社会和经济问题，提供基于技术的解决方案所能作出的贡献。国家知识产权局局长申长雨指出，此次会议是落实习近平总书记关于深度参与世界知识产权组织框架下的全球知识产权治理，倡导知识共享有关重要讲话精神的具体行动。中国始终积极推进 TISC 工作，发挥其在服务创新创业、推动技术转移转化方面的积极作用。中方愿以此次会议为契机，进一步加强与各国 TISC 机构的合作，推动全球 TISC 网络发展，促进技术创新和世界经济复苏。❹

❶ 中法地理标志在线研讨会举行［EB/OL］.［2022-10-26］. https：//www. cnipa. gov. cn/art/2022/4/14/art_53_174689. html.

❷ 国家知识产权局与国际商标协会举行视频会议［EB/OL］.［2022-10-26］. https：//www. cnipa. gov. cn/art/2022/4/27/art_53_175258. html.

❸ 中瑞两局第九次正式会谈及第七届产业界圆桌会在线举行［EB/OL］.［2022-10-26］. https：//www. cnipa. gov. cn/art/2022/5/26/art_53_175746. html.

❹ 全球技术与创新支持中心（TISC）会议成功举办［EB/OL］.［2022-10-26］. https：//www. cnipa. gov. cn/art/2021/12/10/art_53_172080. html.

中国著作权发展状况报告（2021—2022）

胡开忠　程　娅*

引　言

2022年10月16—22日，党的二十大胜利召开。党的二十大擘画了以中国式现代化推进中华民族伟大复兴的宏伟蓝图，也为中国著作权事业高质量发展提出了新任务、新要求。站在新的起点上，我国著作权事业也有了新发展、新进步、新气象：著作权法律制度体系更加完善，著作权执法监督力度不断加强，著作权司法保护取得重大进展，企业著作权运营实现巨大突破，著作权国际交流合作进一步扩展，我国在国际著作权体系中的话语权和影响力显著提升。这是习近平新时代中国特色社会主义思想在著作权领域的集中体现，也是新时期持续推进版权治理体系和治理能力现代化的关键内容。

2021年作为"十四五"规划开局之年，恰逢"两个一百年"奋斗目标的历史交汇期。《民法典》《中华人民共和国著作权法》《中华人民共和国刑法修正案（十一）》正式施行，《"十四五"国家知识产权保护和运用规划》

---

* 胡开忠，中南财经政法大学知识产权研究中心副主任，教授，博士生导师；程娅，中南财经政法大学知识产权研究中心博士研究生。

《版权工作“十四五”规划》相继颁布，为我国版权事业的高质量发展提供了强有力的制度保障和规划指引。2022 年是党的二十大召开之年，也是向第二个百年奋斗目标进军和实施“十四五”规划的关键之年。面向未来，中国版权工作将继续坚持以习近平新时代中国特色社会主义思想为指导，统筹文化强国、知识产权强国、版权强国建设，持续释放版权激发创新创造的更大活力，全面提升版权推动高质量发展的更大动力，充分发挥版权优化营商环境的更大效力，深入挖掘版权促进国际交流合作的更大潜力，不断提升版权治理体系和治理能力现代化水平。

一、国内版权发展状况

2021—2022 年是中国版权事业取得蓬勃发展的一年，在制度层面上，第三次修订的《中华人民共和国著作权法》正式施行，《“十四五”国家知识产权保护和运用规划》《版权工作“十四五”规划》等版权事业规划部署强势出台，《以无障碍方式向阅读障碍者提供作品暂行规定》《最高人民法院关于第一审知识产权民事、行政案件管辖的若干规定》《互联网信息服务算法推荐管理规定》等相关司法解释及规范文件纷纷公布，为我国版权事业的创新和发展提供了良好的制度支撑。

在执法层面上，版权行政执法部门按照《版权工作“十四五”规划》《2020—2021 年贯彻落实〈关于强化知识产权保护的意见〉推进计划》等政策指导，不断强化版权行政执法监管，加大版权整治力度，增强版权保护力度，通过开展“剑网”“净网”等专项行动，集中整治重点领域、重点市场版权秩序，取得良好成效。这对规范版权管理秩序、构建版权保护长效机制具有重要意义。

在司法层面上，各级人民法院始终坚持依法、公正、高效地审理各类版权案件，不断强化审判监督指导、不断深化审判制度改革，各类新收案件数量和审结案件数量不断增长，“三合一”审判改革持续推进，专业化审判体系建设成效显著，版权保护工作取得实质性进展。这对我国有效维护版权方的合法利益、完善版权治理体系和治理能力现代化提供了强有力的司法支撑。

在产业层面上，网络版权产业持续稳定发展，直面消费者（Direct To Customer，DTC）模式助力影音视频行业迎来结构性转型。我国还专门印发《推动知识产权高质量发展年度工作指引（2022）》《关于促进和规范知识产权运营工作的通知》《知识产权质押融资入园惠企行动方案（2021—2023年）》等文件以促进版权产业等市场化运营。网络文学领域、网络长视频领域、网络动漫领域、网络游戏领域、网络音乐领域等版权产业也持续发力，逐渐成长为国民经济的重要支撑。

在国际层面上，美国、英国、澳大利亚、西班牙、葡萄牙等国家结合最新技术发展，对本国版权制度纷纷作出修改。其中，美国围绕版权技术措施的定义、实施条件等内容，颁布了《2022年加强版权技术措施法案（草案）》。英国针对《人工智能与知识产权：版权与专利》报告，决定扩大文本与数据挖掘（Text and Data Mining，TDM）版权例外的适用范围。澳大利亚、西班牙、葡萄牙也相继开启版权制度改革，以促使其更加契合当代数字社会的发展需要。

二、著作权法律体系建设

2021—2022年，我国著作权法律制度体系建设更加完备，著作权保护水平全面提升。其中，2021年是“十四五”规划的开局之年，也是“两个一百年”奋斗目标的历史交汇点，《“十四五”国家知识产权保护和运用规划》《版权工作“十四五”规划》相继颁布，为我国推进版权工作作出全面部署。2022年是实施“十四五”规划的起步之年，也是全面建设社会主义现代化国家的关键时期，无障碍格式作品、互联网信息服务算法推荐管理等规定正式施行，为著作权领域内细分问题的解决提供了有效的治理路径。

（一）著作权保护纲领性文件

1.《“十四五”国家知识产权保护和运用规划》述评

2021年10月9日，国务院印发《“十四五”国家知识产权保护和运用规划》，明确了“十四五”时期开展知识产权工作的指导思想、基本原则、主要目标、重点任务和实施保障措施，对未来五年的知识产权工作进行全面部署。

（1）主要内容。《“十四五”国家知识产权保护和运用规划》围绕“坚持质量优先、坚持强化保护、坚持开放合作、坚持系统协同”四项基本原则，提出“知识产权保护迈上新台阶、知识产权运用取得新成效、知识产权服务达到新水平、知识产权国际合作取得新突破”四项主要目标，并在此基础上统筹安排了五个方面的重点任务：一是全面加强知识产权保护激发全社会创新活力，完善知识产权法律政策体系，加强知识产权司法保护、行政保护、协同保护和源头保护；二是提高知识产权转移转化成效支撑实体经济创新发展，完善知识产权转移转化体制机制，提升知识产权转移转化效益；三是构建便民利民知识产权服务体系促进创新成果更好惠及人民，提高知识产权公共服务能力，促进知识产权服务业健康发展；四是推进知识产权国际合作服务开放型经济发展，主动参与知识产权全球治理，提升知识产权国际合作水平，加强知识产权保护国际合作；五是推进知识产权人才和文化建设夯实事业发展基础。为更好地完成这五项重点任务，《“十四五”国家知识产权保护和运用规划》还制定了四项保障措施，分别为“加强组织领导、充分发挥国务院知识产权战略实施工作部际联席会议作用”，“鼓励探索创新、发扬基层首创精神，积极探索积累务实管用、科学精准的具体举措，不断丰富完善有关政策措施”，“加大投入力度，完善多渠道投入机制，加强对知识产权工作的政策和资源支持，鼓励社会资本积极参与”，以及“狠抓工作落实，加强对规划实施情况的跟踪监测”等具体内容。

（2）简评。《“十四五”国家知识产权保护和运用规划》作为国家专项规划印发实施，充分体现了习近平总书记和党中央、国务院对知识产权工作的高度重视与殷切期望，充分表明了“十四五”知识产权规划具有重大意义。❶“十四五”知识产权规划作为贯彻落实习近平总书记关于知识产权工作重要指

---

❶ 申长雨：奋力开创“十四五”知识产权事业发展新局面［EB/OL］.［2021-11-01］. http：//www.gov.cn/zhengce/2021-09/23/content_5638896.htm.

示和党中央、国务院决策部署的重大举措，明确了知识产权保护迈上新台阶、运用取得新成效、服务达到新水平、国际合作取得新突破等主要目标，设立了“每万人口高价值发明专利拥有量”等重要指标，与国家“十四五”规划和2035年远景目标纲要、《知识产权强国建设纲要（2021—2035年）》对知识产权工作的部署充分衔接，能够有效提高创新主体知识产权管理效能，促进知识产权服务业与区域产业的融合发展，提升知识产权的国际合作水平，增强全社会尊重和保护知识产权的意识，并支撑我国知识产权事业的高质量发展。

2.《版权工作“十四五”规划》述评

2021年12月24日，国家版权局印发《版权工作“十四五”规划》，为我国完善版权工作体系、推进版权治理体系和治理能力现代化作出全面部署。

（1）主要内容。《版权工作“十四五”规划》明确提出要始终坚持以习近平新时代中国特色社会主义思想为指导，围绕“坚持守正创新、坚持全面保护、坚持质量优先、坚持开放合作、坚持统筹协调”五项基本原则，提出“进一步完善版权法律制度体系、进一步完善版权行政保护体系、进一步完善使用正版软件工作体系、进一步完善版权社会服务体系、进一步完善版权涉外工作体系、进一步完善版权产业发展体系”等重点任务和主要措施。其中，“进一步完善版权法律制度体系”主要包括健全版权法律法规和政策制度、推进有关著作权国际条约的磋商制定和批准工作、完善版权管理体制机制；“进一步完善版权行政保护体系”主要包括全面加强版权保护、推动新业态新领域版权保护、加强版权执法协作、强化社会监督共治、加强长效机制建设；“进一步完善使用正版软件工作体系”主要包括巩固完善软件正版化工作制度、巩固扩大软件正版化工作成果、深入开展软件使用情况年度核查、大力推进软件正版化工作与信息安全工作结合；“进一步完善版权社会服务体系”主要包括完善著作权登记体制机制、健全中国特色著作权集体管理制度、规范涉外著作权认证工作、提升版权社会组织服务水平、加强版权宣传引导、推进版权人才培养和队伍建设；“进一步完善版权涉外工作体系”主要包括加强版权多双边合作应对、建立健全版权国际贸易服务机制、推动民间文艺版权保护国内立法实践和国际推广联动；“进一步完善版权产业发展体系”主要包括深化版权示范创建工作、强化国家版权创新发展基地建设、打造全国版权展会授权交易体系、推进全国版权交易中心建设、加强推进版权产业发展的支撑工作等内容。另外，为更好地完成这些重点任务，国家版权局还设置了加强组织领导、完善扶持政策、强化考核评价等三方面组织保障要求。

（2）简评。随着新一轮科技革命和产业变革深入发展，区块链、大数据、人工智能等技术手段日新月异，侵权盗版行为网络化、高技术化特点愈加明显，对版权保护提出新挑战新要求。这要求我国需要不断完善版权工作体制机制，强化版权全链条保护，推进版权治理体系和治理能力现代化。《版权工作“十四五”规划》围绕版权工作新形势，从进一步完善版权法律制度体系、完善版权行政保护体系、完善使用正版软件工作体系、完善版权社会服务体系、完善版权涉外工作体系、完善版权产业发展体系六个方面提出了二十六项重点任务，对我国未来五年的版权事业作出了重要部署，为新时代版权事业的高质量发展勾画了宏伟蓝图，对于完善中国特色版权治理体系、全面推进知识产权强国建设具有重要意义。

（二）关于著作权的法律修订

1. 新施行的《著作权法》述评

2021 年 6 月 1 日，最新修订的《中华人民共和国著作权法》（以下简称“新《著作权法》”）正式施行。

（1）主要内容。新《著作权法》主要有 6 章共计 67 条，修订内容主要分为以下几个方面：第一，对作品定义和作品类型作了修改。第二，完善了著作权集体管理制度，明确了著作权集体管理组织是非营利法人，并要求其规范管理、定期公布使用费的收取和转付等情况。第三，对著作权合理使用制度进行修改，引入《伯尔尼公约》的“三步检验法”，同时将“以阅读障碍者能够感知的独特方式向其提供已经发表的作品”也纳入合理使用行为。第四，调整了广播权的定义，扩大了广播权的范围。第五，完善了关于广播组织权的规定，扩大了权利范围。新《著作权法》第 47 条将广播组织者的权利延伸到网络空间，赋予其对网络转播及信息网络传播行为的控制权。第六，强化了著作权保护，加大了对侵权行为的惩治力度。正式引入惩罚性赔偿制度，并将法定赔偿额上限由50万元提高到500万元。第七，加强与其他法律的衔接，落实国际条约义务。将摄影作品的保护期从作品首次发表后的50年，变更为作者终生及其死亡后50年，而且扩张了盲人合理使用的受益主体，将其扩大到阅读障碍者。

（2）简评。新《著作权法》秉承《民法典》公平、自愿等基本原则，遵循《民法典》“自由、平等、公平、公正”的人文精神，反映了《民法典》私权至上的价值理念。“作品定义”“作品类型”“广播权”“广播组织权”“著作权集体管理制度”“著作权合理使用制度”“惩罚性赔偿制度”等内容的修订关涉著作权创造、运用以及保护三个维度，兼顾多方诉求，呈现出多元的目标取向，为参与建构著作权全球治理贡献中国智慧、提供中国方案，为适应新一代信息技术发展提供现代制度产品，为中国特色先进文化产业繁荣提供法律保障机制。❶

2.《刑法修正案（十一）》对侵犯著作权有关条款的修改及述评

2021年3月1日，十三届全国人大常委会第二十四次会议表决通过的《中华人民共和国刑法修正案（十一）》［以下简称《刑法修正案（十一）》］正式施行。

（1）主要内容。《刑法修正案（十一）》对《刑法》第三章第七节侵犯知识产权罪的全部条款，即第213—220条，进行了修订。其中，《刑法修正案（十一）》涉及侵犯著作权有关条款的修订，具体为《刑法》第217条、第218条。第217条规定“侵犯著作权或者与著作权有关的权利的情形之一，违法所得数额较大或者有其他严重情节的，处三年以下有期徒刑，并处或者单处罚金；违法所得数额巨大或者有其他特别严重情节的，处三年以上十年以下有期徒刑，并处罚金”；第218条规定“以营利为目的，销售明知是本法第二百一十七条规定的侵权复制品，违法所得数额巨大或者有其他严重情节的，处五年以下有期徒刑，并处或者单处罚金”。

❶ 吴汉东，刘鑫．我国《著作权法》第三次修订之评析［J］．东岳论丛，2020（1）：166.

（2）简评。《刑法修正案（十一）》吸收了《著作权法》的最新修订成果，实现著作权民刑领域立法的协调对接，全面加强了著作权刑事保护，切实回应了文创产业的现实需要。❶ 尤其是《刑法修正案（十一）》对作品保护范围的扩充和法定刑上限的修订，使我国的著作权保护获得了强有力的刑法背书，一方面可以有效震慑侵犯著作权以及与著作权有关权利的侵权行为人，提升侵权打击力度；另一方面有助于法官结合具体犯罪情节酌情裁决量刑，契合罪刑均衡原则。

（三）其他有关司法解释及规范性文件

1.《以无障碍方式向阅读障碍者提供作品暂行规定》述评

2022 年 8 月 1 日，国家版权局发布《以无障碍方式向阅读障碍者提供作品暂行规定》，规范以无障碍方式向阅读障碍者提供作品的秩序，并促进阅读障碍者平等参与社会生活、共享文化发展成果。

（1）主要内容。《以无障碍方式向阅读障碍者提供作品暂行规定》共有 17 条内容。第 1 条明确该规定的制定目的。第 2 条明确阅读障碍者、无障碍格式版、无障碍格式版服务机构、无障碍格式版跨境交换机构的概念。第 3 条规定将已经发表的作品制作成无障碍格式版并向阅读障碍者提供时，应当遵守的具体要求。第 4 条规定制作、提供无障碍格式版时，应如何处理技术措施问题。第 5 条规定制作、提供、跨境交换无障碍格式版，应当履行的告知义务以及相关记录至少保留 3 年。第 6 条规定制作、提供、跨境交换无障碍格式版时，应遵守的国家管理规定和标准。第 7 条规定鼓励各机构为其拥有版权的作品同步制作、提供无障碍格式版。第 8 条规定无障碍格式版服务机构应当符合的具体条件。第 9 条规定无障碍格式版跨境交换机构应当符合的条件。第 10 条规定无障碍格式版服务机构（含跨境交换机构）应实行告知性备案。第 11 条规定各级著作权主管部门以及相关部门应对无障碍格式版服务机构（含跨境交换机构）给予支持。第 12 条规定制作、提供、跨境交换无

❶ 于波．加强著作权刑事保护　为文化产业发展保驾护航［EB/OL］．［2022-03-04］．https：//www.chinaxwcb.com/info/570954.

障碍格式版若违反该规定，影响作品的正常使用或不合理地损害著作权人的合法权益的，应当承担的侵权责任。第 13 条规定被侵权人、利害关系人或其他知情人可以向著作权主管部门或其他相关部门投诉、举报。第 14 条规定为实施义务教育和国家教育规划而编写出版教科书，将已经发表的作品制作成无障碍格式版并向阅读障碍者提供的，属于《著作权法》第 24 条第 1 款第 (12) 项规定的情形，适用该规定。第 15 条规定制作、提供、跨境交换无障碍格式版涉及图书、报刊出版，以及表演、录音录像和广播电台、电视台播放等与著作权有关的权利的，参照该规定执行。第 16 条明确该规定由国家版权局负责解释。第 17 条明确该规定自印发之日起施行。

(2) 简评。《关于为盲人、视力障碍者或其他印刷品阅读障碍者获得已出版作品提供便利的马拉喀什条约》于 2022 年 5 月 5 日对中国生效。该条约要求各缔约方规定版权限制与例外，以保障阅读障碍者平等欣赏作品和接受教育的权利。为与《马拉喀什条约》衔接，《著作权法》第 24 条第 1 款第 (12) 项作了原则性规定，但该规定可操作性不强。因此，国家版权局依据《著作权法》和《马拉喀什条约》制定《以无障碍方式向阅读障碍者提供作品暂行规定》，并作为规范性文件公开发布。《以无障碍方式向阅读障碍者提供作品暂行规定》界定了“阅读障碍者”“无障碍格式版服务机构”等重要概念，明确了制作、提供无障碍格式版的规则要求，还规定了相应的主体资质和监督管理要求。这对规范以无障碍方式向阅读障碍者提供作品的版权秩序、维护阅读障碍者切身利益具有重要作用。

2.《最高人民法院关于第一审知识产权民事、行政案件管辖的若干规定》述评

2022 年 4 月 20 日，最高人民法院发布《最高人民法院关于第一审知识产权民事、行政案件管辖的若干规定》，并于 2022 年 5 月 1 日正式施行。

(1) 主要内容。该规定共有 6 项条款。第 1 条主要规定发明专利、实用新型专利、植物新品种、集成电路布图设计、技术秘密、计算机软件的权属、侵权纠纷以及垄断纠纷第一审民事、行政案件由知识产权法院，省、自治区、直辖市人民政府所在地的中级人民法院和最高人民法院确定的中级人民法院

管辖。第 2 条明确外观设计专利的权属、侵权纠纷以及涉驰名商标认定第一审民事、行政案件由知识产权法院和中级人民法院管辖；经最高人民法院批准，也可以由基层人民法院管辖，但外观设计专利行政案件除外；还规定除第 1~2 条之外的第一审知识产权案件诉讼标的额在最高人民法院确定的数额以上的，以及涉及国务院部门、县级以上地方人民政府或者海关行政行为的，由中级人民法院管辖。第 3 条主要规定除前两条之外的第一审知识产权民事、行政案件，由最高人民法院确定的基层人民法院管辖。第 4 条规定对新类型、疑难复杂或者具有法律适用指导意义等知识产权民事、行政案件，上级人民法院可以依照诉讼法有关规定，根据下级人民法院报请或者自行决定提级审理。第 5 条规定依照该规定需要最高人民法院确定管辖或者调整管辖的诉讼标的额标准、区域范围的，应当层报最高人民法院批准。第 6 条则明确其正式施行时间。

（2）简评。《最高人民法院关于第一审知识产权民事、行政案件管辖的若干规定》明确了具有知识产权民事、行政案件管辖权的基层人民法院及其管辖区域，以及管辖第一审知识产权民事案件诉讼标的额。该规定的出台进一步规范了知识产权民事诉讼和行政诉讼，细化了相关法院管辖知识产权案件的标准，有助于当事人解决知识产权纠纷，也有助于法院推进知识产权审判改革进程。

3.《互联网信息服务算法推荐管理规定》述评

2021 年 12 月 31 日，国家互联网信息办公室、工业和信息化部、公安部、国家市场监督管理总局共同发布《互联网信息服务算法推荐管理规定》，并于 2022 年 3 月 1 日起正式施行。

（1）主要内容。《互联网信息服务算法推荐管理规定》共分为 6 章 35 条。第一章为总则，主要明确“应用算法推荐技术”的定义和主要负责的国家网信部门。第二章为信息服务规范，主要规定算法推荐服务提供者应当履行的责任，即坚持主流价值导向、建立健全算法机制机理审核、加强信息安全管理、加强用户模型和用户标签管理、加强算法推荐服务版面页面生态管理等内容。第三章为用户权益保护，主要规定算法推荐服务提供者应当以显著方式告知用户其提供算法推荐服务的情况，并以适当方式公示算法推荐服务的基本原理、目的意图和主要运行机制等。第四章、第五章、第六章分别为监督管理、法律责任和附则内容。

（2）简评。近年来，算法应用在给社会发展注入新动能的同时，也引发了算法歧视、“大数据杀熟”、诱导沉迷等算法不合理应用等诸多问题，仅依照“通知—移除”规则往往不能有效遏制版权侵权行为。《互联网信息服务算法推荐管理规定》的出台，明确了算法推荐服务提供者的主要责任，规定了算法推荐服务提供者的权利义务，有助于各主管单位更好地规范互联网信息服务算法推荐活动，防范化解侵权风险，从而更好地保护公民、法人和其他组织的合法权益，并在此基础上促进互联网信息服务的健康有序发展。

4.《虚拟现实与行业应用融合发展行动计划（2022—2026年）》述评

2022年10月28日，工业和信息化部、教育部、文化和旅游部、国家广播电视总局、国家体育总局联合印发《虚拟现实与行业应用融合发展行动计划（2022—2026年）》。

（1）主要内容。《虚拟现实与行业应用融合发展行动计划（2022—2026年）》以习近平新时代中国特色社会主义思想为指导，以创新能力显著增强、产业生态持续完善、融合应用成效凸显为发展目标，确立了推进关键技术融合创新、提升全产业链条供给能力、加速“虚拟现实+工业生产/文化旅游/融合媒体/教育培训/体育健康/商贸创意/演绎娱乐/安全应急/残障辅助/智慧城市”等多行业多场景应用落地、加强“建设共性应用技术支撑平台、建设沉浸式内容集成开发平台、建设融合应用孵化培育平台”等产业公共服务平台建设、构建融合应用标准体系等重点任务，明确了加强统筹联动、优化发展环境、深化技术研发、开展应用试点、打造产业集群、强化人才支撑、推动交流合作等保障措施。

（2）简评。虚拟现实（含增强现实、混合现实）是新一代信息技术的重要前沿方向，是数字经济的重大前瞻领域。《虚拟现实与行业应用融合发展行动计划（2022—2026年）》为深入贯彻《中华人民共和国国民经济和社会发展第十四个五年规划和2035年远景目标纲要》相关部署，提升我国虚拟现实产业核心技术创新能力，对虚拟现实和产业融合作出系统布局。这不仅能够有效激发产业服务体系创新活力，加快虚拟现实与行业应用融合发展，构建完善虚拟现实产业创新发展生态，而且能够为制造强国、网络强国、文化强国和数字中国建设提供有力支撑。

5.《广播电视行政处罚程序规定》述评

2021 年 12 月 10 日，为维护广播电视和网络视听领域行政管理秩序，保障和规范广播电视行政部门有效实施行政管理，保护公民、法人或者其他组织的合法权益，国家广播电视总局颁布《广播电视行政处罚程序规定》。

（1）主要内容。《广播电视行政处罚程序规定》共分为 7 章 55 条。其中，第一章是总则，明确应当以法律、法规和规章为依据，应当遵循公正、公开的原则，坚持处罚与教育相结合。第二章是行政处罚的管辖与适用，提出县级以上广播电视行政部门可以根据工作需要，在法定权限内以书面委托书形式委托规定组织实施行政处罚。委托书应当规定委托的具体事项、权限及期限，并由委托广播电视行政部门和受委托组织向社会公布。第三章是一般规定，主要明确回避情形、证据种类等规定。第四章是行政处罚的决定，分别探讨简易程序、普通程序和听证程序。第五章、第六章、第七章分别是行政处罚的执行、法律责任和附则。

（2）简评。广播电视是知识产权密集型产业，视听作品等广播电视内容与版权密切相关。国家广播电视总局始终高度关注内容版权与技术版权，并将其视为广电行业的核心资产和关键竞争性资源。《广播电视行政处罚程序规定》的出台将进一步推动精品内容的版权运营发展，规范广播电视产业的版权秩序和行政管理效率。

三、著作权行政执法

2021—2022 年，我国高度重视版权制度建设，在《版权工作“十四五”规划》指导下，采取多种措施来强化版权行政执法监管，加大版权整治力度，规范版权管理秩序。

（一）全国著作权行政执法工作概况述评

1. 工作概况

2021年12月24日，国家版权局印发《版权工作“十四五”规划》（以下简称《规划》）。《规划》回顾了“十三五”时期全国版权工作取得的成绩，指出“十四五”时期版权工作要坚持守正创新、全面保护、质量优先、开放合作、统筹协调的基本原则，进一步扎实推进版权强国建设的战略目标。到2025年，版权重要领域和关键环节改革取得重要进展，版权法律制度体系更加完善，版权工作法治化水平大幅提高；版权执法监管不断加强，版权保护水平显著提升；版权社会服务能力明显提高，版权产业高质量发展成效显著；版权涉外工作深入推进，在国际版权体系中的话语权、传播力和影响力不断提升；版权宣传教育持续深入开展，尊重版权的社会风尚更加浓厚，版权营商环境明显优化，版权保护社会满意度保持较高水平。在总体目标指导下，《规划》明确了“十四五”版权工作的重点任务，具体包括：进一步完善版权法律制度体系、进一步完善版权行政保护体系、进一步完善使用正版软件工作体系、进一步完善版权社会服务体系、进一步完善版权涉外工作体系五个方面。❶

2021年，我国版权执法部门按照《2020—2021年贯彻落实〈关于强化知识产权保护的意见〉推进计划》部署，不断加大版权执法力度，组织开展了打击网络侵权盗版“剑网2021”专项行动、打击院线电影盗录传播集中行动、重点市场版权专项整治等，严厉打击各类侵权盗版行为，集中整治重点领域、重点市场版权秩序，各级版权执法部门检查实体市场相关单位36.17万家（次），查办实体市场侵权盗版案件1 926件，全力维护著作权人合法权益，不断优化版权保护环境。❷

2022年，版权执法部门深入贯彻落实《知识产权强国建设纲要

❶ 国家版权局关于印发《版权工作“十四五”规划》的通知［EB/OL］.［2022-12-29］. http://www.gov.cn/zhengce/zhengceku/2022-12/29/content_5665256.htm.

❷ 2021年版权执法部门打击侵权盗版取得积极成效［EB/OL］.［2022-11-03］. http://www.ncac.gov.cn/chinacopyright/contents/12227/346661.shtml.

（2021—2035 年）》，按照版权工作“十四五”规划、全国打击侵权假冒工作要点部署，不断加大版权执法力度，组织开展了冬奥版权保护集中行动、打击院线电影盗录传播集中行动、青少年版权保护季等专项行动，严厉打击各类侵权盗版行为，集中整治重点领域、重点市场版权秩序，全力维护著作权人合法权益，不断优化版权保护环境。截至 6 月底，各级版权执法部门检查实体市场相关单位 26. 87 万家（次），查办实体市场侵权盗版案件 947 件。❶

为促进网络环境更加积极健康、向上向善，2022 年 7 月 18 日，全国“扫黄打非”工作小组通报 2022 年上半年“净网”行动工作成效。“扫黄打非”部门认真贯彻落实第三十五次全国“扫黄打非”工作电视电话会议部署，着力开展专项整治，严打各类非法有害出版传播活动，扫除淫秽色情低俗等有害不良信息，大力营造积极健康的社会文化环境。1—6 月，全国累计查缴各类非法出版物 820 余万件，处置网络有害信息 1 000余万条，查办“扫黄打非”案件5 200余起。❷

从年初开始，各地各部门迅速落实任务安排，通过强化市场监管、网络监测、案件查办等工作措施，对非法有害网络直播、网络社交平台有害信息、网络搜索引擎非法链接、电商平台销售非法出版物、网络游戏网络文学有害作品等问题予以专项整治，对淫秽色情低俗等文化垃圾予以清扫，对侵权盗版、假媒体假记者站假记者敲诈勒索等行为予以打击，对不法平台和人员予以依法惩治，持续净化网上网下文化环境。

网络专项整治取得阶段性进展。公安、工信、网信、文旅等部门扎实推进网络社交平台有害信息等专项整治，深度清理聊天软件、网络群组、评论区中的淫秽色情等信息。同时，压实各社交平台主体责任，督促完善内容审核、账号分类分级管理等机制。新闻出版、文化执法等部门深入开展电商平

❶ 版权执法部门打击侵权盗版取得积极成效［EB/OL］.［2023-01-11］. https：//www.ncac.gov.cn/chinacopyright/contents/12227/356943.shtml.

❷ 2022 上半年全国累计查缴各类非法出版物 820 余万件［EB/OL］.［2023-01-11］. https：//www.chinanews.ocm.cn/sh/2022/07-18/9806126.shtml.

台销售非法出版物专项整治，建立电商平台出版物网店双向核验、动态监管、联合惩戒等机制，按地区核验出版物经营许可证真伪，依法依规处置伪造许可证的网店，严厉打击无证经营、违法经营等活动。

除此之外，“扫黄打非”工作的重要职责使命之一是保护未成年人健康成长。“扫黄打非”部门在春季“开学季”、“4·23 世界读书日”“六一”等重要时间节点，积极组织出版物市场、中小学校园周边文化市场、涉未成年人上网环境等执法检查，开展对网络游戏企业落实网络防沉迷措施情况专项检查，发现并查删网上软色情、欺凌暴力等有害信息，查处相关企业或人员未履行义务预防未成年人网络沉迷行为，严格查缴网下涉嫌含宣扬不良价值观内容的非法出版物及文化产品，6 个月内取缔关闭涉嫌侵害未成年人权益的网站和应用近 4300 个。❶

2. 简 评

“十四五”时期是我国全面开启建设社会主义现代化国家新征程的第一个五年。《版权工作“十四五”规划》是未来五年版权领域工作的指导方针。规划的制定，是贯彻落实党中央、国务院决策部署，贯彻新发展理念，加快构建新发展格局，有效实施创新驱动发展战略的必然要求，也是创新型国家建设和文化强国、知识产权强国建设，统筹推进版权强国建设的有力支撑，这对全面提升版权创造、运用、保护、管理、服务水平，不断完善版权工作体系，推进版权治理体系和治理能力现代化具有重要作用。

“十四五”规划延续了“十三五”时期的有益经验。在版权执法领域，中央宣传部、中央网信办、工业和信息化部、公安部、文化和旅游部、国家广播电视总局、国家版权局等部门继续积极互动、深入推进“剑网”“净网”“护苗”等专项整治行动，有效发挥了各部门主动监管、快捷高效的优势，对网络空间盗版侵权行为以及历史虚无主义、有悖社会主义核心价值观等有害信息和不良内容持续强化打击，实行“零容忍”“重遏制”，成效显著，对肃

❶ 2022 年上半年“扫黄打非”工作扎实有力推进［EB/OL］.［2022－12－18］. https: //www.shdf.gov.cn/shdf/contents/767/447324.html.

清网络空间侵权乱象、弘扬网络正能量、着力唱响网络主旋律具有重要意义。

（二）2021 年全国著作权登记情况述评

2022 年 3 月 21 日，国家版权局公布 2021 年全国著作权登记情况[1]，简述如下。

1. 总体情况

2021 年全国著作权登记总量达 6 264 378件，同比增长 24. 30%。

2. 作品登记情况

根据各省、自治区、直辖市版权局和中国版权保护中心作品登记信息统计，2021 年全国共完成作品著作权登记 3 983 943件，同比增长 20. 13%。

全国作品著作权登记量总体呈现稳步增长趋势，登记量较多的省份分别是：北京市 1 025 511件，占登记总量的 25. 74%；中国版权保护中心 527 432件，占登记总量的 13. 24%；江苏省 371 776件，占登记总量的 9. 33%；上海市 345 583 件，占登记总量的 8. 67%；山东省 230 814 件，占登记总量的 5. 79%；贵州省 200 929件，占登记总量的 5. 04%。以上登记量占全国登记总量的 67. 81%。相较于 2020 年，湖南、河北、云南、安徽等省的作品著作权登记量增长率均超过 100%；甘肃、海南、内蒙古、河南、湖北等省（区）的作品著作权登记量增长率均超过 50%。

从作品类型看，登记量最多的是美术作品 1 670 092件，占登记总量的 41. 92%；第二是摄影作品 1 553 318件，占登记总量的 38. 99%；第三是文字作品 295 729件，占登记总量的 7. 42%；第四是影视作品 244 538件，占登记总量的 6. 14%。以上类型的作品著作权登记量占登记总量的 94. 47%。此外，还有录音制品 58 048件，占登记总量的 1. 46%；音乐作品 50 851件，占登记总量的 1. 28%；图形作品 25 152件，占登记总量的 0. 63%；录像制品 21 558件，占登记总量的 0. 54%；模型、戏剧、曲艺、建筑作品等共计 64 657件，占登记总量的 1. 62%。

---

[1] 国家版权局关于 2021 年全国著作权登记情况的通报［EB/OL］.［2022-12-23］. http://www.gov.cn/xinwen/2022-03/23/content_5680925.htm.

3. 计算机软件著作权登记情况

根据中国版权保护中心计算机软件著作权登记信息统计，2021 年全国共完成计算机软件著作权登记 2 280 063件，同比增长 32. 34%。

从登记区域分布情况看，计算机软件著作权登记区域主要分布在东部地区，登记量约 144 万件，占登记总量的 63. 1%。

从登记区域增长情况看，增速最快的是东北地区 79%；第二是西部地区 55%；第三是中部地区 31%；第四是东部地区 25%。

从各地区登记数量情况看，计算机软件著作权登记量较多的省（市）依次为广东、上海、江苏、北京、浙江、四川、山东、湖北、福建、陕西。上述地区共登记软件著作权约 163 万件，占登记总量的 71. 5%，其中，广东省登记软件著作权约 27 万件，占登记总量的 11. 8%。

4. 著作权质权登记情况

根据中国版权保护中心著作权质权登记信息统计，2021 年全国共完成著作权质权登记 372 件，同比下降 3. 13%；涉及合同数量 357 个，同比增长 4. 69%；涉及作品数量 1078 件，同比下降 12. 43%；涉及主债务金额 452 906. 2万元，同比增长 11. 59%；涉及担保金额 432 986. 1万元，同比下降 10. 31%。

计算机软件著作权质权登记 340 件，同比增长 3. 98%；涉及合同数量 340 个，同比增长 3. 98%；涉及软件数量 1046 件，同比下降 10. 90%；涉及主债务金额 409 872. 7万元，同比增长 7. 94%；涉及担保金额 389 952. 6万元，同比增长 6. 27%。

作品（除计算机软件外）著作权质权登记 32 件，同比下降 43. 86%；涉及合同数量 17 个，同比增长 21. 43%；涉及作品数量 32 件，同比下降 67. 62%；涉及主债务金额 43 033. 5万元，同比增长 64. 61%；涉及担保金额 43 033. 5万元，同比增长 68. 21%。

各地区著作权主管部门和著作权登记机构要进一步完善机制、优化措施，提高著作权登记工作效能。

5. 2021 年我国著作权登记情况简评

近年来，我国著作权登记总量一直呈上升趋势。其中，2020 年全国著作权登记总量达 5 039 543件，同比增长 20. 37%；2021 年全国著作权登记总量达 6 264 378件，同比增长 24. 30%。著作权登记是著作权人对登记事项的证明，是权属的初步证据，对于明确权利归属、保障交易安全、促进作品流通和版权有序运用具有重要作用。这种现状得益于著作权人保护意识的提高，也得益于我国各地区著作权主管部门和著作权登记机构对著作权登记工作的高度重视。在保有版权登记发展良好势头的基础上，我国将在“十四五”时期建立全国统一的著作权登记体系，进一步规范登记工作，不断提升著作权登记的质量，逐步实现著作权登记在线办理，为社会各界和产业发展提供更优质、更便捷的服务。

（三）打击网络侵权盗版专项治理“剑网”行动（2021—2022）

1. “剑网 2021” 专项行动

2021 年 6 月，国家版权局、工业和信息化部、公安部、国家互联网信息办公室四部门联合启动打击网络侵权盗版“剑网 2021”专项行动。专项行动开展以来，各级版权执法部门聚焦权利人和人民群众反映强烈的网络侵权盗版问题，不断加大网络版权执法监管力度，强化网络平台治理，严厉打击短视频、网络直播、体育赛事、在线教育等领域的侵权盗版行为，持续巩固新闻作品、网络音乐、网络文学、电商平台等领域专项治理成果，为庆祝中国共产党成立 100 周年营造良好的网络环境。各级版权执法监管部门查办网络侵权案件 445 件，关闭侵权盗版网站（或 App）245 个，处置删除侵权盗版链接 61. 83 万条，推动网络视频、网络直播、电子商务等相关网络服务商清理各类侵权链接 846. 75 万条，主要短视频平台清理涉东京奥运会赛事节目短视频侵权链接 8. 04 万条。

“剑网 2021” 专项行动重点整治 5 个领域版权秩序：一是加大短视频版权治理力度，重点打击公众账号经营者未经授权对电影、电视剧等视听作品删减切条、改编合辑制作短视频，以及未经授权复制抄袭短视频并上传网络平台进行传播等行为；二是整治网络直播版权乱象，重点打击网络主播在直播中未经授权复制、表演、通过网络传播他人影视、音乐、摄影、文字、游戏等作品及录音录像制品等行为；三是规范体育赛事版权秩序，重点打击公众账号未经授权集中批量在网络平台上传、传播东京奥运会等大型体育赛事节目等行为；四是强化在线教育版权监管，严厉打击未经授权制作电子教材、音像制品、课件视频以及通过公众账号、App、朋友圈等渠道传播教育培训侵权盗版作品等行为；五是巩固重点领域治理成果，进一步加强对电商平台、社交平台、知识分享平台的版权监管，着力规范网络新闻、网络音乐、计算机软件等版权传播秩序。❶

2. “剑网 2022” 专项行动

国家版权局、工业和信息化部、公安部、国家互联网信息办公室四部门联合启动打击网络侵权盗版“剑网 2022”专项行动，这是全国连续开展的第 18 次打击网络侵权盗版专项行动。

“剑网 2022”专项行动于 2022 年 9—11 月开展，聚焦广大创新主体版权领域急难愁盼问题，推动规范发展与打击惩治并举，开展 4 个方面的重点整治：一是开展文献数据库、短视频和网络文学等重点领域专项整治，对文献数据库未经授权、超授权使用传播他人作品，未经授权对视听作品删减切条、改编合辑短视频，未经授权通过网站、社交平台、浏览器、搜索引擎传播网络文学作品等侵权行为进行集中整治。二是加强对网络平台版权监管，依法查处通过短视频平台、直播平台、电商平台销售侵权制品行为，坚决整治滥用“避风港”规则的侵权行为，压实网络平台主体责任，及时处置侵权内容和反复侵权账号，便利权利人依法维权。三是强化非同质化通证（NFT）数字藏品、“剧本杀”等网络新业态版权监管，严厉打击未经授权使用他人美术、音乐、动漫、游戏、影视等作品铸造 NFT、制作数字藏品，通过网络售卖盗版剧本脚本，未经授权衍生开发剧本形象道具等侵权行为。四是持续加强对院线电影、网络直播、体育赛事、在线教育、新闻作品版权保护，巩固

❶ “剑网 2021”专项行动取得阶段性成效［EB/OL］．［2022-11-28］．http：//www.ncac.gov.cn/chinacopyright/contents/12227/355096.shtml.

网络音乐、游戏动漫、有声读物、网盘等领域工作成果，不断提升网络版权执法效能。❶

3. “剑网 2021” 和 “剑网 2022” 专项行动简评

“剑网行动” 自 2005 年启动，旨在进一步净化网络版权保护环境，打击未经许可非法上载、传播他人作品以及通过电子商务平台兜售盗版音像、软件制品等违法犯罪活动。“剑网 2021” 和 “剑网 2022” 专项行动以新修改的《著作权法》《行政处罚法》实施为契机，持续严厉打击短视频、网络直播、体育赛事、在线教育等领域的侵权盗版行为，持续巩固新闻作品、网络音乐、网络文学、电商平台等领域专项治理成果，并积极关注文献数据库等新兴重点领域以及 NFT 数字藏品、“剧本杀” 等网络新兴业态的版权监管，有助于加强网络侵权盗版惩处力度，推动落实网络服务商落实企业主体责任。“剑网 2021” “剑网 2022” 延续了 “剑网行动” 的一贯宗旨，通过推动规范发展与打击惩治并举，加强网络版权全链条保护，加快打造市场化、法治化、国际化营商环境，为促进创业创新、推动平台经济规范健康持续发展、保障和改善民生提供了强有力的版权工作支撑。

四、著作权司法保护

2021 年，《刑法修正案（十一）》正式实施，提高了侵犯著作权罪的法定刑；最高人民法院还发布了《最高人民法院关于审理侵害知识产权民事案件适用惩罚性赔偿的解释》，严厉惩处严重侵害知识产权的行为。上述刑法修正案和司法解释的实施，进一步加大了版权司法保护的力度，强化了司法对版权保护的主导作用。

❶ 国家版权局等四部门启动 “剑网 2022” 专项行动 [EB/OL]. [2022-11-09]. https://www.ncac.gov.cn/chinacopyright/contents/12222/356942.shtml.

（一）2021年全国人民法院著作权司法保护状况*

2021年，人民法院坚持依法公正高效审理各类知识产权案件，新收一审、二审、申请再审等各类知识产权案件642 968件，审结601 544件（含旧存，下同），比2020年分别上升22.33%和14.71%。最高人民法院新收知识产权民事案件4 243件，审结3 557件，比2020年分别上升22.28%和9.11%。地方各级人民法院新收知识产权民事一审案件550 263件，审结515 861件，比2020年分别上升24.12%和16.52%。其中，著作权案件360 489件，同比上升14.99%，占全部知识产权民事一审案件65.01%。最高人民法院新收知识产权行政案件2 852件，审结2 487件，比2020年分别上升49.4%和43.34%。地方各级人民法院新收知识产权行政一审案件20 563件，审结19 342件，比2020年分别上升11.37%和7.8%。其中，著作权案件19件，比2020年增加7件。地方各级人民法院新收侵犯知识产权刑事一审案件6 276件，审结6 046件，比2020年分别上升13.2%和9.53%。其中，侵犯著作权类刑事案件333件，同比上升9.54%。

总体而言，2021年人民法院受理的知识产权案件呈现以下主要特点。第一，涉互联网案件持续增加。随着我国互联网行业高速发展，网络成为知识产权侵权违法行为的最主要发生地之一，网络环境下的知识产权保护日益成为知识产权审判的重点。加强网络空间的法治治理，保护互联网领域创新创造，是人民法院知识产权司法保护工作面临的重要课题。第二，新类型纠纷大量涌现。近年来，新技术新业态新模式蓬勃发展，为经济社会发展注入新动能，也带来新的法律问题。涉及互联网核心技术、基因技术、信息通信、集成电路、人工智能及平台经济等方面新型案件日益增多，复杂技术事实认定和法律适用难度加大，新领域新业态知识产权保护的权利边界、责任认定给司法裁判提出新挑战。第三，涉公共利益案件数量上升。知识产权涉及的利益关系复杂，往往与社会公共利益息息相关。知识产权审判需要平衡保护

* 《中国法院知识产权司法保护状况（2021年）》全文发布［EB/OL］.［2022-11-16］. https://new.qq.com/rain/a/20220510A01WQH00.

个人权利和公共利益，准确把握多层次价值取向，更好统筹发展和安全的关系。第四，刑事保护力度逐步加大。《刑法修正案（十一）》对侵犯知识产权犯罪作了重大修改，为提升知识产权司法保护水平提供了有力支撑。人民法院认真贯彻落实习近平总书记提出的“要完善刑事法律和司法解释，加大刑事打击力度”要求，坚持罪刑法定和严格保护原则，依法惩治假冒注册商标、侵犯著作权、侵犯商业秘密、种子制假售假等犯罪，坚决保护权利人和消费者合法权益，维护良好市场秩序。

（二）2021 年知识产权法院著作权司法保护状况

北京知识产权法院作为全国首家知识产权专业审判机构，始终致力于推动知识产权服务主动融入科技创新和“两区”建设主战场。自北京知识产权法院建院以来，共受理各类知识产权案件近 12.8 万件，年平均增幅达 28%。其中，北京知识产权法院受理的技术类案件共计 1.94 万余件，位列全国法院技术类案件收结案数量首位，受理的计算机软件案件共计 4 158件，审结 3 599件。北京知识产权法院还特别强调，计算机软件著作权案件具有案情证据复杂、技术事实查明难、国际化水平高等特点，使当事人在举证中常常面临诸如源程序比对困难、软件开发评价标准不确定等困难。为更好地推动计算机软件等技术类著作权案件的审判工作，北京知识产权法院于 2022 年 8 月 25 日以中英文双语形式发布《北京知识产权法院计算机软件著作权民事案件当事人举证手册》，并发布了计算机软件的典型案例，引导软件企业保护合法权益，为软件产业创新保驾护航。

2021 年，上海知识产权法院共受理各类知识产权案件 5 432件，同比增长 2.9%。其中，民事一审案件 4 177件，民事二审案件 1 186件，行政一审案件 3 件，诉前保全案件 13 件，其他案件 53 件。在受理的全部案件中，收案数位居前五位的案件分别是专利案件 3 550件，占 65.35%，同比增长 79.93%；著作权案件（不包括计算机软件著作权案件）652 件，占 12%，同比下降 22.47%；计算机软件著作权案件 551 件，占 10.14%，同比增长 8.25%；商标案件 355 件，占 6.53%，同比下降 78.11%；不正当竞争案件 119 件，占

2.19%，同比下降3.25%。❶

（三）2021年全国典型著作权案例

2022年4月21日，最高人民法院办公厅印发2021年中国法院十大知识产权案件和50件典型知识产权案例。在2021年中国法院十大知识产权案件中，共有3件案例与著作权有关，分别是“中国杂技团有限公司与吴桥县桑园镇张硕杂技团等著作权权属及侵害著作权纠纷案”❷“济宁市罗盒网络科技有限公司与广州市玩友网络科技有限公司等侵害计算机软件著作权纠纷案”❸“梁某某、王某某等十五人侵犯著作权罪案”❹。50件典型知识产权案例中，共有著作权权属、侵害著作权纠纷案件、侵害著作权刑事案件10件，分别为“汉华易美（天津）图像技术有限公司与河南草庐蜂业有限公司侵害作品信息网络传播权纠纷案”❺“苏某与荆门秀锦娱乐有限公司侵害著作权纠纷案”❻“长沙米拓信息技术有限公司与河南省工程建设协会侵害计算机软件著作权纠纷案”❼“刘某与李某某、朱某侵害作品发表权纠纷案”❽“深圳市脸萌科技有限公司、北京微播视界科技有限公司与杭州看影科技有限公司、杭州小影创新科技股份有限公司侵害著作权纠纷案”❾“深圳国瓷永丰源股份有限公司与景德镇智宇贸易有限公司、景德镇市亿翔陶瓷厂著作权权属及侵害著作权纠纷案”❿“广州市立峰音乐传播有限公司与波密县时空隧道休闲吧侵害作品

---

❶ 上海知产法院知识产权司法保护状况（2021年）[EB/OL].[2022-11-25] https://new.qq.com/rain/a/20220425A04Q4G00.

❷ 北京知识产权法院（2019）京73民终2823号民事判决书。

❸ 广州知识产权法院（2019）粤73知民初207号民事判决书。

❹ 上海市第三中级人民法院（2021）沪03刑初101号刑事判决书、上海市杨浦区人民法院（2021）沪0110刑初826号刑事判决书。

❺ 最高人民法院（2021）最高法民再355号民事判决书。

❻ 最高人民法院（2021）最高法民再114号民事判决书。

❼ 最高人民法院（2021）最高法知民终1547号民事判决书。

❽ 黑龙江省高级人民法院（2021）黑民终365号民事判决书。

❾ 杭州互联网法院（2020）浙0192民初8001号民事判决书。

❿ 江西省景德镇市中级人民法院（2021）赣02知民初4号民事判决书。

放映权纠纷案”[1]“吴某与钟某某著作权权属及侵害著作权纠纷案”[2]“北京欣盛建达图书有限公司、北京宏瑞建兴文化传播有限公司、王某等十人侵犯著作权罪、吴某某非法制造、销售非法制造的注册商标标识罪案”[3]“上海国芯集成电路设计有限公司等侵犯著作权罪案”[4]。

2021 年全国典型著作权案例呈现以下几个特点：第一，涉及著作权多种作品类型、多个财产权项，能够较为完整全面地反映著作权侵权纠纷的案件实际。多种作品类型包括文字作品、美术作品、视听作品、计算机软件作品等，多个权项包括信息网络传播权、发表权、放映权等。第二，著作权刑事打击力度加大，适用监禁刑罚的比例逐渐呈上升趋势。例如，在“人人影视字幕组”侵犯著作权罪案中，审理法院根据相关法律规定，判处主犯被告人梁某某有期徒刑三年六个月，并处罚金；判处被告人王某某等 14 名从犯一年六个月至三年不等的有期徒刑，适用缓刑，并处罚金，有力打击了著作权犯罪。[5] 第三，司法保护版权的能力不断加强，在多个重点领域创设典型案例，具有指导意义。例如，在“空竹”杂技作品著作权权属及侵权案[6]中，法院明确了“空竹”这一传统杂技艺术作品侵权的认定方法，是人民法院加强涉传统文化著作权保护的典型案例。保护传统文化，就是保护民族瑰宝，此案的判决有利于激发文化创意活力、促进文化产业繁荣。

五、企业版权运营

文化产业的发展与版权保护、版权管理和版权运营密不可分。尤其在数智时代背景下，数字文化产业的发展更离不开版权核心资源的助力和支撑。

---

[1] 西藏自治区高级人民法院（2021）藏知民终 30 号民事判决书。

[2] 宁夏回族自治区银川市中级人民法院（2020）宁 01 民初 1604 号民事判决书。

[3] 江苏省高级人民法院（2021）苏刑终 75 号刑事裁定书。

[4] 江苏省南京市中级人民法院（2021）苏 01 刑终 716 号刑事裁定书。

[5] 上海市第三中级人民法院（2021）沪 03 刑初 101 号刑事判决书、上海市杨浦区人民法院（2021）沪 0110 刑初 826 号刑事判决书。

[6] 北京知识产权法院（2019）京 73 民终 2823 号民事判决书。

规范的版权运营体系可以更好地推动版权产业的高质量发展，拓宽版权发展新资源。目前，社会各界对版权的认知水平越来越高，版权行业的秩序和环境持续改善和优化，这为优质作品的创作生产、传播利用提供了良好氛围，也为版权产业的进一步发展提供了良好条件。❶

（一）法律支撑与政策指引

2021—2022 年，我国正式颁布实施了新《著作权法》、《刑法修正案（十一）》《关于为盲人、视力障碍者或其他印刷品阅读障碍者获得已出版作品提供便利的马拉喀什条约》等法律和国际条约；出台了《“十四五”国家知识产权保护和运用规划》《版权工作“十四五”规划》《以无障碍方式向阅读障碍者提供作品暂行规定》等政策法规，并公布了《互联网信息服务算法推荐管理规定》《虚拟现实与行业应用融合发展行动计划（2022—2026 年）》《广播电视行政处罚程序规定》等规划文件，这为我国版权产业的发展提供了强有力的制度支撑与政策指引。为推动版权产业的进一步发展，我国还印发了《推动知识产权高质量发展年度工作指引（2022）》《关于促进和规范知识产权运营工作的通知》《知识产权质押融资入园惠企行动方案（2021—2023 年）》等专门文件来促进版权等知识产权的市场化运营。

2022 年 3 月 16 日，国家知识产权局印发《推动知识产权高质量发展年度工作指引（2022）》，聚焦知识产权保护、知识产权运用、知识产权服务和知识产权管理，强调要做好北京 2022 年冬奥会和冬残奥会知识产权保护工作，促进知识产权价值实现渠道进一步畅通，稳妥推进知识产权质押融资工作，加快构建知识产权大宣传格局，加快媒体融合，构建传播矩阵，创新内容、形式和手段，提高知识产权宣传效果。

2021 年 7 月 27 日，国家知识产权局印发《关于促进和规范知识产权运营工作的通知》，提出了 12 项具体内容：一是提高认识，协同有序推进知识产权运营工作；二是完善激励，激发知识产权转移转化活力；三是分类指导，

❶ 于慈珂：持续加强版权保护的力度 推动版权产业高质量发展［EB/OL］.［2022-11-26］. https://finance.sina.cn/hy/2021-04-26/detail-ikmyaawc1898739.d.html?from=wap.

优化知识产权运营服务供给；四是拓宽渠道，推进知识产权运营供需对接；五是支撑转化，促进加强知识产权融资服务；六是助推实施，引导知识产权高效有序流转；七是畅通流转，提升知识产权评估服务能力；八是完善环境，加强知识产权交易信息监测和信用监管；九是规范运行，加强知识产权运营平台管理；十是严格监督，完善知识产权运营资金使用管理；十一是强化责任，推进知识产权运营绩效提升；十二是完善保障，促进能力提升，推进深化相应理论、规则与政策研究，推动完善运营工作长效机制与制度保障。

2021 年 6 月 16 日，国家知识产权局、中国银保监会、国家发展改革委联合印发《知识产权质押融资入园惠企行动方案（2021—2023 年）》的通知，提出要通过优化行动、创新模式行动、提升服务行动等措施，力争在三年之内实现知识产权质押融资惠及“百园万企”的目标。其中，优化行动主要包括加强调研指导、健全激励措施、落实监管政策、积极规范引导四项内容；模式创新行动主要包括评估评价工具创新、筛选模式创新（充分利用“信用中国”网站、知识产权质押信息平台等资源）、信贷合作模式创新、质押标的创新、质物处置模式创新等内容；服务提升行动主要包括不断优化质押登记服务、广泛开展银企对接活动、扩大相关金融产品供给、提升信息服务水平等。

（二）企业版权运营热点及前景

1. 网络版权产业持续稳定发展

近年来，随着数字技术和网络技术的迅猛发展及广泛运用，包括新闻出版、广播影视、广告设计、音乐动漫等在内的版权产业向网络迁移的趋势非常明显，网络版权产业已经成为我国最具活力和发展潜力的新兴产业之一。[1]特别是新冠疫情的发展，更是加快了传统产业的数字化和网络化变革。从整体来看，2021—2022 年度中国网络版权产业持续应对逐渐升级的消费结构和创新业态，不断优化内容生态、商业生态和行业生态，实现对用户服务需求的精准把握，保障产业结构平稳快速发展。未来，我国的网络版权产业将结

[1] 于慈珂．高度重视数字版权产业创新发展［N］．中国新闻出版广电报，2021-09-30（5）．

合不同载体持续推动内容创新和形式创新，以中华民族传统文化为起点，不断拓展海外市场，以期契合逐渐变化的内外部环境和社会发展需求。

2. DTC 时代助力影音视频行业结构性转型*

DTC 是指品牌方、内容方直面消费者的模式，从分发渠道来看，DTC 时代的来临促进了行业结构的转型升级，内容创作者、发行方和消费者可以直接触达，降低了二次触达的成本；从收入比例来看，DTC 时代的来临增加了内容方的收入，内容方不再需要通过“买断式”的授权交易获得保底收入，而是能够基于订阅式收费模式直接参与自主发行和全部分成。对于影音娱乐市场来说，DTC 模式将助力内容方发展，行业市场空间扩容。根据研究机构估算，2021 年，全球、中国互联网流媒体市场规模分别为 1 817.66亿美元、254.42 亿美元，同比增长 23.23%、24.48%；其中，全球广告、订阅收入规模分别为 990.97 亿美元、826.69 亿美元，同比增长 22.25%、24.42%，收入占比分别为 54.52%、45.48%；中国广告、订阅收入规模分别为 160.86 亿美元、93.56 亿美元，同比增长 32.94%、12.20%，收入占比分别为 63.23%、36.77%。随着 DTC 时代的发展，订阅收入将快速增长，订阅收入的增长相较广告收入增长，其驱动因素更为单一，主要来源于内容优质驱动订阅数量的提升，这一更为“纯净”的机制将促进内容方将重心转移到如何做出更好的内容，从而助力产业良性发展，助推行业市场空间扩容。

（三）企业版权运营子领域分析

1. 网络文学领域

《2021 年中国网络文学版权保护与发展报告》显示，网络文学已成为中国数字文化产业的重要内容源头。2021 年中国网络文学产业规模达 358 亿元，同比增长 24.1%；中国数字文化产业规模达 7841.6 亿元，同比增长 14.7%。网络文学的 IP 全版权运营影响了游戏、影视、动漫、音乐等合计约 3 037亿

* 2022 年版权保护行业竞争格局及未来趋势分析政策利好助力版权保护和内容管理［EB/OL］.［2022-11-28］. https：//www.vzkoo.com/read/20220127612f67f16a53b3733e045ae2.html.

元的市场，即网络文学及其 IP 运营对数字文化产业的影响范围将近 40%。❶报告调研显示，随着国家对版权保护力度的持续加大，已有 28.8% 的读者养成只阅读正版网络小说的习惯，40.2% 的读者主要阅读正版网络小说，59% 的用户表示近年阅读正版的频率越来越高。❷ 整体而言，2021 年度的中国网络文学版权市场实现了稳健增长，市场规模也实现了较大提升，关键是社会公众的版权意识也在逐渐觉醒，这对于我国继续推动网络文学产业发展具有重要意义。

2. 网络长视频领域 *

《2022 年中国在线视频行业研究报告》提出，目前我国主要依靠 PUGC 和 OGC 为主要生产模式，C 端用户付费和 B 端广告投放收入是主要的营收来源，2022 年预计市场规模会以平缓的增速持续扩张并达到 1626.3 亿元。目前，我国网络视频用户持续增长，以 2021 年的数据为例，中国在线视频平台月活跃用户规模稳定在 6 亿人以上，寒暑假为使用高峰期，最高达 7.47 亿人。在专业影视制作机构、网络视频平台等新兴主体推动下，中国在线视频行业产业链依靠移动终端通信运营、视频云、移动支付、数据监测等底层技术支撑，以及登记管理、版权交易、版权运营等版权服务，逐渐衍生出游戏、电商、周边、终端、线下活动等消费结构。

3. 网络动漫领域

2021 年《“十四五”文化产业发展规划》发布，提升动漫产业质量效益、打造中国动漫品牌、促进动漫“全产业链”和“全年龄段”发展成为政策重点。艾媒咨询数据显示，2019 年我国二次元用户规模就已突破 3 亿人，预计 2022 年将突破 5 亿人，且其主要消费群体的经济能力逐渐独立，将进一步带

---

❶ 中国版权协会发布《2021 年中国网络文学版权保护与发展报告》[EB/OL].［2022-11-28］. https：//new. qq. com/rain/a/20220528A054ZZ00.

❷ 中国版权协会发布《2021 年中国网络文学版权保护与发展报告》[EB/OL].［2022-11-28］. https：//new. qq. com/rain/a/20220528A054ZZ00.

* 2022 年中国在线视频行业研究报告［EB/OL］.［2022 - 11 - 27］. https：//www. mob. com/mobdata/report/154.

动我国动漫产业发展。目前，我国国产动漫发展迅猛，传统文化元素的加入使动漫艺术呈现出新特点，“国潮”的转变有助于动漫产业的高质量发展。未来，“国漫”应继续根植于传统文化特点，持续改进自身特色，紧紧贴合优质版权内容，拓展“国潮”动漫的海外市场。

4. 网络游戏领域

网络游戏是在互联网技术的支撑下，逐渐兴起的新兴产业业态。现阶段我国网络游戏用户规模呈现波动上升态势，且使用率保持在50%以上。截至2022年6月，我国网络游戏用户规模达5.52亿，较2021年12月减少114万，占网民整体的52.6%。尤其是2022年上半年，游戏版号的重新发放为网络游戏行业带来了新的机遇，在较为稳定的市场预期影响下，网络游戏企业持续投资，不断完善产业布局。[1] 新冠疫情为网络游戏市场带来了时代发展红利，但随着人们生活水平和娱乐要求的持续提高，网络游戏的精品化、精细化发展才是未来主流发展趋势。

5. 网络音乐领域

目前，中国在线音乐市场的版权格局有所变化。随着音乐版权市场的发展，音乐版权迎来了非独家时代。具体而言，2015年7月至2018年2月，国家版权局发布了“最严版权令”，大量盗版音乐下架，在线音乐平台开始完善版权版图，开启了在线音乐的独家版权时代；2018年2月至2021年7月，国家版权局监管下的主流在线音乐平台达成99%的版权互授，剩余1%作为独家核心版权；2021年7月以来，音乐版权属于开放时代，在监管政策的指引下，大部分独家协议逐步解约。[2] 自此，中国音乐产业开始向后版权时代转变。在这一阶段，内容方、制作方、版权方等主体应回归授权协议的本性和良性竞争的真正内涵，关注优质的用户体验和精准的内容服务。

---

[1] 2022年上半年我国网络游戏用户规模达5.52亿占网民整体52.6%［EB/OL］.［2023-01-11］.https：//www.askci.com/news/chanye/20221118/0929472026901.shtm.

[2] 2022年中国在线音乐市场年度综合分析［EB/OL］.［2022-11-18］.https：//www.woshipm.com/it/5357583.html.

附录　国际版权发展动态

（一）国际公约与区域性国际组织版权立法发展

1. WIPO 成员方大会第六十二届系列会议中版权及相关权动态简述

2021 年 10 月 4 日，WIPO 于瑞士日内瓦总部召开了成员方大会第六十二届系列会议，此次会议共为期 5 天。会议选举了主席团成员；审议了总干事提交的产权组织成员方大会的报告；通过了计划、预算与监督事项；提交并审议了包括版权及相关权常设委员会、专利常设委员会、商标、工业品外观设计和地理标志法律常设委员会等一系列 WIPO 常设组织的工作报告和国际规范性框架等。本简述报告主要针对此次会议中有关版权及相关权的有关动态展开介绍。

（1）关于版权及相关权常设委员会（SCCR）的报告包括以下几个方面。①在保护广播组织方面，委员会就定义、保护对象、所授权利以及其他问题进行讨论，并进一步澄清了各种技术问题和各代表团的立场。②在限制与例外方面，讨论了关于图书馆和档案馆、教育和研究机构及其他残疾人的版权限制与例外。③在其他事项方面，主要有三个议题：关于分析与数字环境相关的版权；关于追续权；关于保护戏剧导演权利。（2）关于其他大会和条约。具体包括：《关于为盲人、视力障碍者或其他印刷品阅读障碍者获得已出版作品提供便利的马拉喀什条约》《视听表演北京条约》，会议对两条约最新的签署和批准及加入情况的信息作出全方位说明，并对两条约的推广和实施状况的更新作出展示。（3）关于《无障碍图书联合会报告》。该报告是在世界知识产权组织成员方大会框架内《马拉喀什条约》项下编拟的第七份无障碍图书联合会年度报告。无障碍图书联合会的活动包括：无障碍图书联合会全球图书服务；培训和技术援助；无障碍出版。

2. WIPO《自愿版权登记制度报告》的内容简述

2021 年 12 月 8 日，WIPO 发布《自愿版权登记制度报告》（*Reportion Voluntary Copyright Registration Systems*），报告的目标是提供关于成员方现行自愿

登记、权利转让备案和法定呈缴制度的相关和结构化信息。并且，WIPO 为该报告的发布召开了一次发布会，由世界各地的专家对其国家的有关问题进行分析和研讨。该报告共分为五个部分，分别为引言、版权登记的主要发现、权利转让备案的主要发现、法定呈缴的主要发现以及结论。

总体而言，自愿版权登记制度包括版权登记、版权转让备案和法定呈缴几个彼此相关又相对独立的制度。该报告关注了各国自愿版权登记的发展情况，从报告中可看出，不同国家的制度建设和落实存在较大差异，同时也体现出众多问题。相对而言，我国对于上述制度的建设同样存在不够完善的情况，该报告为我国版权登记制度的发展提供了许多有益的思考角度。首先，关于自愿版权登记的法律激励。2020 年《著作权法》进行了第三次修订，有关版权登记的第 12 条进行了修改。修改后的第 12 条第 2 款为“作者等著作权人可以向国家著作权主管部门认定的登记机构办理作品登记”，这一修改充分体现了立法者对于版权登记的鼓励和引导倾向。但仅靠这样一条引导性的法条并不能充分发挥版权登记制度的巨大优势，且不会带来十分显著的刺激效果。未来我国的制度发展和法律修改重点应该更多关注“如何通过法律激励机制鼓励版权登记行为的增加”。其次，关于互通性、标准化的元数据标准建设。版权登记的易用性和互通性，是未来制度发展和完善需要注意的两个重点内容。根据报告显示，注册程序的清晰度和易用性是影响作者注册作品最重要的因素。作品注册后，其可访问性和可检索性是实现公众对公共资源获取这一制度价值实现的最重要影响因素。因此，有必要对我国版权登记制度进行简易化和标准化改造。最后，关于数字时代下呈缴制度的挑战与适应性改造。就目前而言，我国法定呈缴的相关内容规定于《公共图书馆法》《出版管理条例》《音像制品管理条例》《电子出版物出版管理规定》等法律法规以及众多地方政府规章之中，总体而言，我国呈缴制度可分为图书馆法规体系与出版法规体系，而两个体系下该制度的发展又呈现不完备、不平衡的特征，有待进一步完善。

3. WIPO 版权及相关权常设委员会第四十二届会议简述

2022 年 5 月 9—13 日，世界知识产权组织版权及相关权常设委员会

（SCCR）在瑞士日内瓦召开第四十二次会议。此次会议采取线上与线下混合的模式举办。从此次会议讨论的主题来看，主要包括“新冠疫情流行对版权产业和版权制度的影响”“保护广播组织”“数字环境中的版权”“追续权”“戏剧导演权”“关于公共出借权研究”等多个事项，主题内容十分丰富。此次会议还发布了一批需要会议代表关注或讨论的文件：（1）针对“新冠疫情流行对版权产业和版权制度的影响”，SCCR 发布了《新冠肺炎疫情流行对创意产业、文化机构、教育和研究的影响》等系列文件；（2）针对“广播组织者保护制度完善的问题”，SCCR 发布了《世界知识产权组织广播组织条约案文草案》（修订）（SCCR/42/3）文件；（3）针对“残疾人、教育和研究机构、图书馆和档案中心的例外与限制”问题，SCCR 发布了《非洲集团关于限制与例外工作计划草案的提案》（SCCR/42/4）及其修订版（SCCR/42/4REV.）文件。除此之外，对于数字环境下的版权、追续权、戏剧作品舞台导演权利研究、公共出借权等议题，此次会议并未发布新文件，且由于受到新冠疫情的影响，此次会议对相关问题的讨论在实质性进展方面较为有限，主要是 SCCR 成员代表或相关区域机构对当前工作进展的一般性评论。

（二）部分国家版权法律制度修订

1. 葡萄牙关于数字环境下加强版权保护新法规述评

2021 年 11 月 30 日，葡萄牙颁布第 82/2021 号法规，规定了数字背景下监测、控制、删除和阻止访问受版权或相关权利保护的内容的程序（以下简称“第 82/2021 号法规”），为网络服务提供商确立了新的义务。2022 年 1 月 29 日，第 82/2021 号法规正式实施。

（1）主要内容。第一，法规适用主体。可分为权力主体与义务主体两个范畴：前者是指监控、管理受版权及相关权利保护内容是否被非法获取的主体，亦可称为监管主体；后者则是受监管并履行相关义务的主体。第二，“非法提供”的行为界定。具体包括三类：一是未经版权或相关权利的权利人许可，传播、向公众提供或储存受保护的内容；二是提供给第三方使用的服务或手段，以侵犯版权或相关权利，或者干扰作品及服务市场的正常运作；三是提供旨在规避保护权利的有效技术措施或对受保护权利进行电子管理的信息设备的服务。第三，投诉删除程序的运行机制。第82/2021号法规本质上仍为“通知-移除”规则的国内法转化。从整体运行机制来看，该法同样规定了“权利人投诉”与“删除、屏蔽”两个主要程序。第四，网络服务提供商义务及罚则。一是收到侵权通知后的删除、阻止访问义务；二是中介服务提供商对IGAC的反通知义务。第五，对行政决定的救济程序。在IGAC发出错误通知时，任何因行政决定受到损害的主体均可以在收到决定或通知后向知识产权法院提出上诉，上诉期限为收到通知后的30天内。

(2) 简评。第一，从欧盟一体化的角度而言，葡萄牙新规的颁布，是欧盟持续强化网络服务商平台责任的重要一环，欧盟在《数字服务法》《数字市场法》中已多次明确平台责任强化的观点。事实上，无论是葡萄牙抑或欧盟，其严格平台责任的立法逻辑，均是基于互联网产业领域的发展水平与发展阶段，适时调整网络服务提供者的注意义务水平。在互联网技术水平日益精进的当下，我国确有必要适当提升网络服务提供者的注意义务，明确过错认定标准，否则将会导致注意义务标准显著低于网络服务提供商的技术能力。第二，IGAC对葡萄牙数字环境中版权内容的监管，是第82/2021号法规的核心内容。从机构性质来看，IGAC属于政府版权主管部门，其作出的要求侵权责任方或平台删除、阻止访问侵权内容的决定，对平台的行政罚款等，均属于行政执法范畴。因而，第82/2021号法规属于数字版权保护中重点关注行政执法体系的法律规则，该法规的体系建构，为我国互联网版权保护行政执法体系的完善提供了有益经验。

2. 澳大利亚版权法改革述评

澳大利亚联邦政府于2021年12月21日发布《版权法修正案（版权获取改革）征求意见稿》（以下简称《版权法草案》），意见征询截止日期为2022年2月11日。

(1) 主要内容。《版权法草案》主要涉及三方面的修改：第一，孤儿作品的开放获取。教育工作者和创作者，包括公共广播电台和纪录片制作人，在使用文学作品、视听镜头或照片等孤儿档案材料时也会遇到困难。为解决这一问题，《版权法草案》将引入一项条款，容许在经过合理勤勉检索后，仍未找到版权人的情况下，使用该受版权保护的作品。第二，新的非商业引用的公平交易例外。《版权法草案》将引入一个新的、独立的公平交易例外，允许某些公共机构及个人为非商业用途或非重要商业价值而引用版权作品。文化机构、教育机构和政府可以出于自己的目的使用这一例外，但个人和组织只能用于研究目的。第三，更新和澄清图书馆和档案馆的例外情况。现行版权法中许多适用于图书馆和档案馆的例外情况，是在类似的纸质时代引入的，以方便获取版权材料。扩大图书馆和档案馆的权限范围，使其收藏的版权作品可以通过在线和远程观看，这将有助于这些机构为所有澳大利亚公民提供更广泛和更公平的访问渠道，同时不损害版权人的商业市场。

（2）简评。此次版权法修订主要以版权使用者的需求为主导，以有效增进作品的利用为目标，对孤儿作品的再利用广开大门，将原版权法规定的公平交易例外作了更大范围的扩张。但亦未完全忽视版权人的利益，《版权法草案》对上述例外使用均规定了严格的限制条件，以确保不会对版权人的市场利益造成重大损害。值得我国借鉴之处在于，尽管我国《著作权法》刚刚经历修订，但总体而言仍是立基于纸质载体的法律模式，包括合理使用等关涉使用者权益的条款，均未充分考虑数字化环境的影响，这对充分利用作品，繁荣社会主义文化具有较大阻碍作用。此外，对于技术保护措施例外的规定亦存在有待调整之处，我国现行《著作权法》仅从使用者角度对技术保护措施例外进行限制，主要是以使用目的为规定的标准，但仍缺乏从版权人角度出发的限制条款，如版权人滥用技术保护措施限制竞争等情形，我国《著作权法》还未有提及，未来修法过程中应予以重视。

3. 美国《2022 年加强版权技术措施法案（草案）》概述

2022 年 3 月 17 日，美国国会讨论了关于修订《美国法典》第 17 篇的草案，其修改主要围绕版权技术措施的定义、实施条件等内容，目的是使版权技术措施的实施人能够更好地识别、保护或管理受版权保护的作品，或者其他使用版权技术措施的合理目的。

（1）主要内容。第一，关于该草案的名称。根据草案第一节“简称”的规定，该法案可被称为《2022 年加强版权技术措施法》或《2022 年智能版权法》。第二，版权技术措施的定义。该法案第二节“标准技术措施的定义”，是围绕《美国法典》第 17 编第 512 节（i）进行的修改。第三，关于识别、保护或管理版权作品的某些技术措施的指定。这是对《美国法典》第 17 编第 5 章进行的修正。第四，关于登记册顾问。此节是关于登记册顾问的规定，主要明确了与该法案制定和实施有关的登记册顾问的类型。

（2）简评。版权技术措施是指著作权人通过对作品的接触、复制，以及其他方面的控制等来实现对受著作权法保护作品的使用控制的技术手段。《世界知识产权组织版权条约》和《世界知识产权组织表演和录音制品条约》已经承认对于技术措施的保护，美国和欧盟也已在其法律中保护技术措施。这使得技术措施的保护开始成为一种国际趋势，并在某种程度上使知识产权的国际保护水平进一步提高。这对于我国版权制度和数字互联网相关产业来说，既是挑战，更是机遇。协调好技术措施与合理使用制度之间的冲突，能够使我国的数字互联网产业向着更健康的方向发展。

4. 西班牙版权改革述评

西班牙于 2021 年 11 月 2 日通过一项欧盟版权指令，而其中一项条文的修改将对新闻聚合平台产生巨大影响。

（1）主要内容。第一，新闻出版者邻接权。西班牙于 2014 年修订的版权法中包含新闻出版者邻接权，但是在这项规定中，新闻出版者享有不可放弃的获得公平补偿的权利，而这会导致大型新闻聚合平台退出西班牙。而西班牙于 2021 年 11 月 2 日通过《欧盟版权法》，允许第三方在线新闻平台直接与内容提供商进行谈判，此举为谷歌新闻重返西班牙奠定了基础。第二，文本与数据挖掘。西班牙在此次修法中，第 66 条引入了“文本和数据挖掘”等概念的定义，即指任何以数字格式分析文本和数据以生成信息的自动分析技术。从这个意义上说，在数据挖掘案件中复制作品和其他合法可访问的服务不需要持有人的知识产权授权。第三，网络服务商的版权过滤义务。西班牙此次版权法修改，立法者选择了以下模式：在线内容共享服务提供者为了行使“向公众传播”的权利，应获得权利人的相关授权。

第四，明确规定作者和表演者的公平报酬。西班牙在此次修订中，明确规定作者和表演者授权或者转让其作品的专有权时，他们有权获得充分和相称的报酬。

（2）简评。从欧盟委员会提供的数据来看，欧洲国家新闻出版者的数字化新闻收入无法弥补纸质报纸收入的下降，而网络上免费获得的新闻催生了网络服务提供商、社交媒体和新闻聚合平台将其商业模式建立在再使用该新闻内容或对该新闻内容提供访问上。近年来，在网络用户不断增长、网络用户数量巨大、网络用户对新闻的需求以及网络用户观看新闻的方式等因素的综合作用下，新闻聚合平台、新闻搜索引擎和社交媒体等信息社会服务提供商获得较好的发展基础，发展迅速。西班牙并不成功的立法和实践值得我国立法者关注，而欧盟《数字化单一市场版权指令》能否取得预期效果，还有待观察。

5. 英国扩大文本与数据挖掘版权例外适用范围述评

2022年6月28日，英国知识产权局针对《人工智能与知识产权：版权与专利》报告发布磋商结果，在对人工智能政策进行磋商审查后，英国决定扩大文本与数据挖掘（Text and Data Mining，TDM）版权例外的适用范围，允许用户为任意目的使用文本与数据挖掘，而不仅限于非商业研究。

（1）主要内容。在历经近一年的咨询、磋商、讨论后，针对文本与数据挖掘制度，英国知识产权局最终决定引入一项全新的版权与数据库权利例外，允许用户为任何目的进行文本与数据挖掘，同时不允许权利人选择退出，权利人仍然可以控制他人对其数据的访问，但不能出于数据挖掘目的向相关方收取额外费用。从《人工智能和知识产权：版权和专利》中可以看出，英国最终选择了对文本与数据挖掘限制最小、对人工智能产业发展最有利的方案。

（2）简评。当前，文本与数据挖掘不仅是人工智能技术的发展基础，更成为提升科研效率、支撑科研创新的必要工具，但在我国著作权法框架中，由于合理使用制度的缺位，文本与数据挖掘技术仍然面临严重的版权侵权风险，一定程度上阻碍了科学研究发现的发展进程，不利于我国突破“卡脖子”困境、实现科技自立自强。与此同时，欧盟、美国、英国却加速调整文本与数据挖掘版权例外制度，试图保持人工智能领域的核心竞争力，无疑为我国产业发展带来了更严峻的制度挑战。对此，我国可以参照英国提出的版权例外方案，结合我国著作权法制度框架，完善合理使用制度，为特定领域的文本与数据挖掘设置版权例外情形。

中国专利发展报告（2021—2022）

詹 映 张佩谛 边雪静*

《中华人民共和国国民经济和社会发展第十四个五年规划和2035年远景目标纲要》（以下简称“十四五”规划）是全面建设社会主义现代化国家新征程的第一个五年规划，“十四五”时期是推动专利创新高质量发展的关键时期。2021年，我国知识产权事业进入新的发展阶段，实现“十四五”良好开局。创新是引领发展的第一动力，保护知识产权就是保护创新。中国特色社会主义进入新时代以来，创新驱动发展战略的重要性愈发凸显。专利创新作为创新的重要一环，专利制度建设与实践经验对我国现代化建设具有重大意义。为巩固知识产权发展阶段性成果，促进“十四五”时期专利高质量发展，需要从制度建设、专利申请与审查、专利保护、专利运用四个方面对过去一年专利发展情况进行总结分析，结合知识产权工作实践，把党的二十大提出的战略部署转化为具体工作任务，从而助力知识产权强国建设。

* 詹映，中南财经政法大学知识产权研究中心教授；张佩谛、边雪静，中南财经政法大学知识产权研究中心硕士研究生。

一、制度建设

深入贯彻党的二十大精神，紧紧围绕“五位一体”总体布局和“四个全面”战略布局，坚定不移贯彻创新、协调、绿色、开放、共享的新发展理念，坚持稳中求进工作总基调，以深化供给侧结构性改革为主线，以改革创新为根本动力，以满足人民日益增长的美好生活需要为根本目的。“十四五”时期国家知识产权建设需要坚持质量优先的基本原则，推行知识产权发展多元评判标准，注重数量的同时提高知识产权质量，推动知识产权创造、运用、保护、服务各方面高质量发展。积极推动知识产权与产业创新发展相融合，促使专利密集型产业繁荣发展，推动专利密集型产业的创新升级。党的二十大报告提出实施科教兴国战略，强化现代化建设人才支撑，明确“坚持科技是第一生产力、人才是第一资源、创新是第一动力”要求。一方面要求完善科技创新体系，深化科技体制、科技评价改革，以知识产权法治保障科技创新发展；另一方面要求加快实施创新驱动发展战略，以企业为科技创新主体，强化企业主导的产学研进一步深度融合，促进科研成果产业化转化率。❶

（一）与专利有关的国家重大纲领性文件

1.《知识产权强国建设纲要和“十四五”规划实施年度推进计划》

为贯彻落实《知识产权强国建设纲要（2021—2035 年）》和《“十四五”国家知识产权保护和运用规划》，深入实施知识产权强国战略，加快建设知识产权强国，国务院知识产权战略实施工作部际联席会议办公室印发《知识产权强国建设纲要和“十四五”规划实施年度推进计划》。其从七个方面明确了 2021—2022 年度重点任务和工作措施：一是完善知识产权制度，要求完善知识产权法律法规规章，改革完善知识产权重大政策，完善新兴领域和特定领域知识产权规则；二是强化知识产权司法保护和行政保护，加强保护长

❶ 习近平．高举中国特色社会主义伟大旗帜 为全面建设社会主义现代化国家而团结奋斗［N］．人民日报，2022-10-26（1）．

效机制建设；三是完善知识产权市场运行机制，提高知识产权创造质量，加强知识产权综合运用，促进知识产权市场化运营；四是提高知识产权公共服务水平；五是营造良好的知识产权人文社会环境，大力倡导知识产权文化理念，夯实知识产权事业发展基础；六是深度参与全球知识产权治理；七是加强组织保障。❶

2.《推动知识产权高质量发展年度工作指引（2022）》

为了扎实推进知识产权事业高质量发展，进一步做好2022年知识产权工作，国家知识产权局制定《推动知识产权高质量发展年度工作指引（2022）》（以下简称《指引》），推动全面提高知识产权的创造质量、运用效益、保护效果、管理能力和服务水平，更大力度加强知识产权保护国际合作，为建设创新型国家和社会主义现代化强国提供坚实保障。《指引》对知识产权高质量发展指标体系、政策体系、统计体系完善建设提出了更高要求。

《指引》提出的主要目标是，到2022年年底，知识产权强国建设工作机制进一步健全，局省市联动工作格局进一步巩固，知识产权创造质量持续提升、知识产权运用效益加速显现、知识产权服务水平明显提高，知识产权国际合作和竞争统筹推进，知识产权保护工作得到全面加强。第一，在实施产权创造方面，要求全面完成《提升发明专利审查质量和审查效率专项实施方案（2019—2022年）》既定目标，发明专利审查周期压减至16.5个月，其中高价值专利审查周期压减至13.8个月。第二，在知识产权保护方面，进一步健全知识产权保护工作体系，优化知识产权保护中心和快速维权中心建设布局，健全知识产权行政、司法保护衔接机制。第三，在知识产权运用方面，进一步畅通知识产权价值实现渠道，积极稳妥推进知识产权质押融资工作，坚持质量优先、普惠导向，惠及中小企业数量增长10%以上。推动有效专利产业化率稳步增长，稳步提升全国专利密集型产业增加值占国内生产总值

❶ 国务院知识产权战略实施工作部际联席会议办公室关于印发《知识产权强国建设纲要和“十四五”规划实施年度推进计划》的通知［EB/OL］.［2022-11-16］. https：//www.cnipa.gov.cn/art/2022/1/5/art_75_172602.html.

（GDP）比重。第四，在知识产权服务方面，提升专利申请注册及相关事务办理便利化程度，进一步拓展技术与创新支持中心（TISC）和高校国家知识产权信息服务中心功能。第五，在知识产权管理方面，进一步优化局省合作会商机制，“一省一策”建设一批知识产权强省。❶

3.《国家知识产权局关于持续严格规范专利申请行为的通知》

为深入学习贯彻习近平新时代中国特色社会主义思想，认真落实党中央、国务院决策部署，切实推动我国从知识产权引进大国向创造大国转变，从追求数量向提高质量转变，国家知识产权局印发《关于持续严格规范专利申请行为的通知》（以下简称《通知》），努力消除不以保护创新为目的的非正常专利申请行为，为知识产权强国建设提供有力支撑。《通知》围绕持续完善工作机制，建立健全长效机制，从持续健全完善信息沟通机制、加强专利申请行为精准管理、健全主动核查和举报机制、加强分级分类治理、加强对重点违规行为的治理、强化部门协同治理、加强专利申请领域信用监管和强化代理机构行为监管等八个方面，持续严厉打击非正常专利申请行为，规范专利申请秩序。《通知》坚持综合治理工作，进一步加大打击非正常专利申请的工作力度，优化调整指标政策，畅通工作渠道。❷

4.《2022 年全国知识产权行政保护工作方案》

按照党中央、国务院关于全面加强知识产权保护的决策部署，加强知识产权保护，优化创新环境和营商环境，助推经济高质量发展，国家知识产权局制定了《2022 年全国知识产权行政保护工作方案》（以下简称《方案》）。《方案》旨在激励创新与维护公共利益兼得，加快构建便捷高效、严格公正、公开透明的行政保护体系，以知识产权强保护助力知识产权强国建设，以全链条知识产权保护护航创新创业全链条，以高水平知识产权保护促进经济社会高质量发展。

---

❶ 国家知识产权局关于印发《推动知识产权高质量发展年度工作指引（2022）》的通知［EB/OL］.［2022-11-17］. https：//www.cnipa.gov.cn/art/2022/4/18/art_2073_174738.html.

❷《国家知识产权局关于持续严格规范专利申请行为的通知》解读［EB/OL］.［2022-11-17］. https：//www.cnipa.gov.cn/art/2022/1/25/art_66_172920.html.

《方案》指出，需要加强专利侵权行政裁决，进一步畅通受理渠道，深化专利侵权纠纷行政裁决工作。推动建立区域内专利侵权纠纷案件合并行政裁决、跨区域专利侵权纠纷案件行政裁决机制。加大涉民营企业、中小微企业、外资企业等专利侵权纠纷办案力度。持续提升行政裁决办案质量效率。加大打击专利重复侵权、群体侵权、恶意侵权行为力度，充分发挥行政保护优势。同时创新工作机制，深入推进试点示范。开展第一批国家知识产权保护示范区建设。支持有条件的地区积极探索建设本地区知识产权保护试点示范区，持续深化知识产权领域改革，推进专利侵权纠纷行政裁决示范建设试点工作开展。❶

5.《关于知识产权助力专精特新中小企业创新发展的若干措施》

为加大对中小企业支持力度，更好发挥知识产权制度作用，助力专精特新中小企业创新发展，国家知识产权局、工业和信息化部联合印发《关于知识产权助力专精特新中小企业创新发展的若干措施》，重点突出需求导向，强化政策协同，创新服务举措。该“措施”从专精特新中小企业创新发展的特殊需要出发，围绕提升知识产权创造水平、促进知识产权高效运用、加强知识产权保护、强化知识产权服务保障等四个方面，提出若干项针对性举措，并进一步突出了政策间的融合支撑。一是支持专精特新中小企业享受知识产权优先审查政策，帮助企业高效获权；二是深入推进开放许可工作，加快建立专利常态化供需机制，助力企业精准获取、高效实施专利技术；三是加大涉专精特新中小企业专利侵权行政裁决办案力度，针对企业需求，强化知识产权快速协同保护；四是优化知识产权基础数据开放共享，为企业提供便利化、公益性信息服务。❷

6.《关于开展“携手行动”促进大中小企业融通创新（2022—2025年）的通知》

为了促进产业链上中下游、大中小企业融通创新，工业和信息化部同国

❶ 国家知识产权局关于印发2022年全国知识产权行政保护工作方案的通知［EB/OL］.［2022-11-22］. https://www.cnipa.gov.cn/art/2022/1/24/art_75_172901.html.

❷ 关于知识产权助力专精特新中小企业创新发展若干措施的通知［EB/OL］.［2022-11-22］. http://www.gov.cn/zhengce/zhengceku/2022-10/28/content_5722347.htm.

家发展改革委、科技部等11个部门于2022年5月12日共同印发《关于开展“携手行动”促进大中小企业融通创新（2022—2025年）的通知》(以下简称《通知》)，提出了推动大中小企业融通创新的新目标、新任务、新举措。在大中小企业融通创新中，创新是融通的灵魂，产业组织形式和供应关系是融通的重要基础，数据和资金是融通的关键要素，服务和人才是融通的重要支撑。《通知》以打造创新链、巩固产业链、延伸供应链、打通数据链、优化资金链、拓展服务链、提升人才链为工作重点，推动大中小企业融通创新。

《通知》提出以创新为引领，打造大中小企业创新链，要求推动协同创新、创新资源共享、创新成果转化、标准和专利布局、绿色创新升级。其中推动标准和专利布局是创新链的重要环节，要求推动大企业联合中小企业制定完善国家标准、行业标准，积极参与国际标准化活动，协同全球产业链上下游企业共同树立国际标准。引导大企业与中小企业加强知识产权领域合作，共同完善产业链专利布局。❶

7.《专利开放许可试点工作方案》

2021年6月1日施行的《专利法》创设了专利开放许可制度，为确保专利开放许可制度平稳落地、高效运行，国家知识产权局办公室印发《专利开放许可试点工作方案》，为专利开放许可制度全面落地做好政策、机制、平台、项目等各方面准备。《专利开放许可试点工作方案》中的专利开放许可试点是开展试点的省级知识产权管理部门参照开放许可的理念和方式，促进专利“一对多”快速许可的工作举措，有别于由国务院专利行政部门接收并公布声明的法定开放许可。试点任务主要有四项：一是搭建许可信息发布平台，明确发布格式，核查发布内容，发布许可信息；二是促进供需对接，激励引导供需，拓展对接渠道；三是做好定价指导等配套服务，加强定价指导，做好交易保障；四是完善激励和规范措施，制定激励措施，开展纠纷调解。❷

---

❶ 《关于开展“携手行动”促进大中小企业融通创新（2022—2025年）的通知》解读［EB/OL］.［2022-11-22］. http：//www.gov.cn/zhengce/2022-05/16/content_5690693.htm.

❷ 国家知识产权局办公室关于印发专利开放许可试点工作方案的通知［EB/OL］.［2022-11-24］. https：//www.cnipa.gov.cn/art/2022/5/17/art_75_175617.html.

8.《最高人民检察院 国家知识产权局关于强化知识产权协同保护的意见》

为优化协作配合机制，强化协同保护力度，共同推动构建知识产权“严保护、大保护、快保护、同保护”工作格局，最高人民检察院与国家知识产权局提出《最高人民检察院 国家知识产权局关于强化知识产权协同保护的意见》（以下简称《意见》）。《意见》对整合知识产权行政和司法资源、促进知识产权行政执法标准和司法裁判标准统一等方面提出了要求。第一，《意见》提出建立健全信息共享机制，推动建立信息共享平台。各级知识产权管理部门、检察机关要推进专利行政执法与刑事司法衔接工作信息共享平台建设纳入电子政务建设规划。第二，《意见》提出加强业务支撑，加强业务协助。检察机关在办理案件过程中，需要核实涉案专利法律状态的，可以向国家知识产权局在各地设立的专利代办处申请出具《专利登记簿副本》。对于案件中涉及的假冒专利行为等认定问题，检察机关可以依据相关司法解释和国家知识产权局制定的专利侵权判断标准、专利审查指南等综合审查认定。第三，《意见》指出加大办案协作力度，建立线索双向移送机制。检察机关对知识产权管理部门提出的立案监督建议，应当依法受理和审查并及时反馈案件处理情况。各级检察机关对于作出不起诉决定但应予行政处罚的案件，应当移送同级负责专利商标执法的部门，相关部门及时将处理结果反馈同级检察机关。❶

9.《专利和商标审查“十四五”规划》

为落实党中央、国务院关于知识产权工作的决策部署，明确专利和商标审查“十四五”时期工作目标、任务、举措和实施蓝图，国家知识产权局制定《专利和商标审查“十四五”规划》（以下简称《规划》）。坚持高质量发展、需求导向、稳中求进的基本原则，推动以系统观念打造审查体系完善、审查质量优异、审查效率高效、审查能力突出、创新主体满意的世界一流专

❶ 最高人民检察院 国家知识产权局关于强化知识产权协同保护的意见［EB/OL］.［2022-11-24］. https：//www. cnipa. gov. cn/art/2022/4/25/art_75_175160. html.

利和商标审查机构。《规划》提出至2025年专利和商标审查工作发展目标，并制定“十四五”专利和商标审查工作主要预期性量化指标：到2025年，发明专利审查周期压减至15个月，发明专利审查结案准确率提升至95%。《规划》指出专利和商标审查工作的七项主要任务：一是持续完善审查制度，进一步完善专利法律法规，继续落实专利审查标准常态化修改；二是稳步提升审查质量，持续完善专利审查质量保障体系，充分发挥专利审查业务指导体系作用；三是继续提高审查效率，加强案源的统筹管理与分配，推进落实更加多元化的专利审查模式，着力提高审查智能化水平；四是协同推进申请质量提升，加大力度引导专利申请数量理性增长，建立加强专利申请质量源头控制工作机制；五是提升审查组织机构运行效能，构建更加顺畅高效的审查运行机制，促进相关审查审理队伍专业化建设；六是深化专利申请便利化改革，继续推进审查工作“放管服”改革，推动地方知识产权业务受理窗口转型升级；七是全面深入开展审查审理业务国际合作，继续深度参与审查领域国际合作，拓宽审查领域对外交流广度深度，加强对国际专利审查业务发展动态的追踪。❶

10.《“十四五”促进中小企业发展规划》

为了“十四五”时期畅通产业链供应链循环，推动中小企业转型升级、开拓市场，工业和信息化部、国家发展和改革委员会等19个部门于2021年12月11日发布《“十四五”促进中小企业发展规划》（以下简称《规划》），对“加速产学研协同、大中小企业融通创新”作出具体部署。《规划》提出7项主要任务和9项重点工程，将培育壮大市场主体、构建企业梯度培育体系、提升中小企业创新能力和专业化水平等作为现阶段促进中小企业发展的工作重点。

中小企业高质量发展需要以改革创新为根本动力，《规划》的发展目标之一是促使中小企业创新能力和专业化水平显著提升。《规划》提出以下“十四

❶ 国家知识产权局关于印发《专利和商标审查“十四五”规划》的通知［EB/OL］.［2022-12-24］. https：//www. cnipa. gov. cn/art/2022/1/20/art_541_172859. html.

五”时期量化指标：规模以上小型工业企业研发经费年均增长10%以上，专利申请数年均增长10%以上，有效发明专利数年均增长15%以上。推动形成100万家创新型中小企业、10万家“专精特新”中小企业、1万家专精特新“小巨人”企业。培育200个中小企业特色产业集群和10个中外中小企业合作区。

中小企业改革创新离不开知识产权促进创新的关键作用。《规划》中小企业发展的重点工程之一是提升中小企业知识产权创造和运用水平，深入实施中小企业知识产权战略推进工程。一方面促进中小企业提升知识产权创造能力，另一方面推动中小企业提升知识产权运用能力，实施专利转化专项计划，降低中小企业专利技术与供需对接服务获取门槛。同时通过知识产权维护中小企业合法权益，加强中小企业知识产权保护，建立健全知识产权快速协同保护机制，推动建设一批知识产权保护中心和快速维权中心，为中小企业提供集快速审查、快速确权、快速维权为一体的知识产权“一站式”综合服务。[1]

（二）司法解释

1. 《最高人民法院关于第一审知识产权民事、行政案件管辖的若干规定》

《最高人民法院关于第一审知识产权民事、行政案件管辖的若干规定》于2021年12月27日由最高人民法院审判委员会第1858次会议通过，自2022年5月1日起施行。该司法解释明确了发明专利、实用新型专利和外观设计专利的民事、行政案件管辖。一是发明专利、实用新型专利的权属、侵权纠纷以及垄断纠纷第一审民事、行政案件由知识产权法院，省、自治区、直辖市人民政府所在地的中级人民法院和最高人民法院确定的中级人民法院管辖。二是外观设计专利的权属、侵权纠纷第一审民事、行政案件由知识产权法院和中级人民法院管辖；经最高人民法院批准，也可以由基层人民法院管辖，但外观设计专利行政案件除外。以上第一审知识产权案件诉讼标的额在最高

---

[1] 关于印发“十四五”促进中小企业发展规划的通知［EB/OL］.［2022-11-27］. http://www.gov.cn/zhengce/zhengceku/2021-12/17/content_5661655.htm.

人民法院确定的数额以上的，以及涉及国务院部门、县级以上地方人民政府或者海关行政行为的，由中级人民法院管辖。此外，法律对知识产权法院的管辖有规定的，依照其规定。

2.《最高人民法院关于涉外民商事案件管辖若干问题的规定》

《最高人民法院关于涉外民商事案件管辖若干问题的规定》于2022年8月16日由最高人民法院审判委员会第1872次会议通过，自2023年1月1日起施行。其中第6条规定，涉外海事海商纠纷案件、涉外知识产权纠纷案件、涉外生态环境损害赔偿纠纷案件以及涉外环境民事公益诉讼案件，不适用该司法解释，即将涉外知识产权纠纷案件管辖排除在该司法解释适用范围外。

3.《最高人民法院、最高人民检察院关于办理危害药品安全刑事案件适用法律若干问题的解释》

《最高人民法院、最高人民检察院关于办理危害药品安全刑事案件适用法律若干问题的解释》于2022年2月28日由最高人民法院审判委员会第1865次会议、2022年2月25日由最高人民检察院第十三届检察委员会第九十二次会议通过，于2022年3月6日起施行。其主要有以下三方面内容：一是依法严惩生产、销售、提供假药、劣药犯罪；二是依法严惩妨害药品管理的犯罪，明确"足以严重危害人体健康""对人体健康造成严重危害"的具体情形；三是依法严惩非法收购、销售骗保药品的犯罪。

（三）其他规范性文件

1.《专利审查指南修改草案（再次征求意见稿）》

国家知识产权局持续开展《专利审查指南》修改工作，综合2020年11月10日公布的《专利审查指南修改草案（第二批征求意见稿）》、2021年8月3日公布的《专利审查指南修改草案（征求意见稿）》相关内容，于2022年10月31日公布《专利审查指南修改草案（再次征求意见稿）》，对专利初步审查部分、实质审查部分、关于进入国家阶段的国际申请的审查、复审与无效请求的审查等部分进行了修改，对专利申请及事务处理的相关规定进行了调整，新增外观设计国际申请的修改内容和修改说明。[1]

2.《专利开放许可使用费估算指引（试行）》

为深入贯彻落实国务院印发的《“十四五”国家知识产权保护和运用规划》关于“建立完善专利开放许可制度和运行机制”的部署，推动专利开放许可制度平稳落地、高效运行，引导专利权人科学、公允、合理估算专利开放许可使用费，促进市场化定价和许可达成，国家知识产权局组织编写了《专利开放许可使用费估算指引（试行）》，规定了估算方法与操作步骤。其中列举了专利开放许可使用费的估算方法，包括该专利已自行实施产生的收益、该专利已许可实施的使用费、同行业专利实施许可统计数据、国际一般许可费率等费用参考。[2]

3.《专利代理信用评价管理办法（公开征求意见稿）》

为进一步加大对知识产权代理违法违规和失信行为的打击力度，综合运用信用监管手段，强化知识产权代理监管工作，构建促进知识产权代理行业健康有序发展的长效机制，国家知识产权局修订了《专利代理信用评价管理办法（公开征求意见稿）》（以下简称《办法》），加强专利代理分级分类信用监管，维护专利代理行业秩序。该“公开征求意见稿”主要有以下内容：

第一，建立信用等级评价。专利代理机构和专利代理师信用等级从 A 到 D 分为四级，按计分情况评价。国家知识产权局和省、自治区、直辖市人民政府管理专利工作的部门对专利代理机构和专利代理师进行信用计分动态管理，计分满分为 100 分，根据负面信息予以扣减。负面信息包括不规范经营或执业行为、机构经营异常情况、受行政或刑事处罚、行业惩戒等情况。

第二，信用信息的公示、查询、异议和修复。该“公开征求意见稿”规定了信用信息的公示和查询方式，对信用等级和计分的异议申请与审核，以及信用修复的申请与审核。

---

[1] 关于就《专利审查指南修改草案（再次征求意见稿）》公开征求意见的通知［EB/OL］．［2022-11-27］．https：//www.cnipa.gov.cn/art/2022/10/31/art_75_180016.html.

[2] 国家知识产权局办公室关于印发《专利开放许可使用费估算指引（试行）》的通知［EB/OL］．［2022-11-27］．https：//www.cnipa.gov.cn/art/2022/10/24/art_2984_179803.html.

第三，结果运用。专利代理信用评价管理部门建立专利代理信用管理联动机制，实施分类服务和监管，对不同等级的专利代理机构和专利代理师实施不同的监管办法。❶

4.《展会知识产权保护指引》

为深入落实《关于强化知识产权保护的意见》有关决策部署，加强展会知识产权保护工作，国家知识产权局制定了《展会知识产权保护指引》，从展前保护、展中保护、展后保护全过程对展会知识产权进行保护。展会知识产权保护工作遵循职能部门指导监管、展会主办方具体负责、参展方诚信自律、社会公众广泛监督的原则。展会举办地知识产权管理部门在展会举办前加强知识产权保护宣传，指导参展合同知识产权保护相关条例，应展会主办方请求进行知识产权状况核查，按需要设置工作站，加强对参展商知识产权保护的业务指导。展会举办中，展会举办地知识产权管理部门应当指导展会主办方建立知识产权信息公示制度，将展会投诉途径、投诉方式等信息予以公布。展会举办后，展会举办地知识产权管理部门移送相关材料，统计展会知识产权投诉、纠纷处理情况，并于展会结束后10个工作日内报送展会举办地知识产权管理部门。❷

5.《国家知识产权局知识产权信用管理规定》

为了深入贯彻落实《知识产权强国建设纲要（2021—2035年）》《关于强化知识产权保护的意见》《国务院办公厅关于进一步完善失信约束制度构建诚信建设长效机制的指导意见》，国家知识产权局制定《国家知识产权局知识产权信用管理规定》（以下简称《规定》），促进建立健全知识产权领域信用管理工作机制，加强知识产权保护，促进知识产权工作高质量发展。《规定》共六章，主要内容如下：

第一，总则规定了国家知识产权局在履行法定职责、提供公共服务过程

❶ 关于就《专利代理信用评价管理办法（公开征求意见稿）》公开征求意见的通知［EB/OL］.［2022-11-30］. https：//www. cnipa. gov. cn/art/2022/10/8/art_75_179114. html.

❷ 国家知识产权局关于印发《展会知识产权保护指引》的通知［EB/OL］.［2022-11-30］. https：//www. cnipa. gov. cn/art/2022/7/22/art_2073_177393. html.

中开展信用承诺、信用评价、守信激励、失信惩戒、信用修复等工作。国家知识产权局知识产权保护司负责协调推进国家知识产权局信用管理工作，承担专利、商标、地理标志、集成电路布图设计相关工作及代理监管工作的部门、单位履行其职责。

第二，规定失信行为认定、管理及信用修复。《规定》列举了包括不以保护创新为目的的非正常专利申请行为在内的失信行为，列明了国家知识产权局对失信主体实施的管理措施，规定了信用修复的申请与审查。

第三，规定严重违法失信主体认定及管理。国家知识产权局依职权建立严重违法失信名单，国家知识产权局各部门和单位对列入严重违法失信名单的主体实施为期三年的管理措施，对移出严重违法失信名单的主体及时解除管理措施。

第四，规定守信激励、信用承诺及信用评价。国家知识产权局各部门、单位对连续三年守信情况良好的主体视情况采取诸如专利优先审查、专利预审备案优先审批等激励措施，推动建立信用承诺与评价制度。

第五，规定监督与责任。国家知识产权局相关部门及工作人员在信用管理工作中应当依法保护主体合法权益，对工作中知悉的国家秘密、商业秘密或个人隐私等，依法予以保密。[1]

二、专利申请与审查

（一）专利申请和授权总体概况

2021 年，我国知识产权创造质量提升，专利审查管理机制日趋完善，高价值发明专利审查周期压减至 13.3 个月，提前达到国务院深化“放管服”改革提出的五年目标任务。2021 年共授权发明专利 69.6 万件、实用新型专利

[1] 国家知识产权局关于印发《国家知识产权局知识产权信用管理规定》的通知［EB/OL］.［2022-11-30］. https：//www. cnipa. gov. cn/art/2022/1/27/art_2073_172986. html.

312.0万件、外观设计专利78.6万件，受理PCT国际专利申请7.3万件。❶

1. 专利申请概况

关于发明专利申请，2021年我国发明专利申请量为158.6万件，同比增长5.9%。其中，国内发明专利申请142.8万件，占总量的90.0%，同比增长6.2%。国外在华发明专利申请15.8万件，占总量的10.0%，同比增长3.6%。国内发明专利申请中，职务申请131.4万件，占92.0%，同比增长8.2%。国内发明专利申请中企业所占比重达到66.8%，较上年提升6.1个百分点。2021年我国实用新型专利申请量为285.2万件，同比下降2.5%。2021年我国外观设计专利申请量为80.6万件，同比增长4.6%。❷

2. 专利授权概况

关于发明专利授权量，2021年授权发明专利69.6万件，同比增长31.3%。其中国内发明专利授权58.6万件，占总量的84.2%。国外在华发明专利授权11.0万件，同比增长23.0%。国内发明专利授权中，职务发明专利授权56.5万件，占96.4%，同比增长33.3%。非职务发明授权2.1万件，占3.6%，同比增长23.0%。我国2021年发明专利授权率为55.0%。2021年授权实用新型专利312.0万件，同比增长31.2%。2021年授权外观设计专利78.6万件，同比增长7.3%。❸

（二）国内各地区专利申请和授权比较

1. 国内各地区专利申请量结构情况对比

《2021年国家知识产权局年报》显示，国内各地区专利申请中，实用新型专利申请量占比较大，发明专利申请量占比较小。按发明专利申请量所占专利申请的比重排序，占比前十名分别为台湾（67.06%）、北京（59.20%）、澳门（57.72%）、上海（39.73%）、陕西（36.58%）、香港（35.18%）、吉林（32.67%）、安徽（32.64%）、湖南（32.19%）、黑龙江（31.57%）（见图1、图2）。❹

❶ 国家知识产权局2021年度报告［R］.

❷ 国家知识产权局2021年度报告［R］.

❸ 国家知识产权局2021年度报告［R］.

❹ 国家知识产权局2021年度报告［R］.

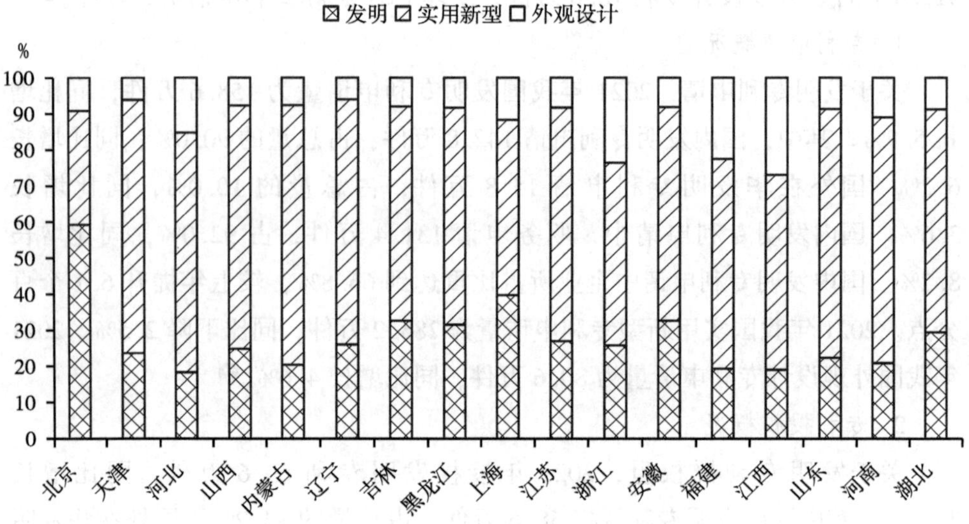

图 1　2021 年全国各地区专利申请受理结构（一）

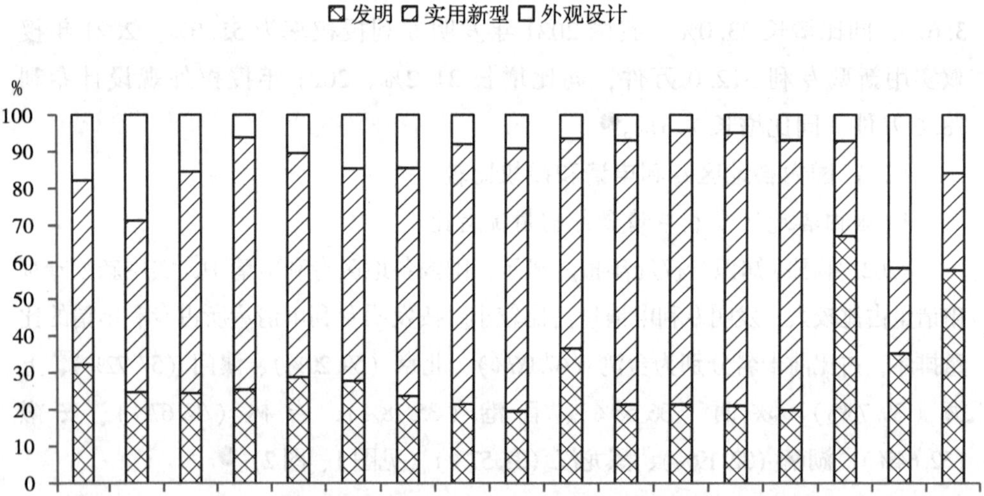

图 2　2021 年全国各地区专利申请受理结构（二）

2. 国内部分地区专利授权状况

2021年，我国国内专利授权总量为446.72万件，其中发明专利授权量为58.59万件，占比13.12%。国内部分地区专利授权总量排序，专利授权总量排名前五的地区为广东（19.52%）、江苏（14.35%）、浙江（10.42%）、山东（7.38%）、北京（4.45%）。广东发明专利、外观设计专利授权量位居第一，实用新型专利授权量排名第二。将我国各地区发明专利授权量排序，发明专利授权量前三的地区为广东（17.55%）、北京（13.52%）、江苏（11.74%）（见表1）。❶

表1 2021年国内部分地区专利申请授权状况

地区	合计（件）	排序	发明（件）	排序	实用新型（件）	排序	外观设计（件）	排序
全国	4 467 165	—	585 910	—	3 112 795	—	768 460	—
广东	872 209	1	102 850	1	484 320	2	285 039	1
江苏	640 917	2	68 813	3	515 935	1	56 169	3
浙江	465 468	3	56 796	4	282 944	3	115 728	2
山东	329 838	4	36 345	5	264 072	4	29 421	5
北京	198 778	5	79 210	2	96 078	11	23 490	8
上海	179 317	6	32 860	6	120 857	6	25 600	7
河南	158 038	7	13 536	12	126 477	5	18 025	12
湖北	155 169	8	22 376	8	118 303	7	14 490	14
福建	153 814	9	12 561	13	105 267	10	35 986	4
安徽	153 475	10	23 624	7	114 415	8	15 436	19

（三）有效专利

1. 国内外有效专利概况

截至2021年年底，我国已授权并维持有效的发明专利拥有量为359.7万件，同比增长17.6%。其中，国内发明专利拥有量277.3万件，占总量的

❶ 国家知识产权局2021年度报告［R］.

77.1%，同比增长21.7%；国内实用新型专利拥有量919.1万件，外观设计专利拥有量245.4万件。国外在华发明专利拥有量为82.4万件，占总量的22.9%，同比增长5.8%。截至2021年年底，我国（不含港澳台）每万人口高质量发明专利拥有量达7.5件。❶

2. 国内各地区有效专利的分布状况

我国国内有效专利数量排序，专利有效总量前五名分别为广东（20.09%）、江苏（13.69%）、浙江（11.05%）、北京（6.34%）、山东（6.33%）。其中，广东的发明专利、实用新型专利、外观设计专利拥有量均排名第一。国内有效发明专利拥有量排序，前三名为广东（15.85%）、北京（14.60%）、江苏（12.59%）（见表2）。❷

表2 2021年国内部分地区专利有效状况

地区	合计（件）	排序	发明（件）	排序	实用新型（件）	排序	外观设计（件）	排序
全国	14 417 426	—	2 773 287	—	9 190 633	—	2 453 506	—
广东	2 895 945	1	439 607	1	1 586 524	1	869 814	1
江苏	1 973 116	2	349 035	3	1 459 654	2	164 427	3
浙江	1 592 452	3	250 383	4	940 937	3	401 132	2
北京	913 616	4	405 037	2	403 429	6	105 150	5
山东	912 727	5	150 776	6	663 222	4	98 729	6
上海	676 697	6	171 972	5	411 822	5	92 903	7
福建	517 568	7	62 156	12	338 506	7	116 906	4
安徽	498 202	8	121 732	7	328 016	9	48 454	13
四川	462 124	9	87 186	9	306 375	10	68 563	8
河南	448 242	10	55 749	14	337 172	8	55 321	12

（四）"一带一路"沿线国家专利统计状况

2021年，我国切实落实《知识产权强国建设纲要（2021—2035年）》，

❶ 国家知识产权局2021年度报告［R］.

❷ 国家知识产权局2021年度报告［R］.

深化与共建“一带一路”国家和地区知识产权务实合作，继续推进“一带一路”务实合作项目，与“一带一路”沿线国家知识产权布局双向加强。数据显示，2021 年中国企业在沿线国家专利申请公开量和授权量分别为 8 596件和 4 711件，同比分别增长 29.4%和 15.3%。沿线国家在华发明专利申请量和授权量分别为 2.5 万件和 1.6 万件，同比分别增长 7.7%和 18.1%。

1. 我国在“一带一路”沿线国家专利统计状况

随着《区域全面经济伙伴关系协定》（RCEP）的生效实施，RCEP 成员成为我国加深“一带一路”沿线国家知识产权合作的重点，RCEP 成员是我国企业“一带一路”专利布局主要国家。2021 年，我国企业在沿线国家专利申请公开量中，在 RCEP 成员国的申请有 7 318件，占比 85.1%，同比增长 23.0%。我国企业在沿线国家专利申请公开量排序，数量排名前四的国家都为 RCEP 成员，分别为韩国（4 486件）、新加坡（934 件）、越南（873 件）、印度尼西亚（649 件）。我国企业在沿线国家的专利授权量中，RCEP 成员授权的有 3 158件，占比 67.0%，同比增长 24.8%。

新兴技术促进“一带一路”高质量共建，我国企业与沿线国家在数字经济、生物医药、“宅经济”等方面广泛开展技术创新与合作。2021 年，中国企业在沿线国家公开的专利申请中，数字通信领域专利申请量排名第一，达到 2 073件，其次是计算机技术领域专利申请，达 1447 件。从我国企业在沿线国家专利授权情况来看，数字通信领域的专利授权量最大，达到 884 件，居第二位的计算机技术达 535 件。从同比增长来看，视听技术领域的专利授权量同比增长 45.5%，数字通信同比增长 43.5%，半导体、计算机技术等领域专利授权量也增长较快。

2. 国内企业在“一带一路”沿线国家专利申请

我国创新型企业深度参与共建“一带一路”，2021 年，我国共有 1 615家企业在沿线国家开展专利申请布局，较 2020 年增加 200 多家。北京、广东企业数量优势明显，2021 年，广东企业在沿线国家专利申请公开量 3 442件，同比增长 18.0%，北京企业专利申请公开量 1 857件，同比增长 81.9%。2021 年，我国在沿线国家专利申请公开的前五名企业为华为（1 058件）、百度

（657 件）、维沃（612 件）、北京商汤（397 件）、OPPO（351 件）。❶

（五）PCT 国际专利申请

2021 年，我国海外发明专利申请与授权发展态势积极，延续了“十三五”以来的增长势头，实现“十四五”的良好开局。根据我国与世界知识产权组织（WIPO）签署的《关于〈专利合作条约〉（PCT）费用汇交的谅解备忘录》，自 2021 年 12 月 1 日起，人民币正式成为 PCT 申请国际费用的定价和结算货币，进一步便利国内创新主体通过 PCT 途径提交国际专利申请。

1. PCT 国际专利申请概况

世界知识产权组织公布的数据显示，我国 PCT 国际专利申请量已经连续三年位居世界首位。世界知识产权组织发布的《2021 年全球创新指数报告》显示，中国排名第 12 位，较 2020 年上升 2 位。2021 年，我国申请人通过 PCT 途径提交的国际专利申请达 6.95 万件，同比增长 0.9%，连续第三年位居申请量排行榜第一位。申请量排名前 5 位的国家分别是中国、美国、日本、韩国和德国。2021 年共有 13 家中国企业进入全球 PCT 国际专利申请人排行榜前 50 位，华为以 6 952件申请连续五年位居榜首。中国共有 19 所高校进入全球教育机构 PCT 国际专利申请人排行榜前 50 位，较 2020 年增加 4 所，是上榜高校数量最多的国家。❷

2. 国内地区 PCT 国际专利申请

2021 年，我国国家知识产权局共受理通过 PCT 途径提交的国家专利申请 7.3 万件，同比增长 1.5%。其中，6.8 万件来自国内，同比增长 2.1%。共完成国际检索报告 7.8 万件，同比增长 11.6%。自 1994 年起累计受理通过 PCT 途径提交的国际专利申请 52.1 万件，累计完成 PCT 国际检索报告 48.5 万件。

2021 年，收到进入中国国家阶段的 PCT 国际申请 10.7 万件，同比增长 6.3%，其中发明专利申请 10.6 万件，实用新型专利申请 916 件。自 1994 年

❶ 《知识产权统计简报》（2022 年第 2 期）[EB/OL]. [2022-11-29]. https://www.cnipa.gov.cn/module/download/down.jsp? i_ID=176009&colID=88.

❷ 我国 PCT 国际专利申请量连续三年第一 [EB/OL]. [2022-11-29]. http://www.gov.cn/xinwen/2022-02/11/content_5673183.htm.

起收到进入中国国家阶段的PCT国际申请累计141.9万件。全国各地区2021年PCT国际专利申请受理量排名中，广东省（38.2%）、北京市（15.2%）、江苏省（10.5%）排名前三（见表3）。❶

表3　2021年PCT国际专利申请受理量排名前十的省（市）　（%）

排名	地区	PCT国际专利申请受理量占比
1	广东	38.2
2	北京	15.2
3	江苏	10.5
4	上海	7.1
5	浙江	6.8
6	山东	4.8
7	安徽	3.0
8	福建	2.6
9	湖北	2.5
10	湖南	1.2

（六）专利审查

1. 专利审查总体情况

在专利审查方面，国家知识产权局扎实落实《提升发明专利审查质量和审查效率专项实施方案（2019—2022年）》工作部署，严格依法审查，把好授权确权关，持续提高审查质量和审查效率，在压减专利审查周期方面取得良好进展。

（1）专利审查数量。2021年，审结发明专利126.6万件。受理三种专利优先审查案件7.7万件，其中发明专利申请7.4万件，同比增长31.5%。

（2）专利审查周期。2021年，高价值发明专利审查周期压减至13.3个月，提前完成国务院深化“放管服”改革任务目标，发明专利平均审查周期

❶ 国家知识产权局2021年度报告［R］.

压减至 18.5 个月（见图 3）。开展长周期案件专项清理工作，2021 年审结长周期案件 21.7 万件。2021 年度专利审查质量用户满意度指数为 85.7，连续 12 年保持在满意区间。❶

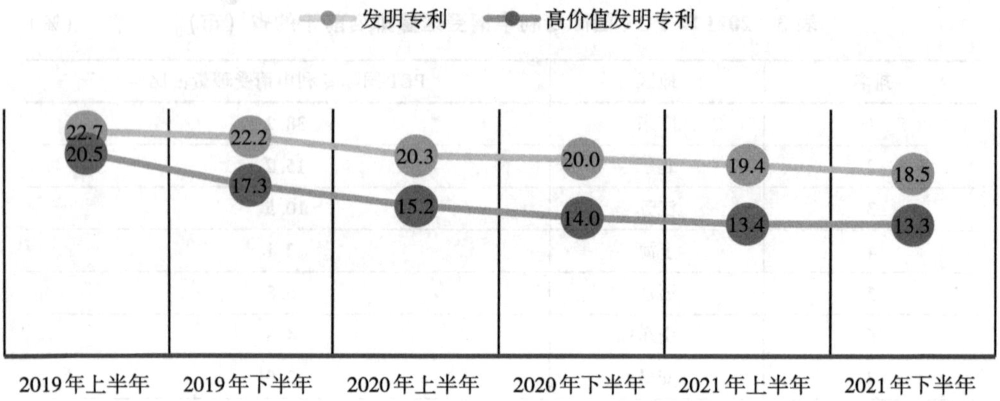

图 3　2019—2021 年我国发明专利审查周期

2. PPH 专利审查高速路

2021 年，我国继续优化和拓展专利审查高速路（PPH）合作网络。延长与德国、奥地利、欧洲专利局、新加坡、加拿大、葡萄牙 PPH 试点项目，推动与泰国、越南、菲律宾、法国等更多国家的 PPH 合作磋商。截至 2021 年年底，我国国家知识产权局已与 30 个 PPH 合作方签署合作协议，其中包括 16 个"一带一路"沿线国家或地区，4 个 RCEP 成员。

我国国家知识产权局牵头完成外观设计中美欧日韩外观设计五局（ID5）质量管理对比研究项目，积极推动"共同的审查业务统计指标（CSPE）"项目成果在 IP5 平台的推广应用，探索开展五局人工智能医疗领域审查标准比较研究。❷

❶ 国家知识产权局 2021 年度报告［R］.

❷ 国家知识产权局 2021 年度报告［R］.

三、专利司法保护与行政保护

(一) 专利司法保护状况

司法保护是知识产权保护体系的重要组成部分，为社会创新创造、公平竞争、文化繁荣发展提供坚实保障。2022 年 4 月，最高人民法院发布《中国法院知识产权司法保护状况（2021 年）》《最高人民法院知识产权法庭年度报告（2021）》以及 2021 年中国法院十大知识产权案件和 50 件典型知识产权案例，总结过去一年我国知识产权案件审理总体状况与基本特点，并就典型知识产权案件进行审理思路与裁判方法分析。总体而言，知识产权司法保护力度不断加大，专业化审判能力显著提高，为统筹疫情防控和经济社会发展提供有力司法服务。

1. 司法审判概况

（1）民事司法审判。2021 年，人民法院新收一审、二审、申请再审等各类知识产权案件 642 968件，审结 601 544件，比 2020 年分别上升 22.33% 和 14.71%。其中，地方各级人民法院新收专利案件 31 618 件，同比上升 10.98%；地方各级人民法院新收知识产权民事二审案件 49 084 件，审结 45 468件，同比分别上升 14.22% 和 4.5%。[1]

（2）行政司法审判。2021 年，全国地方各级人民法院新收知识产权行政一审案件 20 563件，审结 19 342件，比 2020 年分别上升 11.37% 和 7.8%。在新收行政一审案件中，专利案件 1 810件，同比上升 27.73%。最高人民法院新收知识产权行政案件 2 852件，审结 2 487件，比 2020 年分别上升 49.4% 和 43.34%。

（3）刑事司法审判。2021 年，全国地方各级人民法院新收侵犯知识产权刑事一审案件 6 276件，审结 6 046件，比 2020 年分别上升 13.2% 和 9.53%。地方各级人民法院新收涉知识产权的刑事二审案件 1 050件，审结 997 件，同

[1] 中国法院知识产权司法保护状况（2021 年）[EB/OL]. [2022 - 11 - 29]. https://www.court.gov.cn/zixun-xiangqing-355841.html.

比分别上升 20. 83% 和 16. 74% 。[1]

2. 深化司法保护体制机制改革

2021 年，我国专业化审判体系基本建成，牢牢把握加强新时代知识产权审判工作的总体要求，进一步提高专业化审判能力和知识产权司法保护水平，为构建新发展格局、开创新发展局面、推动知识产权高质量发展提供了有力的司法保障。

（1）知识产权法庭助力审判质效提高。《最高人民法院知识产权法庭年度报告（2021）》显示，2021 年，法庭共受理技术类知识产权和垄断案件 5 238件（新收 4 335件），审结 3 460件，结收比为 79. 8%。与 2020 年同期相比，新收案件数量增加 1158 件，增长率为 36. 4%，结案数量增加 673 件，增长率为 24. 1%。新收民事二审实体案件 2 569 件，同比增长 31. 8%；审结 2 023件，同比增长 16. 1%。在法庭新收民事二审案件中，占比较高的侵害实用新型专利权纠纷（806 件）、侵害发明专利权纠纷（576 件），分别占受理民事二审实体案件的 31. 4% 和 22. 4%。新收行政二审实体案件 1 290件，同比增长 92. 5%；审结 971 件，同比增长 96. 6%。在新收行政二审案件中，占比最高的为发明专利申请驳回复审纠纷（457 件），占受理行政二审案件的 35. 4%，其次为发明专利权无效纠纷（283 件）、实用新型专利权无效纠纷（234 件），分别占比 21. 9% 和 18. 1%。据统计，2021 年，法官人均结案 83. 5 件，同比增长 1. 2%。各类案件结案平均审理周期为 134 个自然日，民事二审实体案件平均审理周期为 129. 4 个自然日，行政二审案件平均审理周期为 143. 6 个自然日。因人案矛盾日益加剧，疑难案件增多，与上年度相比，平均审理周期有所增长。[2]

（2）知识产权审判“三合一”改革持续推进。2021 年，最高人民法院积极稳妥推进知识产权民事、刑事、行政“三合一”审判机制改革，提升知识产权

[1] 中国法院知识产权司法保护状况（2021 年）［EB/OL］.［2022 - 11 - 29］. https：// www. court. gov. cn/zixun-xiangqing-355841. html.

[2] 最高人民法院知识产权法庭年度报告（2021）［EB/OL］.［2022 - 11 - 29］. https：// www. court. gov. cn/zixun-xiangqing-347361. html.

司法保护的综合效能。西藏自治区高级人民法院出台《知识产权案件“三合一”实施方案》，实现知识产权案件统一归口管理。海南省高级人民法院出台《关于知识产权刑事案件指定管辖若干问题的意见》，明确知识产权刑事案件范围。❶

（3）案例指导体系深化裁判标准统一。2022 年 4 月 21 日，最高人民法院发布 2021 年中国法院十大知识产权案件和 50 件典型知识产权案例。在 2021 年中国法院十大知识产权案件中，有一件案例属于专利案件，即“周某与无锡瑞之顺机械设备制造有限公司侵害发明专利权纠纷案”。该案的意义在于明确了掌握证据一方的举证义务，以及证明妨碍和妨害证据保全的法律后果，对于依法适当减轻权利人举证负担，引导当事人积极、主动、全面、诚实提供证据，具有重要的实践价值。该案是人民法院着力破解“举证难”、提升知识产权审判质效和司法公信力的典型案例。❷

（二）专利行政保护状况

1. 行政保护概况

2021 年，全国各级行政执法机关进一步提升行政执法效能，加大执法力度，组织开展多个专项行动。2021 年，全国各级市场监管部门查处假冒专利案件 0.48 万件，同比下降 32.4%。全国知识产权管理部门办理专利侵权纠纷行政案件 4.98 万件，同比增长 18.6%。国家知识产权局受理 12 起药品专利纠纷早期解决机制行政裁决案件和 2 起重大专利侵权纠纷行政裁决案件。❸

2. 持续优化知识产权行政保护机制

（1）加强专利侵权纠纷行政裁决工作。

第一，健全专利纠纷行政裁决制度。国家知识产权局于 2021 年印发《重大专利侵权纠纷行政裁决办法》《关于加强知识产权纠纷调解工作的意见》等规范性文件，为专利执法部门开展专利行政裁决工作提供了科学指导，为统一专利执法标准、提高办案质量与效率提供了制度保障。

---

❶ 中国法院知识产权司法保护状况（2021 年）[R].

❷ 2021 年中国法院 10 大知识产权案件和 50 件典型知识产权案例 [EB/OL]. [2022-11-28]. https://www.court.gov.cn/zixun-xiangqing-355881.html.

❸ 2021 年中国知识产权保护状况 [R].

第二，推进专利侵权纠纷行政裁决试点工作。2021 年 6 月，辽宁、安徽、福建、山东、湖南、重庆、四川等 7 个地方被确定为第二批试点地区，开展专利侵权纠纷行政裁决示范建设工作。❶ 第二批试点地区扎实推进试点任务，为各地推进行政裁决建设工作提供了典型经验做法。辽宁在试点工作中率先将行政裁决纳入地方性法规，明确将“处理”表述调整为“行政裁决”，建立行政裁决先行调解制度，完善行政裁决配套制度，建立调解协议司法确认机制，加强知识产权行政裁决与司法保护有机衔接。重庆打造“快调+速裁+精审”行政裁决模式，通过市区县联动、跨部门协同，实现快速调解、迅速裁决和精准审理。规范化建设试点期间，重庆办理的多起案件入选重庆市行政执法优秀典型案例和全国专利行政保护十大典型案例。❷ 2022 年 7 月，天津、山西、内蒙古、吉林、黑龙江、河南、陕西、新疆等 8 个地方被确定为第三批专利侵权纠纷行政裁决规范化建设试点地区，继续充分发挥先行先试、重点突破的示范建设作用。

第三，探索药品专利纠纷早期解决机制。结合我国国情深入药品领域探索专利纠纷行政裁决工作，是加强药品专利保护，实现从行政保护强化到药物研发创新传导机制的重要举措。2022 年 4 月，国家知识产权局审结首批药品专利纠纷早期解决机制行政裁决案件。据统计，截至 2022 年 4 月 25 日，国家知识产权局共收到行政裁决请求 59 件，已对符合受理条件的 39 件请求予以立案，将依法依规对相关药品专利纠纷行政裁决案件进行审理。❸

（2）建立健全快速协同保护机制。

2021 年以来，知识产权快速协同保护工作在各部门共同推进下，取得显著成效，知识产权快速保护机构布局优化拓展，“一站式”知识产权保护服务

---

❶ 国家知识产权局办公室关于确定第二批专利侵权纠纷行政裁决示范建设工作试点地方的通知［EB/OL］.［2022-12-03］. https：//www. cnipa. gov. cn/art/2021/6/2/art_2073_159888. html.

❷ 国家知识产权局办公室 司法部办公厅关于推介第二批全国专利侵权纠纷行政裁决建设典型经验做法的通知［EB/OL］.［2022-12-03］. https：//www. cnipa. gov. cn/art/2022/11/1/art_75_180064. html.

❸ 国家知识产权局审结首批药品专利纠纷早期解决机制行政裁决案件［EB/OL］.［2022-12-05］. https：//www. cnipa. gov. cn/art/2022/4/25/art_2432_175884. html.

全面推进，“三结合、三拓展、两对接”工作深入落实，保护中心管理制度规范逐步健全。截至2021年年底，全国共建设知识产权保护中心57家，快速维权中心30家，全年办理知识产权维权相关案件4.3万件，受理专利快速预审请求9.5万件。强化一站式知识产权保护业务集成，专利复审无效案件多模式审理试点和专利权评价报告试点有序开展。持续加强知识产权保护规范化市场建设，截至2021年年底，知识产权保护规范化市场达120家。❶

（3）加强知识产权行政执法队伍建设。

首先，强化行政执法队伍工作能力。2020年4月，国家知识产权局举办在新《专利法》施行前的首期专利执法保护专题培训班，围绕专利侵权纠纷行政裁决工作中涉及的侵权判断重点难点问题，对专利执法概述、专利侵权纠纷行政裁决程序规定、发明及实用新型专利侵权判断、外观设计专利侵权判断、专利纠纷行政调解等内容系统讲解，相关省市知识产权局有关负责人共计64人参加线下培训，知识产权保护司、专利局复审和无效审理部200余人以线上形式完成培训。❷ 其次，加快知识产权审判专业化人才培养步伐。最高人民法院积极统筹全国知识产权审判专业化人才培养工作，通过召开专业研讨会议、组织业务培训、完善司法数据库、出版业务指导书籍、开展干部交流等方式提升队伍能力素质。❸

四、专利运用

（一）专利运用情况

1. 专利实施情况调查

2022年7月，国家知识产权局发布《2021年中国专利调查报告》，❹ 调查

❶ 2021年中国知识产权保护状况［R］.

❷ 2021年专利侵权纠纷行政裁决培训班在太原举办［EB/OL］.［2022-12-03］. https://www.cnipa.gov.cn/art/2021/4/7/art_53_158247.html.

❸ 2021年中国知识产权保护状况［R］.

❹ 国家知识产权局. 2021年中国专利调查报告［EB/OL］.［2022-11-30］. https://www.cnipa.gov.cn/art/2022/7/13/art_88_176539.html.

范围覆盖全国25个主要省（自治区、直辖市），调查对象涉及企业、高校和科研单位共3类专利权人及其拥有的发明、实用新型和外观设计3种专利。

（1）专利实施率。统计数据显示，2021年，我国有效专利实施率为61.1%，较上年提高3.3个百分点，呈稳步提升态势。不同类型专利权人专利实施率差异较大，其中企业的专利实施率相对较高，达67.1%，高校相对较低，为10.8%。从专利类型来看，有效外观设计专利实施率最高，达68.4%，有效发明专利实施率最低，为48.9%（见表4）。[1]

表4　不同类型专利权人有效专利实施率　（%）

类型	企业	高校	科研单位	总体
发明专利	61.6	13.8	26.5	48.9
实用新型专利	67.8	7.5	35.0	63.8
外观设计专利	70.7	7.9	24.8	68.4
总体	67.1	10.8	29.6	61.1

（2）专利产业化率。统计数据显示，我国国内有效专利产业化率总体为44.6%，较上年增长3.0个百分点。从专利权人的类型看，企业有效专利产业化率最高，为49.8%；高校有效专利产业化率最低，仅为2.3%。从专利类型来看，有效外观设计专利产业化率最高，为52.3%；有效发明专利产业化率相对较低，为35.4%（见表5）。[2]

从企业登记注册类型来看，港、澳、台商投资企业的有效专利产业化率最高，为52.1%；内资企业有效专利的产业化率最低，为47.4%。从发明专利情况来看，港、澳、台商投资企业的发明专利产业化率最高，为51.7%。从企业规模来看，中型企业有效专利的产业化率最高，为54.7%；微型企业有效专利的产业化率最低，为32.7%。从发明专利情况来看，中型企业的发

[1] 国家知识产权局．2021年中国专利调查报告［EB/OL］．［2022-11-30］．https://www.cnipa.gov.cn/art/2022/7/13/art_88_176539.html.

[2] 国家知识产权局．2021年中国专利调查报告［EB/OL］．［2022-11-30］．https://www.cnipa.gov.cn/art/2022/7/13/art_88_176539.html.

明专利产业化率最高，为54.6%。

表5　不同类型专利权人有效专利产业化率　（%）

类型	企业	高校	科研单位	总体
发明专利	46.8	3.0	15.6	35.4
实用新型专利	49.6	1.5	16.9	46.2
外观设计专利	54.2	2.0	3.4	52.3
总体	49.8	2.3	15.9	44.6

（3）专利许可使用情况。统计数据显示，我国国内有效专利许可率为5.3%，较上年下降1%，为近年来最低水平。不同类型专利权人的有效专利许可率略有差异，其中高校的专利许可率最高，达7.0%。企业的有效专利许可率最低，为5.1%。从专利类型来看，有效发明专利的许可率较高，达10.4%。有效外观设计专利和实用新型专利的许可率相对较高，分别为4.6%和3.7%（见表6）。❶

表6　不同类型专利权人有效专利许可率　（%）

类型	企业	高校	科研单位	总体
发明专利	11.1	9.0	7.9	10.4
实用新型专利	3.7	4.5	1.9	3.7
外观设计专利	4.5	6.3	9.2	4.6
总体	5.1	7.0	5.8	5.3

不同登记注册类型的企业专利许可率存在差异。内资企业有效专利的许可率最高，为9.3%；外商投资企业，港、澳、台商投资企业有效专利的许可率较低，分别为4.2%和4.8%。从发明专利情况来看，内资企业发明专利许可率最高，为10.3%。不同规模企业专利许可率略有不同，小型企业有效专

❶ 国家知识产权局．2021年中国专利调查报告［EB/OL］．［2022-11-30］．https：//www.cnipa.gov.cn/art/2022/7/13/art_88_176539.html.

利的许可率最高，为 13.6%；大型企业有效专利的许可率最低，为 4.4%。从发明专利情况来看，小型企业发明专利许可率最高，为 16.6%。

（4）专利转让情况。统计数据显示，我国国内有效专利的转让率为 4.7%，较上年提高 0.3%。不同类型专利权人的转让率具有一定差异，其中企业拥有的有效专利转让率相对较高，为 5.1%；高校的转让率相对较低，为 1.0%。从专利类型来看，发明专利的转让率相对较高，为 7.4%。实用新型专利和外观设计专利的转让率相对较低，分别为 4.1% 和 2.9%（见表 7）。❶

表 7　不同类型专利权人拥有的专利转让比例　（%）

类型	企业	高校	科研单位	总体
发明专利	9.7	1.4	2.1	7.4
实用新型专利	4.4	0.5	0.0	4.1
外观设计专利	3.0	0.0	2.5	2.9
总体	5.1	1.0	1.3	4.7

（5）专利作为财产作价入股情况。统计数据显示，我国国内有效专利的作价入股率为 0.8%，较上年下降 2%。不同类型专利权人专利作价入股比例具有一定差异，高校有效专利作价入股率为 0.9，企业为 0.8%，科研单位为 0.7%。从专利类型来看，发明专利的作价入股率最高，为 1.1%；外观设计专利的作价入股率相对较低，为 0.5%（见表 8）。❷

（6）专利质押融资情况。2021 年，我国专利质押融资金额达 2 199亿元，同比增长 41.1%，❸ 专利质押融资规模进一步扩大，普惠性进一步凸显。

---

❶ 国家知识产权局 .2021 年中国专利调查报告［EB/OL］.［2022 - 11 - 30］. https://www.cnipa.gov.cn/art/2022/7/13/art_88_176539.html.

❷ 国家知识产权局 .2021 年中国专利调查报告［EB/OL］.［2022 - 11 - 30］. https://www.cnipa.gov.cn/art/2022/7/13/art_88_176539.html.

❸ 国家知识产权局 2021 年度报告［R］.

表 8　不同类型专利权人有效专利作价入股比例　　（%）

类型	企业	高校	科研单位	总体
发明专利	1.0	1.2	1.1	1.1
实用新型专利	0.7	0.6	0.0	0.7
外观设计专利	0.5	0.0	0.0	0.5
总体	0.8	0.9	0.7	0.8

2021 年各地区充分发挥专利质押融资作用，及时纾困助企。2021 年，江苏省知识产权质押融资登记额超过 200 亿元，服务企业近 3 000家。❶ 2022 年上半年，湖北省专利质押项目数 239 个，融资额 27.15 亿元，同比增长 21.9%，其中普惠贷款质押项目数 198 个，占质押总数的 82.8%。❷ 据国家知识产权局统计，2022 年上半年，我国专利商标质押融资金额为 1 626.5亿元，同比增长 51.5%，惠及企业 9 760家，同比增长 68.0%。数据均表明我国知识产权运用水平的逐步提升。

2. 专利价值与价值实现

（1）专利收益情况。

①专利自行产业化收益情况。数据显示，2021 年我国专利权人自行产业化的专利，收益在 10 万~50 万元、100 万~500 万元、50 万~100 万元的比例较高，分别为 18.3%、18.2%、17.6%，没有收益的占比为 6.5%（见图 4）。❸

不同专利类型的收益情况不同。其中，发明专利自行产业化收益较高，有 25.4% 的发明专利收益在 500 万元以上，而实用新型专利和外观设计专利收益达 500 万元以上的仅为 11.1% 和 10.5%。实用新型专利和外观设计专利

❶ 江苏省知识产权局与平安银行对接交流知识产权质押融资工作［EB/OL］.［2022-12-03］. https：//www.cnipa.gov.cn/art/2021/12/28/art_57_172483.html.

❷ 我省上半年知识产权质押融资入园惠企行动成效明显［EB/OL］.［2022-12-03］. http：//zscqj.hubei.gov.cn/fbjd/dtyw/202207/t20220719_4226913.shtml.

❸ 国家知识产权局. 2021 年中国专利调查报告［EB/OL］.［2022-11-30］. https：//www.cnipa.gov.cn/art/2022/7/13/art_88_176539.html.

自行产业化收益大多在 50 万元以下。

②专利许可收益情况。数据显示，专利许可没有收益的占比最高，达 26. 9%。许可收益在 5 万元以下和 10 万～50 万元的分别占比为 24. 0% 和 14. 7%（见图 5）。[1]

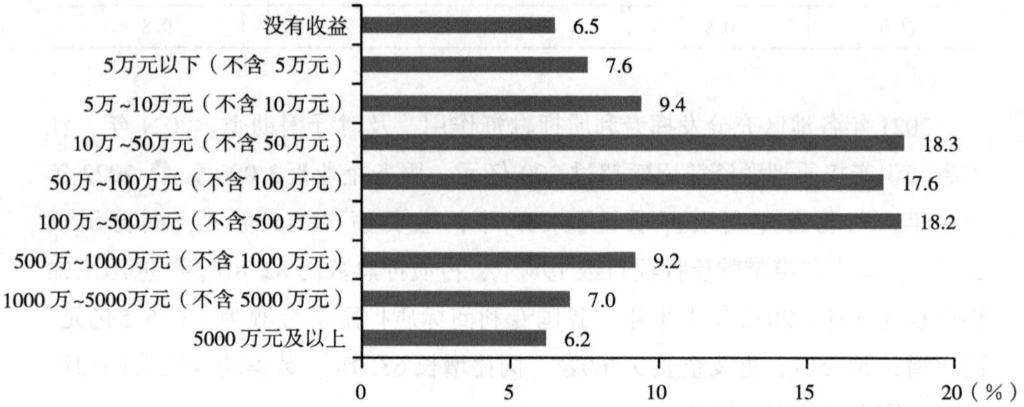

图 4　专利自行产业化收益情况

不同专利权人类型的专利许可收益情况不同。其中，企业专利没有许可收益和许可收益在5 000万元以上的比例高于高校和科研单位，分别为 32. 5% 和 2. 9%；高校专利许可收益 5 万元以下和 5 万～10 万元的比例高于企业和科研单位，分别为 35. 8% 和 18. 1%；科研单位专利许可收益在 10 万～100 万元和 100 万～500 万元的比例累计约为 41. 3% 和 10. 2%。

（2）专利预期收入。数据显示，我国专利权人较为看好未来一年的专利运用情况。其中，近九成企业对未来专利收益情况有明确预期。具体来说，有 59. 7% 的企业专利权人预期未来一年专利产业化收益将进一步增长，较上年提高 21. 5 个百分点。其中，预期大幅增长的比例为 13. 4%，预期小幅增长的比例为 46. 3%。此外，仅有 1. 4% 的企业预计收益将有所下降，彰显了我国

[1] 国家知识产权局．2021 年中国专利调查报告［EB/OL］．［2022－11－30］．https：//www. cnipa. gov. cn/art/2022/7/13/art_88_176539. html.

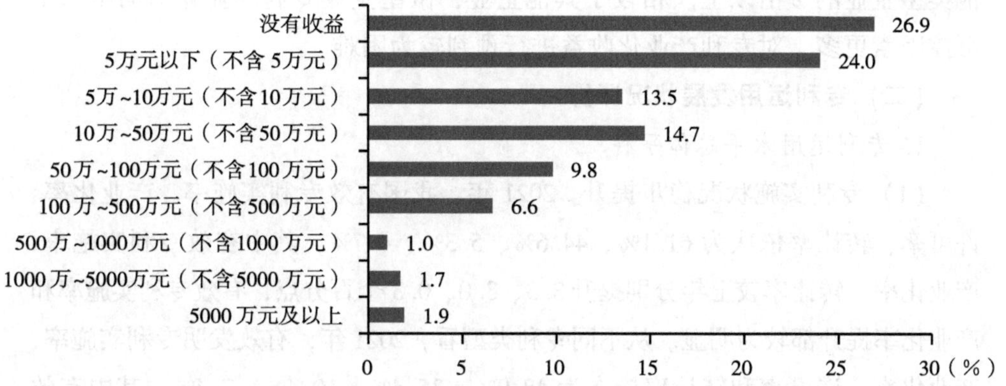

图5　专利许可收益情况

专利权人对未来一年专利实施的信心（见图6）。❶

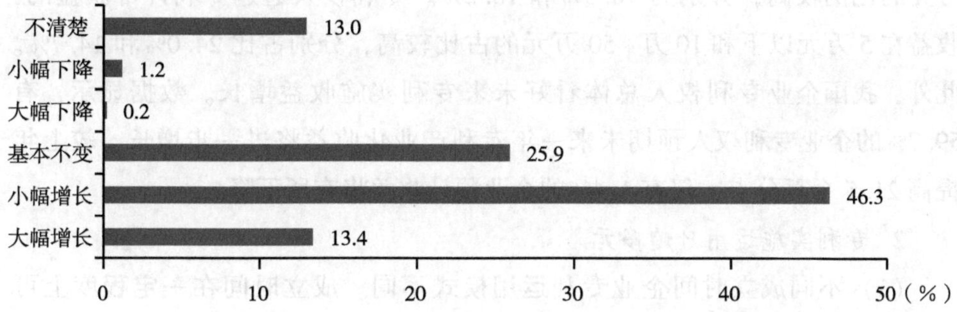

图6　企业专利权人预期专利产业化带来的收益变化情况

不同企业规模对专利实施收益的预期不同，中型企业预期专利产业化收益增长的比例较高，为65.9%。微型企业专利产业化收益预期相对较弱，44.1%的微型企业认为未来一年专利产业化收益会有所增长。此外，微型企

❶ 国家知识产权局．2021年中国专利调查报告［EB/OL］．［2022－11－30］．https://www.cnipa.gov.cn/art/2022/7/13/art_88_176539.html.

业对未来一年专利产业化收益无法预判的比例也相对较高，达 24.2%，是其他类型企业的 2 倍以上。相较于其他企业，微型企业专利产业化活动中的不可控因素更多，对专利产业化收益进行预判较为困难。

（二）专利运用发展状况评价

1. 专利运用水平总体平稳

（1）专利实施状况稳步提升。2021 年，我国有效专利实施率、产业化率、许可率、转让率依次为 61.1%、44.6%、5.3%、4.7%，其中有效专利实施率、产业化率、转让率较上年分别提升 3.3、3.0、0.3 个百分点，有效专利实施率和产业化率提升都较为明显。从不同专利类型看，2021 年，有效发明专利实施率、产业化率、许可率和转让率依次为 48.9%、35.4%、10.4%、7.4%，其中有效发明专利产业化率、许可率和转让率较上年分别提升 0.7、2.5、1.2 个百分点。

（2）专利运用成效显著。2021 年，我国专利权人的专利实施收益情况较好。其中，专利权人自行产业化的专利，收益在 10 万~50 万元和 100 万~500 万元的比例较高，分别为 18.3% 和 18.2%。专利权人通过专利许可获益的，收益在 5 万元以下和 10 万~50 万元的占比较高，分别占比 24.0% 和 14.7%。此外，我国企业专利权人总体看好未来专利实施收益增长。数据显示，有 59.7% 的企业专利权人预期未来一年专利产业化收益将进一步增长，较上年提高 21.5 个百分点，仅有 1.4% 的企业预计收益将有所下降。

2. 专利实施运用日趋多元

（1）不同成立时间企业专利运用模式不同。成立时间在一定程度上可以体现企业所处发展阶段，不同发展阶段企业专利运用模式存在差异。成立时间越长的企业专利产业化率越高，成立时间超过 20 年的企业专利产业化率较企业总体高出 1.7%。专利许可方面，不同成立时间的企业之间差异不大（见图 7）。❶

（2）企业专利实施运用最为活跃。在各类专利权人中，企业专利权人的

❶ 国家知识产权局．2021 年中国专利调查报告［EB/OL］．［2022-11-30］．https://www.cnipa.gov.cn/art/2022/7/13/art_88_176539.html.

有效专利实施率最高，为 67.1%。从专利类型看，企业发明专利实施率为 61.6%，实用新型专利实施率为 67.8%，外观设计专利实施率为 70.7%。企业有效专利产业化率也保持在较高水平，企业发明专利产业化率为 46.8%，实用新型专利产业化率为 49.6%，外观设计专利产业化率为 54.2%，均显著高于高校、科研单位。

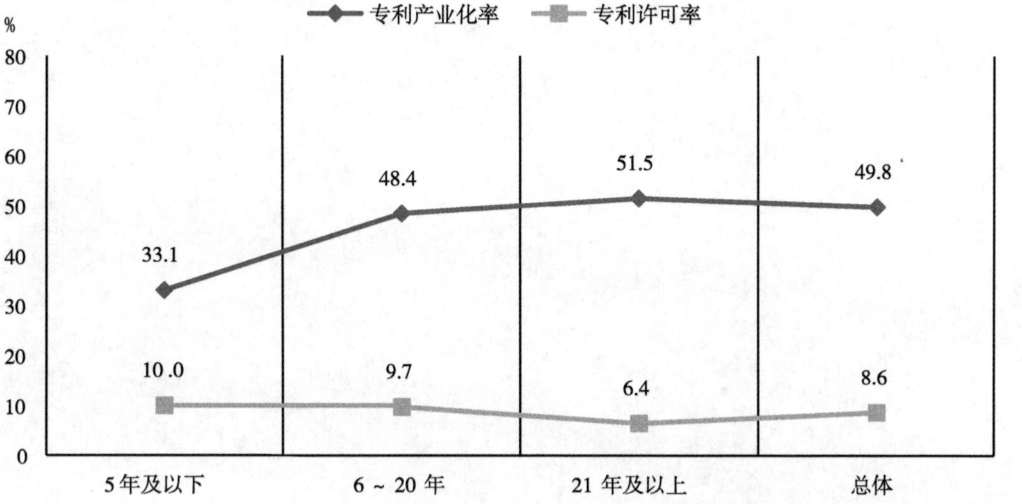

图 7 不同成立时间企业专利产业化率与专利许可率比较

3. 国际专利技术交易存在局限

调查显示，有 11.1%的企业曾遇到专利技术引进难的问题。从企业成立时间来看，不同成立时间的企业遇到专利技术引进难的情况比例不同。成立时间越长，企业遇到专利技术引进难的比例越高。其中，成立时间超过 20 年的企业遇到专利技术引进难的比例最高，为 11.7%；成立时间在 5 年以下的企业最低，为 9.4%。从企业登记注册类型来看，内资企业遇到专利技术引进难的比例高于港澳台商投资企业和外商投资企业，为 11.3%。从企业规模来看，企业规模越大，专利技术引进难的问题越突出。其中，大型企业遇到专利技术引进难的比例最高，为 13.0%；微型企业最低，为 7.2%。此外，国家高新技术企业遇到专利技术引进难的比例高于非国家高新技术企业，为11.7%。❶针对专利技术引进难的问题，我国仍需要加大研发投入，提升自主创新能力，降低核心技术对外依赖度。

❶ 国家知识产权局 .2021 年中国专利调查报告［EB/OL］.［2022 - 11 - 30］. https：//www. cnipa. gov. cn/art/2022/7/13/art_88_176539. html.

中国商标发展报告（2021—2022）

彭学龙　付怡蒙*

2022年是《知识产权强国建设纲要（2021—2035年）》和《“十四五”国家知识产权保护和运用规划》实施第二年，以建设中国特色、世界水平的知识产权强国为目标，深入贯彻落实党的二十大关于知识产权工作的决策部署，加快推进知识产权强国建设，更好服务党和国家事业发展大局，我国商标制度建设进一步完善，商标授权确权工作稳步推进，商标保护取得重大进展。2021—2022年商标法律制度发展详情报告如下。

一、商标制度建设

（一）中共中央和国务院总体工作部署

1. 国务院知识产权战略实施工作部际联席会议办公室关于印发《知识产权强国建设纲要和“十四五”规划实施年度推进计划》的通知（国知战联办〔2021〕16号）

为贯彻落实《知识产权强国建设纲要（2021—2035年）》和《“十四

* 彭学龙，中南财经政法大学知识产权研究中心主任、教授；付怡蒙，中南财经政法大学知识产权法学硕士研究生。

五”国家知识产权保护和运用规划》，深入实施知识产权强国战略，加快建设知识产权强国，明确2021—2022年度重点任务和工作措施，国务院知识产权战略实施工作部际联席会议制定年度推进计划。《知识产权强国建设纲要和“十四五”规划实施年度推进计划》从完善知识产权制度、强化知识产权保护、完善知识产权市场运行机制、提高知识产权公共服务水平、营造良好的知识产权人文社会环境、深度参与全球知识产权治理和加强组织保障七个方面，具体落实中央组织部、中央宣传部、中央政法委、中央网信办、最高人民法院、最高人民检察院、外交部、发展改革委、教育部、科技部、工业和信息化部、公安部、司法部、财政部、人力资源社会保障部、生态环境部、农业农村部、商务部、文化和旅游部、卫生健康委、人民银行、国资委、海关总署、市场监管总局、广电总局、统计局、国管局、中科院、银保监会、证监会、国防科工局、林草局、邮政局、中医药局、知识产权局、中央军委装备发展部、贸促会、中国科协各部门责任，对推进《知识产权强国建设纲要（2021—2035年）》和《“十四五”国家知识产权保护和运用规划》的分阶段实现具有重大意义。其中，与商标工作直接相关的具体事项如下。

（1）推进制定《商标代理管理办法》。推进知识产权基础性法律研究论证，做好《商标法》进一步修改研究论证，做好地理标志专门立法论证。（市场监管总局、农业农村部、知识产权局负责）

（2）加大对重点领域和区域的专利、商标、版权执法力度，加强网络交易知识产权保护。（中央宣传部、市场监管总局按职责分工负责）

（3）健全跨部门知识产权行政保护协作机制。强化驰名商标全链条保护，加大对知名品牌合法权益的保护。（知识产权局负责）

（4）制定落实《关于进一步加强地理标志保护的指导意见》，深化地理标志专用标志使用核准改革。加强特殊标志、官方标志和奥林匹克标志保护。（知识产权局、市场监管总局负责）

（5）优化“十四五”知识产权发展指标，强化质量导向，制定推动知识产权高质量发展年度工作指引，加强知识产权质量统计监测和反馈，推动地方全面取消对专利商标申请阶段的资助。严厉打击不以保护创新为目的的非

正常专利申请和不以使用为目的的商标恶意注册行为。(知识产权局负责)

(6) 持续提升知识产权审查质量和效率，加强智能化审查技术应用，完善审查绿色通道，建立和完善专利、商标全流程审查质量管控机制。贯彻实施《商标审查审理指南》，全面实施商标注册审签机制改革。(知识产权局负责)

(7) 深入实施商标品牌战略，推动产业集群品牌和区域品牌商标化，印发《关于进一步加强商标品牌指导站建设的通知》，推动开展商标品牌指导站建设。(知识产权局负责)

(8) 启动实施地理标志助力乡村振兴行动。(知识产权局、农业农村部负责)

(9) 深入实施地理标志农产品保护工程。(农业农村部、知识产权局按职责分工负责)

(10) 推动落实《区域全面经济伙伴关系协定》(RCEP) 知识产权章节和《中欧地理标志保护与合作协定》。(中央宣传部、外交部、农业农村部、商务部、林草局、知识产权局按职责分工负责)

《知识产权强国建设纲要和"十四五"规划实施年度推进计划》主要从完善商标立法、加强商标行政保护、规制商标恶意注册、推动商标品牌战略、加强商标综合运用和深度参与全球商标合作方面，部署2021—2022年商标工作推进计划。

2. 国务院关于印发《"十四五"市场监管现代化规划》的通知(国发〔2021〕30号)

为深入贯彻党中央、国务院决策部署，建设科学高效的市场监管体系，全面提高市场综合监管效能，更大激发各类市场主体活力，持续优化营商环境，根据《中华人民共和国国民经济和社会发展第十四个五年规划和2035年远景目标纲要》，编制《"十四五"市场监管现代化规划》。该"规划"以习近平新时代中国特色社会主义思想为指导，全面贯彻党的十九大和十九届历次全会精神，立足新发展阶段，完整、准确、全面贯彻新发展理念，构建新发展格局，坚持统筹发展和安全、效率和公平、活力和秩序、国内和国际，围绕“大市场、大质量、大监管”一体推进市场监管体系完善和效能提升，推进市场监管现代化，着力营造市场化法治化国际化营商环境、激发市场活力。其中，与商标工作直接相关的具体事项如下。

（1）完善企业创新服务体系。全面取消对专利和商标申请阶段的资助和奖励，完善防止知识产权滥用相关制度。

（2）加大线上线下一体化监管力度。健全集中整治与日常监管相结合的工作机制，以食品药品、保健用品、防疫用品、老人儿童用品等民生商品为重点，严厉打击线上市场假冒伪劣、虚假宣传、消费欺诈等违法行为，切实规范线上营销秩序。

（3）加强新产业新业态新模式市场秩序监管。及时跟进新产业新业态新模式竞争行为监管，强化对电子数据的取证固证，有效防范和解决虚假宣传、侵权假冒、误导消费等问题。密切监测“互联网+服务业”市场竞争秩序，及时查处相关违法行为。

（4）有效遏制假冒伪劣乱象。加强对假冒伪劣产品类别和制售流通重点市场、重点区域、重点环节的分析研判，落实监管责任，强化整治措施。持续开展打击侵犯知识产权和制售假冒伪劣商品行动，强化假冒伪劣源头治理。

3.《国务院办公厅关于进一步优化营商环境降低市场主体制度性交易成本的意见》（国办发〔2022〕30号）

为深入贯彻党中央、国务院决策部署，打造市场化法治化国际化营商环境，降低制度性交易成本，提振市场主体信心，助力市场主体发展，为稳定宏观经济大盘提供有力支撑，经国务院同意，提出《关于进一步优化营商环境降低市场主体制度性交易成本的意见》。该“意见”要求持续加强知识产权保护，严格知识产权管理，及时查处违法使用商标和恶意注册申请商标等行为，完善集体商标、证明商标管理制度，规范地理标志集体商标注册及使用。加强对企业海外知识产权纠纷应对的指导，2022年年底前，发布海外重点国家商标维权指南。

（二）国家市场监督管理总局的工作布局

1.《商标代理监督管理规定》（国家市场监督管理总局令第63号）

为了规范商标代理行为，提升商标代理服务质量，维护商标代理市场的正常秩序，促进商标代理行业健康发展，根据《中华人民共和国商标法》（以下简称《商标法》）、《中华人民共和国商标法实施条例》（以下简称《商标法实施条例》）以及其他有关法律法规，制定《商标代理监督管理规定》（以下简称《规定》）。

（1）制定的背景和必要性。

《商标法》和《商标法实施条例》颁布实施以来，在规范商标代理行为、引导商标代理机构规范经营、提升服务质量、促进行业发展等方面取得了良好的社会效果。但是，随着我国经济社会快速发展，商标代理领域也出现一些新情况、新问题。

一是涉及商标代理的法律规定有待完善。需要通过部门规章，细化落实《商标法》和《商标法实施条例》的有关规定，特别是2019年《商标法》最新修改有关规制恶意商标注册申请的内容，以应对行业快速发展中出现的复杂问题，为商标代理监管工作提供明确的法律支撑。

二是商标代理行为不够规范，引发社会舆论关注。近年来，随着商标代理行业准入门槛降低，商标代理机构从2003年的100多家，猛增到近7万家，在数量急剧增长的同时，实际具备一定业务量的代理机构不多，部分代理机构管理不规范、服务质量参差不齐，甚至出现从事或者帮助委托人恶意抢注、囤积交易商标、不正当维权等违法行为，既损害了当事人合法权益，也扰乱了市场秩序，对行业发展造成负面影响，给行业监管和治理带来巨大挑战，亟须进一步加强对商标代理行为的有效规范。

三是商标代理监管法律授权不足，缺乏明确执法依据。监管手段少、监管力量弱、信用监管不足，须进一步规范工作流程，严格依法行政。

因此，为增强法律法规的可操作性，适应商标代理行业发展的现实需要，解决实践中出现的问题，推动商标代理行业走高质量发展之路，有必要制定《规定》。❶

❶ 国家知识产权局．关于《商标代理监督管理规定》的说明［EB/OL］．［2022-12-08］．http：//sbj. cnipa. gov. cn/sbj/zcwj/202211/t20221110_23356. html.

（2）《规定》的主要内容。

《规定》在起草思路上主要为以下三点：一是完善商标代理法律制度，梳理细化相关法律规定，保障法律实施；二是明确商标代理行为规范，督促商标代理机构规范经营，提升代理服务水平和服务质量；三是优化商标代理监管方式，加强事先备案和事中、事后监管，保障当事人合法权益，提高监管效能。《规定》共5章43条，重点内容包括：总则部分（第1~4条）、规范商标代理机构备案制度（第5~9条、第36条）、明确商标代理行为规范（第10~19条）、丰富商标代理监管手段（第20~26条）和完善对商标代理违法行为的处理措施（第27~39条）。此外，《规定》第40~42条还明确法律法规对商标代理机构经营活动违法行为的处理另有规定的，从其规定；律师事务所和律师从事商标代理业务除遵守法律法规和该《规定》外，还应当遵守国家其他有关规定；商标代理机构以外的其他机构或者个人违反该《规定》从事商标代理业务及有关的其他活动，参照《规定》处理。《规定》从备案入口、执业规范、监管手段、违规处罚等多个环节入手，提出有针对性的治理措施，实施后将从根本上扭转商标代理行业发展无序、监管无力的问题，更好适应商标事业高质量发展的需要。

2. 市场监管总局关于印发《“十四五”市场监管科技发展规划》的通知（国市监科财发〔2022〕29号）

为贯彻落实党中央、国务院关于科技创新的决策部署和《“十四五”市场监管现代化规划》等有关要求，全面深入推进市场监管科技发展，制定《“十四五”市场监管科技发展规划》。该“规划”指出，从国际看，当今世界正经历百年未有之大变局，新冠疫情影响广泛深远，全球产业链供应链面临重塑，科技竞争成为国际竞争焦点。把握全球科技创新的前沿趋势，要求健全知识产权公共服务体系，加强知识产权公共服务平台建设和数据资源供给，强化针对中小微企业的知识产权公共服务；推动知识产权保护线上线下融合发展，加大知识产权信息研究分析和传播利用，提升数据共享和业务协同能力。推进知识产权行政执法体系建设，强化新领域新业态知识产权保护。加强地理标志的统一认定和保护，强化地理标志专用标志使用监管，建设国家地理标志产品保护示范区。

3.《关于禁止销售"军"字号烟酒等商品的通告》（军后需能〔2022〕236号）

为了维护人民军队良好形象、社会公共利益和市场经营秩序，打击部分经营者公开或变相冒用军队名义，使用军队特定含义字样和图案，生产销售"军中茅台""军队专供"等假冒伪劣商品行为，发布《关于禁止销售"军"字号烟酒等商品的通告》。其中，与商标工作直接相关的具体事项如下。

（1）严禁线上线下销售"军"字号烟酒等商品。"军"字号烟酒等商品，指在商品或包装上印刷、刻制、铸造包括但不限于"军事单位名称""部队番号或者代号""涉军特定含义字样"和"军用标志物图案或者类似图案"等字样或者图案，易误导消费者、造成涉军负面影响的商品。

（2）严密组织"军"字号烟酒等商品监管。相关职能部门要密切配合，加强对违规生产、销售"军"字号烟酒等商品和涉军商标注册监管，对发现的问题坚决予以纠正，对拒不整改、顶风违法违规的，依法依规严肃查处。

（三）国家知识产权局的具体工作成果

1. 深入实施《关于强化知识产权保护的意见》推进计划（2022年10月28日）

为深入贯彻习近平总书记在十九届中央政治局第二十五次集体学习时的重要讲话精神，全面落实党中央、国务院关于强化知识产权保护的决策部署，高标准落实《关于强化知识产权保护的意见》，坚持严格保护、统筹协调、重点突破、同等保护，促进保护能力和水平整体提升，有力支撑知识产权强国建设，制定《关于强化知识产权保护的计划》。其中，与商标具体工作相关之处体现在如下方面。

（1）进一步修改完善《商标法》《商标法实施条例》及相关法律规范。（持续推进）

（2）研究制定商标行政执法指导手册。深入开展调研，积极破解商标行政执法中存在的难点问题，进一步完善调查取证规则，规范违法经营额计算。

（2023 年 12 月底前完成）

（3）持续提升商标审查能力，一般情形商标注册审查周期稳定在 7 个月，马德里领土延伸申请实质审查平均审查周期稳定在 4 个月。（2022 年 12 月底前完成并持续推进）

（4）制定实施《商标注册申请快速审查办法（试行）》。（持续推进）

（5）加强规制商标恶意注册行为，及时转交恶意商标注册及重大不良影响案件线索。（持续推进）

（6）严格涉及商标恶意注册案件的审查标准。（持续推进）

（7）推动自由贸易协定知识产权章节谈判。用好自由贸易协定委员会、中欧地理标志联委会、中日创新合作论坛等知识产权交流机制，进一步加强知识产权保护交流合作与磋商谈判。（持续推进）

2.《关于知识产权助力专精特新中小企业创新发展若干措施》（国知发运字〔2022〕38 号）（2022 年 10 月 13 日）

为深入贯彻习近平总书记关于“着力在推动企业创新上下功夫，加强产权保护，激发涌现更多专精特新中小企业”的重要指示精神，全面落实党中央、国务院支持专精特新中小企业发展的决策部署，扎实推进中共中央、国务院印发的《知识产权强国建设纲要（2021—2035 年）》和国务院印发的《“十四五”国家知识产权保护和运用规划》，工业和信息化部等 19 部门印发的《“十四五”促进中小企业发展规划》，以及国务院促进中小企业发展工作领导小组办公室印发的《为“专精特新”中小企业办实事清单》，深化实施中小企业知识产权战略推进工程，助力专精特新中小企业创新发展，推动更多中小企业走好“专精特新”发展之路，特制定《关于知识产权助力专精特新中小企业创新发展若干措施》。该“措施”以专精特新中小企业等为主体，组织上千家企业率先开展试点，引导企业发挥商标与专利的组合效应，提升品牌附加值和市场竞争力。开展“百城百品”区域品牌建设，支持各地充分运用集体商标、证明商标制度，依托有条件的中小企业特色产业集群、先进制造业集群等培育制造业、服务业和新型农业等特色区域品牌。各地方知识产权管理部门要加强商标品牌指导站的规范管理和能力建设，面向专精特新中小企业提供专业化服务，创建一批中小企业商标品牌建设指导服务样板。

3.《关于知识产权政策实施提速增效　促进经济平稳健康发展的通知》（国知发运字〔2022〕25号）（2022年5月30日）

为深入贯彻习近平总书记“疫情要防住、经济要稳住、发展要安全”的重要指示精神，全面落实全国稳住经济大盘电视电话会议部署要求，高效统筹疫情防控和经济社会发展，以更强的紧迫感、更高的主动性抢抓当前关键时间窗口，进一步推进知识产权政策实施提速增效，促进经济平稳健康发展，发布《关于知识产权政策实施提速增效　促进经济平稳健康发展的通知》。其中，与商标具体工作相关之处体现在如下方面。

（1）便利知识产权申请注册和权利救济。继续执行好《关于专利、商标、集成电路布图设计受疫情影响相关期限事项的公告》（国家知识产权局公告第三五零号），以便利受疫情影响市场主体办理知识产权事务、减轻市场主体负担为原则，放宽恢复权利请求证明材料的要求。充分发挥商标注册申请快速审查、知识产权保护中心等机制作用，全力支持疫情防控和经济社会发展。对受疫情影响较大地区提出的有助于当地特色经济发展的集体商标、证明商标和地理标志商标注册、地理标志产品认定、地理标志专用标志核准，在符合相关条件下提前审查。

（2）发挥商标和地理标志品牌作用引导促进消费。各地要指导商标品牌指导站、地理标志展示推广中心对餐饮、文旅等受疫情影响较大的行业开展重点帮扶，组织品牌集中宣传推介等公益服务，提升品牌声誉，引领带动消费，形成一批以商标和地理标志品牌助力企业渡过难关的典型案例。

（3）用好知识产权质押途径支持中小微企业融资。各地要深入开展知识产权质押融资入园惠企行动，集中组织政策宣讲、需求调研、银企对接等系列活动，以知识产权、信用数据为基础，综合知识产权获奖、试点示范称号、贷款偿还等情况，推动建立企业“白名单”筛选机制。重点发挥商标质押独特作用，摸清受疫情影响较大的餐饮、文旅等行业融资需求，一体推进“快评、快审、快登、快贷”。充分利用普惠金融政策利好，做好知识产权质押贷款存量企业还款能力调查，加大受困市场主体知识产权质押贷款利息、评估、保险等有关费用补贴力度。

4.《餐饮行业商标注册申请与使用指引（试行）》（2022 年 4 月 26 日）

为普及商标法律知识，针对有关餐饮行业商标注册申请和使用环节出现的问题，重点就常见的误认、缺乏显著特征以及含地名标志等问题作出细化解释和说明，引导相关市场主体规范提交商标注册申请，合理行使商标专用权，维护公平公正的餐饮行业市场秩序，根据《商标法》及《商标法实施条例》《商标审查审理指南》，结合餐饮行业特点，制定《餐饮行业商标注册申请与使用指引（试行）》（以下简称《指引》）。

（1）制定目的。

引导商标申请“注册有德”。《指引》旨在引导相关市场主体申请注册商标时要遵循诚实信用原则，避免适用容易导致误认的标志并应选取具有较强显著特征的标志申请注册商标。同时，在使用含地名的标志申请注册时，还应当遵循必要性和真实性的原则。

引导商标使用“行权有界”。《指引》旨在通过列出规范使用注册商标以及正当合理行使商标专用权的注意事项，引导商标专用权人遵循权利不得滥用原则，不得禁止他人正当使用商标中包含的餐饮行业通用名称、地名等公共资源。同时，引导其他市场主体正当使用相关标志，避免产生商标侵权纠纷。

（2）《指引》的适用范围。

《指引》所称餐饮行业相关商品或服务主要涉及《类似商品和服务区分表》中第 29 类、第 30 类、第 31 类、第 32 类、第 33 类、第 40 类、第 43 类等中与餐饮相关的商品餐饮行业商标注册申请与使用指引或服务项目。

《指引》所称地名是指被相关公众识别为具有地理描述性且容易被认为是表明所指定的商品或服务来源的标志，不限于《商标法》第 10 条第 2 款所规定的县级以上行政区划地名和公众知晓的外国地名。

（3）《指引》的主要内容。

《指引》包括易产生误认的餐饮行业标志常见情形、缺乏显著特征的餐饮行业标志常见情形和餐饮行业注册商标专用权的合理行使三部分。

其中，易产生误认的餐饮行业标志常见情形包括：标志容易使公众对餐饮类商品或服务的质量、品质、等级等特点产生误认；标志容易使公众对餐饮类商品的功能、用途等特点产生误认；标志容易使公众对餐饮类商品的种类、主要原料、成分等特点产生误认；标志容易使公众对餐饮类商品的重量、数量、价格、生产时间、工艺、技术等特点产生误认；标志容易使公众对餐饮服务的内容、性质等特点产生误认；标志含地名容易导致公众对餐饮类商品或服务的产地产生误认。

缺乏显著特征的餐饮行业标志常见情形：标志仅有餐饮类商品或服务项目的通用名称、通用图形；标志仅直接表示餐饮类商品或服务的质量、主要原料、功能、用途、重量、数量及其他特点；其他缺乏显著特征的情形；标志中含地名导致缺乏显著特征的情形；标志中含有不具备显著特征部分的情形。

餐饮行业注册商标专用权的合理行使：注册商标的规范使用；注册商标专用权人的合理维权；其他市场主体的正当使用。

5.《最高人民检察院　国家知识产权局关于强化知识产权协同保护的意见》（国知发保字〔2022〕20号）（2022年4月25日）

为深入贯彻党中央关于全面加强知识产权保护的决策部署，认真落实中共中央、国务院印发的《知识产权强国建设纲要（2021—2035年）》和国务院印发的《“十四五”国家知识产权保护和运用规划》，优化协作配合机制，强化协同保护力度，整合知识产权行政和司法资源，深化知识产权管理部门与检察机关在知识产权保护工作中的合作，共同推动构建知识产权“严保护、大保护、快保护、同保护”工作格局，提出《最高人民检察院　国家知识产权局关于强化知识产权协同保护的意见》。该“意见”指出，对于案件中涉及的商标的使用、相同商标、同一种商品、假冒专利行为等认定问题，检察机关可以依据相关司法解释和国家知识产权局制定的专利侵权判断标准、专利审查指南、商标侵权判断标准、商标一般违法判断标准、商标审查审理指南等综合审查认定；必要时，可以商请同级知识产权管理部门提供专业意见，知识产权管理部门应当及时答复。同级知识产权管理部门对相关问题无法认定的，可以逐级请示上级知识产权管理部门，也可以由检察机关逐级请示上级检察机关。

6.《商标注册申请快速审查办法（试行）》（国家知识产权局第 467 号公告）（2022 年 1 月 14 日）

为服务国家高质量发展，落实知识产权领域“放管服”改革决策部署，依法快速审查涉及国家利益、社会公共利益或者重大区域发展战略的商标注册申请，根据《商标法》和《商标法实施条例》的有关规定，结合商标工作实际，制定《商标注册申请快速审查办法（试行）》。该“办法”规定了商标注册申请快速审查的适用情形、办事条件、申请条件、审查时限和相关主体的权利和义务方面等。

其中，有下列情形之一的商标注册申请，可以请求快速审查：

（1）涉及国家或省级重大工程、重大项目、重大科技基础设施、重大赛事、重大展会等名称，且商标保护具有紧迫性的；

（2）在特别重大自然灾害、特别重大事故灾难、特别重大公共卫生事件、特别重大社会安全事件等突发公共事件期间，与应对该突发公共事件直接相关的；

（3）为服务经济社会高质量发展，推动知识产权强国建设纲要实施确有必要的；

（4）其他对维护国家利益、社会公共利益或者重大区域发展战略具有重大现实意义的。

7.《地理标志保护和运用“十四五”规划》（国知发保字〔2021〕37 号）（2021 年 12 月 31 日）

为贯彻落实《知识产权强国建设纲要（2021—2035 年）》《“十四五”国家知识产权保护和运用规划》《关于强化知识产权保护的意见》，提升地理标志保护和运用水平，制定《地理标志保护和运用“十四五”规划》（以下简称《规划》）。《规划》以习近平新时代中国特色社会主义思想为指导，全面贯彻党中央、国务院全面加强知识产权保护的决策部署，根据《“十四五”国家知识产权保护和运用规划》部署要求，对“十四五”时期我国地理标志保护和运用作出系统谋划，同时做好与知识产权“十四五”规划的衔接，细化落实《“十四五”国家知识产权保护和运用规划》对地理标志领域提出的战略任务。

(1) 制定目标。

《规划》提出未来五年的主要发展目标，到2025年，地理标志制度进一步完善，保护水平显著提升，运用效益充分显现，我国地理标志产品市场竞争力和国际影响力不断增强，地理标志服务国内大循环为主体、国内国际双循环发展格局的重要作用进一步体现。

《规划》提出2025年三项具体目标：

一是地理标志保护基础更加坚实。地理标志审查认定效率和质量进一步提升，地理标志标准化体系进一步完善，地理标志保护资源统计分析制度初步建立，新建成一批特色显著、成效明显的地理标志产品保护示范区。

二是地理标志运用效益更加凸显。地理标志品牌效应显著提高，地理标志产品的市场竞争力有效增强，以地理标志品牌为核心，企业商标和区域品牌相结合，共同发展的地理标志品牌体系更加完善，地理标志相关产业链更加健全。

三是地理标志互认互保范围进一步扩大。地理标志保护国际交流合作的广度和深度进一步拓展，中国地理标志产品国际市场竞争力进一步提升。[1]

(2)《规划》的主要任务。

《规划》围绕发展目标，从夯实基础、提升水平、加强品牌建设、发展特色产业、扩大对外交流等五个方面部署了重点任务：

一是夯实地理标志保护和管理基础。积极推动地理标志专门立法工作。建立协调有序的地理标志统一认定制度，优化地理标志审查工作机制，健全地理标志标准化体系，建立地理标志保护资源动态管理制度，加强地理标志保护基础理论研究。

二是提升地理标志保护和管理水平。加强地理标志专用标志管理，强化地理标志产地质量管控，强化地理标志保护监管，增强地理标志公共服务能力。

[1] 国家知识产权局．《地理标志保护和运用“十四五”规划》解读［EB/OL］．［2022-11-15］．https：//www.cnipa.gov.cn/art/2022/1/17/art_66_172795.html.

三是加强地理标志品牌建设。强化地理标志品牌效应，提升地理标志品牌价值和影响力，打造地理标志特色会展。

四是发展地理标志特色产业。建立健全地理标志相关产业发展推进体系，强化地理标志市场主体惠益共享，加强协同运用服务地理标志产业发展，推动地理标志产业实现跨界融合发展。

五是扩大地理标志对外交流。加强地理标志国际交流合作，服务地理标志产品“走出去”。

(3)《规划》的重点工程。

为推进重点任务顺利落地落实，《规划》部署了地理标志保护工程和地理标志运用促进工程两大工程：

一是地理标志保护工程。通过开展地理标志强基计划、筑篱计划和挖潜计划实施地理标志保护提升行动，通过强化特色产品保护管理和促进特色产品品质提升实施地理标志农产品保护工程。实施地理标志保护工程是《知识产权强国建设纲要（2021—2035年）》明确的重点任务，是《“十四五”国家知识产权保护和运用规划》设立的十五个专项工程之一。

二是地理标志运用促进工程。通过提升区域品牌内涵、助力地理标志品牌推广、提升地理标志品牌影响力、加强地理标志文化知识传播实施地理标志品牌价值提升行动，通过推动产业融合、助力乡村振兴实施地理标志赋能行动。

8.《专利和商标审查“十四五”规划》(国知发法字〔2021〕41号)(2021年12月31日)

为坚决贯彻习近平总书记关于提高知识产权审查质量和审查效率的重要指示要求，落实党中央、国务院关于知识产权工作的决策部署，明确专利和商标审查“十四五”时期工作目标、任务、举措和实施蓝图，依据《中华人民共和国国民经济和社会发展第十四个五年规划和2035年远景目标纲要》《知识产权强国建设纲要（2021—2035年）》和《“十四五”知识产权保护和运用规划》，制定《专利和商标审查“十四五”规划》。其中与商标具体工作相关之处体现在如下方面。

（1）持续完善审查制度。

进一步完善商标法律法规。推进《商标法》及其实施条例进一步修改调研论证工作，适时向上级立法机关提出立法建议。持续关注修改后《商标法》的实施效果，对实施过程中出现的问题及时跟进、及时分析。

完善商标审查审理标准动态修改机制。制定《商标审查审理指南》，增加程序性规则，纳入更多具有代表性和指导性案例，细化审查审理程序中证据认定标准，增强《商标审查审理指南》的适用与指导作用。根据商业活动实践的新形势、商标申请行为的新趋势和审查审理的新需要，对《商标审查审理指南》开展常态化修订。拓宽工作思路，合理利用外部资源，不断完善涉及少数民族语言文字商标审查协作机制。充分回应市场发展需求，加强商品服务分类研究，更新可接受商品和服务项目名称。

（2）稳步提升审查质量。

优化商标审查审理质量管理机制。加强商标审查质量管理顶层设计，明确管理目标，建设质量保障体系。完善工作模式，提高及时发现问题和有效解决问题的能力。优化内部审查质量检查机制，提升监管效能。拓宽商标审查质量问题反馈渠道，加快举报信息处理速度，发挥外部质量监督对商标审查质量提升的促进作用。

强化商标审查审理协同机制。强化商标注册审查与异议、评审、撤销等各程序间的协调和衔接，探索建立科学高效的案件中止审查审理机制。充分利用信息化手段，使各审查审理环节的信息互通互联。

（3）继续提高审查效率。

建立商标快速审查审理机制。建立商标注册申请快速审查机制。畅通集体、证明商标审查绿色通道。建立商标评审审理快速通道。继续开展商标巡回评审、线上远程口头评审和线上参与商标行政诉讼，增加设立京外商标巡回评审庭。

持续压缩商标后续程序审查周期。关注市场主体反映较为集中的异议、评审、“撤三”等环节，重点提高相关审查审理环节效率。借助审查审理系统升级改造，改进工作程序，优化商标审查审理流程设置，提升工作效率。持续优化评审案件报签制度，减少报签层级，压缩平均审理周期。

（4）协同推进申请质量提升。

加大力度引导商标申请数量理性增长。加强商标领域信用监管，推动将不以使用为目的的恶意商标注册行为纳入知识产权信用监管。加强对商标代理机构监管，完善行业自律措施，加大对代理机构违法行为打击力度。

有效遏制恶意商标注册申请行为。不断完善恶意商标注册申请审查标准，加强对恶意商标注册申请行为的监控，提升对恶意商标注册申请行为的打击精准度，对重大不良影响商标注册申请严格审查。提高各环节认定恶意商标注册行为信息归集的自动化水平，加强审查审理系统自动排查的能力。

二、商标授权确权和行政保护

（一）全国商标授权确权状态

1. 商标申请和注册总量

2021 年，全国商标申请量为9 192 675件，较 2020 年增长76 221件，同比增长 0. 836%；商标注册量为7 545 358件，较 2020 年增长1 968 813件，同比增长 35. 305%（见图 1）。截至 2021 年 12 月 15 日，全国商标有效注册量达

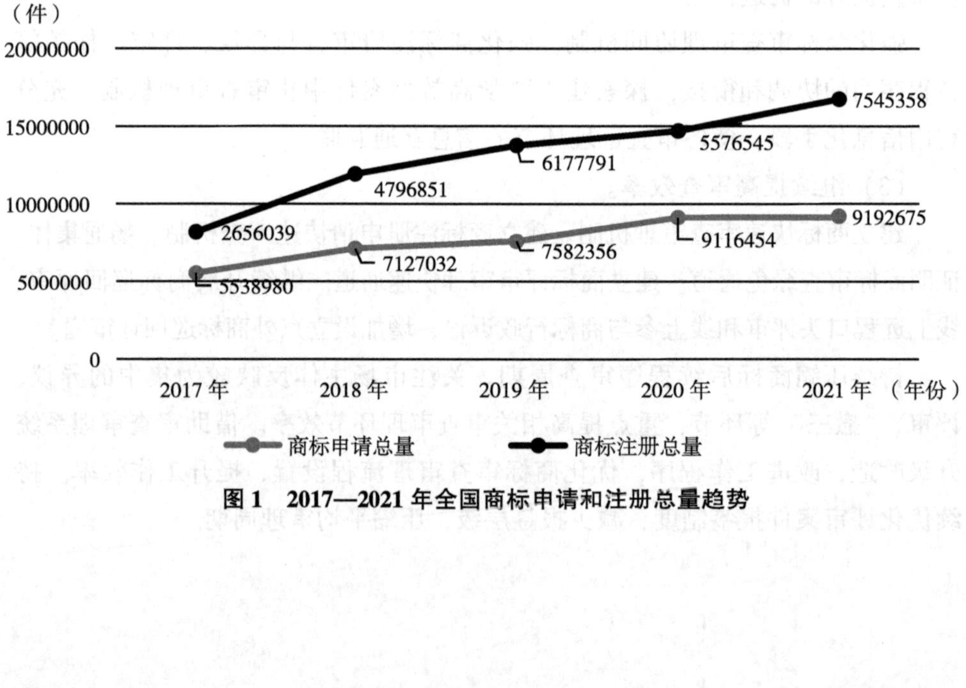

图 1　2017—2021 年全国商标申请和注册总量趋势

35 322 797件，较2020年增长6 929 609件，同比增长24.406%。

2. 商标申请及注册量地区分布情况

2021年，全国商标申请量排名前5位的地区依次为广东省（1 738 500件）、浙江省（837 586件）、北京市（641 220件）、江苏省（590 311件）和上海市（559 352件）（见表1）。其中，北京市和上海市商标申请量较2020年有所提高，同比增长率均超10%。

表1　2021年全国商标申请量前五位地区

序号	行政区划	申请量	
		总量（件）	同比增长（%）
1	广东	1 738 500	−0.996
2	浙江	837 586	−4.198
3	北京	641 220	13.588
4	江苏	590 311	−2.123
5	上海	559 352	10.706

全国商标注册量排名前5位的地区依次为广东省（1 437 978件）、浙江省（748 628件）、江苏省（507 784件）、山东省（465 216件）和福建省（446 895件）（见表2）。相较于2020年，5个省（市）的商标注册量同比增长均超30%。

表2　2021年全国商标注册量前五位地区

序号	行政区划	注册量	
		总量（件）	同比增长（%）
1	广东	1 437 978	33.164
2	浙江	748 628	32.196
3	江苏	507 784	38.118
4	山东	465 216	33.013
5	福建	446 895	34.713

3. 全国商标有效注册量

截至 2021 年 12 月 15 日，全国商标有效注册量为 35 322 797件，相较于 2017 年增幅达 159. 839%，实现五年内持续稳定增长（见图 2）。其中，广东省商标有效注册量6 766 377件，占全国总量的 19. 156%，位列第一。浙江省（3 675 052件）、北京市（2 578 614 件）、江苏省（2 335 946 件）和上海市（2 117 136件）紧随其后（见表 3）。

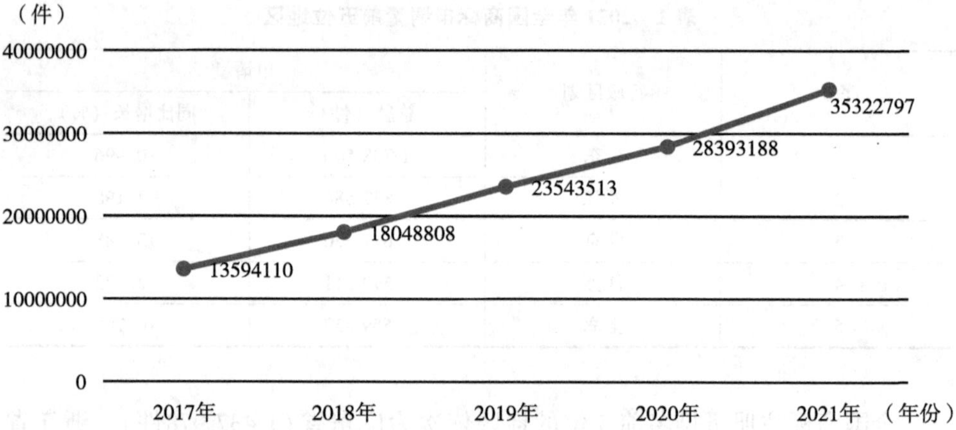

图 2　2017—2021 年全国商标有效注册量趋势

4. 分类别注册商标发展情况

根据尼斯分类，我国 2021 年各类别注册商标排名前 5 位的分别为：第 35 类（广告；商业经营；商业管理；办公事务）893 177件，第 30 类（咖啡，茶，可可和咖啡代用品；米，意式面食，面条；食用淀粉和西米；面粉和谷类制品；面包、糕点和甜食；巧克力；冰淇淋，果汁刨冰和其他食用冰；糖，蜂蜜，糖浆；鲜酵母，发酵粉；食盐，调味料，香辛料，腌制香草；醋，调味酱汁和其他调味品；冰［冻结的水］）498 629件，第 9 类（科学、航海、测量、摄影、电影、光学、衡具、量具、信号、检验［监督］、救护［营救］和教学用装置及仪器；处理、开关、传送、积累、调节或控制电的装置和仪器；录制、通讯、重放声音或影像的装置；磁性数据载体，录音盘；光盘，

DVD盘和其他数字存储媒介；投币启动装置的机械结构；收银机，计算机器，数据处理装置，计算机；计算机软件；灭火器械）406 290件，第29类（肉，鱼，家禽和野味；肉汁；腌渍、冷冻、干制及煮熟的水果和蔬菜；果冻，果酱，蜜饯；蛋；奶，奶酪，黄油，酸奶和其他奶制品；食用油和油脂）377 176件，第25类（服装；鞋；帽）362 225件，占比依次为11.837%、6.608%、5.385%、4.999%、4.801%（见表4）。

表3 全国各省份商标有效注册量 （件）

序号	省份	有效注册量	序号	省份	有效注册量
1	广东	6 766 377	18	辽宁	556 582
2	浙江	3 675 052	19	云南	538 604
3	北京	2 578 614	20	黑龙江	392 827
4	江苏	2 335 946	21	广西	389 044
5	上海	2 117 136	22	贵州	362 645
6	山东	2 057 493	23	天津	352 692
7	福建	1 989 159	24	吉林	309 803
8	河南	1 489 689	25	内蒙古	295 125
9	四川	1 281 664	26	山西	289 394
10	河北	1 063 792	27	新疆	279 325
11	安徽	1 011 461	28	台湾	182 042
12	湖南	902 594	29	海南	160 278
13	湖北	833 494	30	甘肃	157 464
14	香港	766 806	31	宁夏	84 299
15	重庆	694 043	32	青海	60 756
16	江西	671 642	33	西藏	47 472
17	陕西	620 721	34	澳门	8 762
合计			35 322 797		

表4 2021年全国商标注册量排名前十尼斯分类情况

排名	商品（服务）类别	2020年商标注册量（件）	占比（%）
1	第35类	893 177	11.837
2	第30类	498 629	6.608

续表

排名	商品（服务）类别	2020 年商标注册量（件）	占比（%）
3	第 9 类	406 290	5. 385
4	第 29 类	377 176	4. 999
5	第 25 类	362 225	4. 801
6	第 43 类	326 188	4. 323
7	第 3 类	291 822	3. 868
8	第 5 类	285 375	3. 782
9	第 41 类	250 676	3. 322
10	第 42 类	221 363	2. 934

5. 地理标志发展情况

2021 年，国家知识产权局受理地理标志产品保护申请 22 件，批准保护地理标志产品 99 件，国家知识产权局核准使用地理标志产品专用标志企业7 677 家，核准地理标志作为集体商标、证明商标注册 477 件。截至 2021 年年底，累计批准地理标志产品2 490个，累计注册地理标志商标6 562件。

6. 马德里商标国际注册申请情况

2021 年，全国马德里商标国际注册申请量为5 928件，较 2020 年（7 553 件）有所减少（见图 3）。其中，来自广东省（1 513件）和江苏省（890 件）合计占比 40. 54%。

此外，2021 年，全国商标异议申请量 17. 6 万件，同比增长 31. 1%；异议审查量 16. 4 万件，同比增长 10. 1%。商标异议成立率 38. 56%，部分成立率 10. 41%。国家知识产权局受理各类商标评审案件申请 47. 3 万件，同比增长 28. 8%；累计审理签发各类评审案件 38. 3 万件，同比增长 6. 93%。2021 年对“中国共产党成立 100 周年庆祝活动标识”等 26 件特殊标志予以核准登记；公告保护“奥林匹克五环图案标志”等 37 件奥林匹克标志；对中国人民银行“存款保险标识”1 件官方标志予以登记备案。

（二）全国商标行政保护情况

2021 年，全国各级行政执法机关进一步提升行政执法效能，加大执法力

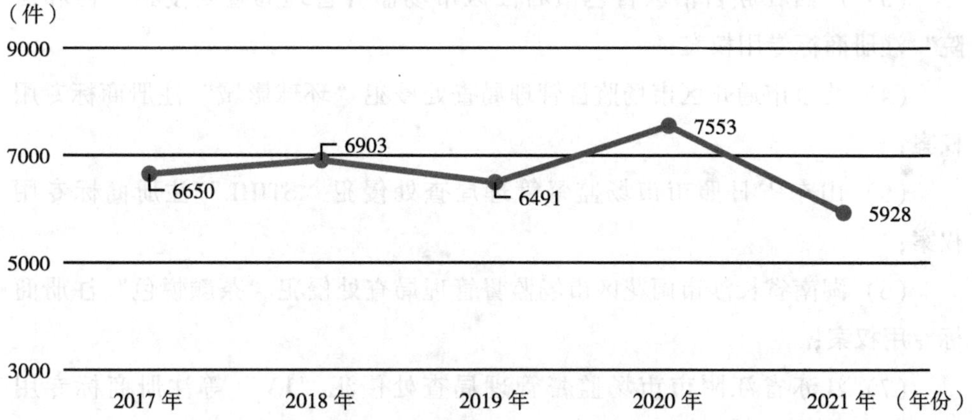

图3 2017—2021年全国马德里商标国际注册申请趋势

度，组织开展多个专项行动。全国市场监管部门共查处商标违法案件3.95万件，同比增长26.2%；案值9.83亿元，同比增长24.4%；罚没金额6.86亿元，同比下降2%。其中，查处商标侵权假冒案件3.57万件，同比增长20.6%；案值9.45亿元，同比增长23.5%；罚没金额6.37亿元，同比下降6%。依法向司法机关移送涉嫌商标侵权犯罪案件1 011件。❶

为深入贯彻党中央、国务院关于全面加强知识产权保护的决策部署，提升办案质量与效率，有力震慑知识产权违法行为，国家知识产权局组织开展了2021年度知识产权行政保护典型案例评选工作。经案例遴选、网络投票和专家评审等环节，最终确定2021年度知识产权行政保护典型案例共30件。发布的案例中，商标典型案例10件，涵盖文字、图形、字母等传统商标，以及颜色组合商标等新型商标，案件类型为查处商标侵权假冒、商标一般违法、侵犯驰名商标权等。具体如下：

（1）上海市松江区市场监督管理局查处上海麦浅贸易有限公司等公司恶意商标注册申请案；

（2）浙江省温州市市场监督管理局查处侵犯“华昊”驰名商标案；

❶ 2021年中国知识产权保护状况［R］.

（3）广西壮族自治区百色市右江区市场监督管理局查处侵犯“协和医院”注册商标专用权案；

（4）北京市通州区市场监督管理局查处侵犯“环球影城”注册商标专用权案；

（5）山东省日照市市场监督管理局查处侵犯“STIHL”注册商标专用权案；

（6）湖南省长沙市雨花区市场监督管理局查处侵犯“茶颜悦色”注册商标专用权案；

（7）江苏省江阴市市场监督管理局查处侵犯“LV”等注册商标专用权案；

（8）湖北省十堰市张湾区市场监督管理局查处侵犯“TVT”注册商标专用权案；

（9）浙江省永康市市场监督管理局查处销售伪造、擅自制造的等注册商标标识案；

（10）天津市和平区市场监督管理局查处天津市麦购商业管理有限公司麦购休闲广场商标侵权案。

三、商标司法保护情况

（一）全国知识产权司法保护总览

2021 年，全国各级司法机关深入贯彻落实党中央、国务院决策部署，紧紧围绕“努力让人民群众在每一个司法案件中都感受到公平正义”的目标，坚持服务大局、司法为民、公正司法，为实施创新驱动发展战略，营造稳定公平透明、可预期的营商环境提供了有力的司法保障。

在法院加强知识产权民事审判工作方面。2021 年，最高人民法院新收知识产权民事案件4 243件，审结3 557件，结案率为 83. 831%。地方各级人民法院新收知识产权民事一审案件550 263件，审结515 861件，结案率为

93.75%。其中，新收商标案件124 716件，同比增长59.57%。地方各级人民法院新收知识产权民事二审案件49 084件，审结45 468件，结案率为92.63%。

在法院充分发挥知识产权行政审批职能方面。2021年，最高人民法院新收知识产权行政案件2 852件，审结2 487件，结案率为87.20%。地方各级法院共新收知识产权行政一审案件20 563件，审结19 342件，结案率为94.06%。其中，新收商标案件18 734件，同比增长9.97%。全国地方人民法院新收知识产权行政二审案件8 215件，审结7 418件，结案率为90.30%。审结案件中，维持原判5 636件，改判1 597件，发回重审1件，撤诉145件，驳回起诉11件，其他28件。

在法院依法审理知识产权刑事案件方面。2021年，全国地方人民法院共新收侵犯知识产权罪一审案件6 276件，审结6 046件，结案率为96.34%。审结的一审案件中，假冒注册商标罪案件2 558件，同比上升13.19%；销售假冒注册商标的商品罪案件2 623件，同比上升3.76%；非法制造、销售非法制造的注册商标标识罪案件476件，同比上升20.51%。

在公安高压严打知识产权刑事犯罪方面。公安机关开展"昆仑2021"专项行动，依法严厉打击侵犯知识产权犯罪。2021年，全国公安机关侦破侵犯知识产权和制售伪劣商品犯罪案件2.1万余起，抓获犯罪嫌疑人3.7万余名。坚持对各类市场主体依法平等保护，先后侦破一批侵犯知识产权的大要案件，以严明法治保障优良营商环境。

在检察机关充分履行检察职能方面。2021年，全国检察机关共受理审查逮捕侵犯知识产权案件6 924件13 485人，批捕4 590件7 853人，批捕案件和人数较2020年同比增长16.8%和9.2%。共受理审查起诉侵犯知识产权案件9611件22 011人，起诉6 565件14 020人，起诉案件和人数同比分别上升12.3%和15.4%。其中，批捕假冒注册商标罪1 874件3 340人，起诉2 729件6 024人；批捕销售假冒注册商标的商品罪1 837件2 941人，起诉2 541件5 084人；批捕非法制造、销售非法制造的注册商标标识罪312件513人，起诉479件1 083人。从起诉数据看，侵犯商标权案件占总数的94.2%。

（二）典型司法案例与案例简评

1. 2021 年中国法院十大知识产权案件中商标权纠纷案件及简介

（1）双飞人制药股份有限公司与广州赖特斯商务咨询有限公司等侵害商标权及不正当竞争纠纷案［最高人民法院（2020）最高法民再23号民事判决书］。

【案情摘要】双飞人制药股份有限公司（以下简称“双飞人公司”）是“双飞人”注册商标权利人，该商标核定使用商品为第3类的花露水、化妆品等。同时，双飞人公司还是两个核定使用在爽水产品上的双飞人立体商标的权利人。法国利佳制药厂拥有指定使用在第3类商品上的“利佳”注册商标，广州赖特斯商务咨询有限公司（以下简称“赖特斯公司”）独家代理在中国境内宣传、推广、分销和销售利佳薄荷水等“利佳”品牌化妆品。双飞人公司以赖特斯公司等生产、销售利佳薄荷水侵害其注册商标专用权，并同时实施了不正当竞争行为为由，向法院提起诉讼。一审法院认为，利佳薄荷水与“双飞人”商标核定使用的“双飞人爽水”属于相同商品。经对比，被诉侵权产品包装与双飞人公司的立体商标构成近似并可能导致相关公众混淆误认，赖特斯公司侵害了双飞人公司的立体商标专用权。同时，赖特斯公司为实现商业目的，在产品宣传中强调其产品为“双飞人”产品（双飞人药水），构成对“双飞人”文字商标的侵权。此外，利佳薄荷水的包装装潢与双飞人公司知名商品的包装装潢近似，赖特斯公司的行为构成不正当竞争。赖斯特公司等不服提起上诉，二审法院判决驳回上诉、维持原判。赖特斯公司向最高人民法院申请再审。最高人民法院再审认为，赖特斯公司提交的证据可以证明，法国利佳制药厂自20世纪90年代起在中国大陆部分地区的报纸上刊登“双飞人药水”广告，持续时间较长、发行地域和发行量较大，可证明法国利佳制药厂在先使用的“双飞人药水”所采用的“蓝、白、红”包装有一定影响。双飞人公司明知“双飞人药水”存在于市场，却恶意申请注册与“双飞人药水”包装近似的立体商标并行使权利，其行为难言正当，赖特斯公司的在先使用抗辩成立。双飞人公司关于赖特斯公司构成侵害注册商标专用权及不正当竞争的主张均不能成立。最高人民法院遂判决撤销一审、二审判决，驳回双飞人公司的诉讼请求。

【典型意义】该案涉及商标先用权抗辩的审查问题。先用权抗辩制度的目的，是保护善意的在先使用者在原有范围内继续使用其有一定影响的商业标识的利益，是诚实信用原则在商标法领域的重要体现。再审判决有效保护了诚信经营带来的使用权益，是人民法院加强知识产权诉讼诚信体系建设的有益探索。

(2) 惠氏有限责任公司、惠氏（上海）贸易有限公司与原广州惠氏宝贝母婴用品有限公司等侵害商标权及不正当竞争纠纷案［浙江省高级人民法院（2021）浙民终294号民事判决书］。

【案情摘要】惠氏有限责任公司（以下简称“惠氏公司”）是“惠氏”“Wyeth”等注册商标的权利人，惠氏（上海）贸易有限公司（以下简称“惠氏上海公司”）经许可在中国使用上述商标并进行维权。原广州惠氏宝贝母婴用品有限公司（以下简称“原广州惠氏公司”）长期大规模生产、销售带有“惠氏”“Wyeth”“惠氏小狮子”标识的母婴洗护产品等商品，并通过抢注、受让等方式在洗护用品等类别上获得“惠氏”“Wyeth”等商标，在宣传推广中明示或暗示与惠氏公司具有关联关系，并与其他被告以共同经营网上店铺等方式，实施线上线下侵权行为，获利巨大。惠氏公司、惠氏上海公司以原广州惠氏公司等为被告，诉至法院。一审法院认定侵权成立，判决全额支持了惠氏公司、惠氏上海公司的诉讼请求。各被告均不服，提起上诉。浙江省高级人民法院二审认为，惠氏公司、惠氏上海公司明确请求适用惩罚性赔偿，根据在案证据可证明的原广州惠氏公司侵权获利情况，按照赔偿基数的3倍计算，惠氏公司、惠氏上海公司提出的3000万元的诉讼请求应予全额支持。二审法院当庭宣判驳回上诉、维持原判。

【典型意义】该案是人民法院适用惩罚性赔偿的典型案例。该案通过依法判处惩罚性赔偿，显著提高侵权违法成本，让侵权者得不偿失，让遭受侵权者得到充分救济，让“侵犯知识产权就是盗取他人财产”的观念深入人心。

2. 2021年中国法院50件典型知识产权案件中商标权纠纷案件

（1）华润（集团）有限公司、华润知识产权管理有限公司与成都市金牛区华润灯饰商店侵害商标权及不正当竞争纠纷案［最高人民法院（2021）最高法民再338号民事判决书］；

（2）华联超市股份有限公司与肥城市华联商贸有限公司、肥城市华联商贸有限公司春秋古城店侵害商标权及不正当竞争纠纷案［最高人民法院（2021）最高法民再3号民事判决书］；

（3）益海嘉里食品营销有限公司与天津丰美食用油有限公司侵害商标权纠纷案［天津市高级人民法院（2020）津民终1331号民事判决书］；

（4）绫致时装（天津）有限公司与博野县幻蝶雾语服装店侵害商标权及不正当竞争纠纷案［河北省高级人民法院（2021）冀知民终294号民事判决书］；

（5）吉林省长春皓月清真肉业股份有限公司与四平市铁西区亚萍牛羊肉摊床等侵害商标权纠纷案［吉林省长春市中级人民法院（2021）吉01民初1713号民事判决书］；

（6）大自然家居（中国）有限公司与福建因尔心安木业有限公司等侵害商标权及不正当竞争纠纷案［江苏省苏州市中级人民法院（2020）苏05民初60号民事判决书］；

（7）杭州王星记扇业有限公司与绍兴王星记扇厂等侵害商标权纠纷案［浙江省杭州铁路运输法院（2020）浙8601民初1746号民事判决书］；

（8）美盛农资（北京）有限公司与津港美禾辛化肥（天津）有限公司等侵害商标权及不正当竞争纠纷案［山东省高级人民法院（2021）鲁民终1160号民事判决书］；

（9）巴布豆（中国）儿童用品有限公司与泉州市巴布豆儿童用品有限公司等侵害商标权及不正当竞争纠纷案［河南省高级人民法院（2020）豫知民终696号民事判决书］；

（10）吉尼斯世界纪录咨询（北京）有限公司与广州大明联合橡胶制品有限公司侵害商标权纠纷案［广东省高级人民法院（2021）粤民再208号民

事判决书］；

（11）广州蓝月亮实业有限公司、蓝月亮（中国）有限公司与深圳金八马生活用纸有限公司等侵害商标权及不正当竞争纠纷案［广东省高级人民法院（2020）粤民终2977号民事判决书］；

（12）重庆久圣成防水材料有限公司、沈阳久圣成经贸有限公司与重庆盛百利防水建材有限公司侵害商标权及不正当竞争纠纷案［重庆市高级人民法院（2021）渝民终96号民事判决书］；

（13）中国黄金集团黄金珠宝股份有限公司与田某某、白银百货大楼（集团）有限责任公司侵害商标权及不正当竞争纠纷案［甘肃省高级人民法院（2021）甘知民终9号民事判决书］；

（14）上海游奇网络有限公司与国家知识产权局、完美世界控股集团有限公司商标权无效宣告请求行政纠纷案［最高人民法院（2021）最高法行再254号行政判决书］；

（15）重庆市磁器口陈麻花食品有限公司与国家知识产权局、重庆市沙坪坝区互旺食品有限公司等商标权无效宣告请求行政纠纷案［最高人民法院（2021）最高法行再255号行政判决书］；

（16）江西米兰婚纱摄影有限责任公司与国家知识产权局、许某商标权无效宣告请求行政纠纷案［北京市高级人民法院（2021）京行终6471号行政判决书］；

（17）北京慧能泰丰信息咨询有限责任公司分公司与国家知识产权局、瑞昶贸易股份有限公司商标权撤销复审行政纠纷案［北京知识产权法院（2018）京73行初3240号行政判决书］；

（18）北京欣盛建达图书有限公司、北京宏瑞建兴文化传播有限公司、王某等十人侵犯著作权罪、吴某某非法制造、销售非法制造的注册商标标识罪案［江苏省高级人民法院（2021）苏刑终75号刑事裁定书］。

四、商标法学术研究

以知网检索主题词“商标”限定2021—2022年度CSSCI期刊，查询结果为 79 篇（截至 2022 年 12 月 8 日），剔除与商标法没有直接关联的文献，筛选结果为 35 篇。如果涵盖《电子知识产权》中与商标法有直接关联的文献，共计结果为 42 篇。若将文献限定为法学 CSSCI 期刊，所得结果为 8 篇，如表 5 所示。

表 5　2022 年商标法领域法学 CSSCI 期刊文献

序号	作　者	标　题	期刊名称	期、页
1	戴文骐	商标囤积的体系化规制	法商研究	2022，39（6）：170-182
2	黄汇、徐真	商标法公共领域的体系化解读及其功能实现	法学评论	2022，40（5）：114-125
3	谢晴川	商标“显著特征”之内涵重释	法学研究	2022，44（4）：93-111
4	陈明涛	“商标使用”之体系建构与反思	环球法律评论	2022，44（3）：163-178
5	孔祥俊	涉外贴牌加工商标贴附行为之定性	政法论坛	2022，40（3）：146-158
6	宁立志、叶紫薇	商标恶意抢注法律适用研究	法学评论	2022，40（2）：181-196
7	曹新明	商标侵权理论之多维度思辨：以“今日头条”诉“今日油条”案为例	政法论丛	2022（1）：19-29
8	黄汇	中国商标注册取得权制度的体系化完善	法律科学	2022，40（1）：169-180

以知网检索的 CSSCI 文献及《电子知识产权》中与商标法有直接关联的文献为样本分析，2021—2022 年度的商标法学术研究的主题主要集中在商标使用相关问题研究、商标法基本概念和基本范畴研究、地理标志的法律保护问题研究、商标授权确权与行政程序研究、商标恶意注册问题研究、商标侵权及损害赔偿问题研究、官方标志和特殊标志保护研究等，研究的方法主要运用了法解释学、比较研究、历史研究、法社会学、实证研究、体系研究，研究的目的主要在于围绕商标法规范就具体制度的构建、完善与适用提出建议。

第一类：商标使用相关问题研究。

商标使用作为商标法律最基本的问题，仍是商标学术研究和实践的难点。徐子森的《互联网环境下商标侵权判定中的“商标性使用”辨析》[《科技与法律（中英文）》2022年第4期] 基于对互联网典型场景的分析，得出以商标使用主体为出发点，以消费者视角为基本视角，以商标使用行为为判断依据的商标性使用判定基本框架。陈明涛的《“商标使用”之体系建构与反思》[《环球法律评论》2022年第3期] 认为，在商标法的语境下，对商标使用的全面理解应从标识来源、使用意图、保护范围、显著性四个维度进行，其中标识来源和使用意图是判断商标使用的内在要件，商标使用推动商标保护程度的变化，而显著性则与商标使用存在密切的互动关系。李文博、宋晓亭的《论老字号商标的权益归属：二分构造与制度设计》[《交大法学》2022年第3期] 探寻老字号商标权属不明的理论争议，根据商誉理论指出，事实状态与法律归属的冲突源于老字号商标原始财产与添附财产的混合，应当回归商标法设权模式，尊重历史渊源，构建老字号商标的共存制度，基于注册主体、使用主体、受让与被许可主体等维度设计具体规则。易在成、龚菲菲的《粤港澳大湾区跨法域商标法律制度协调研究——以欧盟商标制度为借鉴》[《社会科学战线》2022年第5期] 在对欧盟跨法域商标法律协调制度检视的基础上，探讨粤港澳大湾区跨域商标协调制度对欧盟经验的可能借鉴。车云峰的《知识产权法视阈下辞书中商标使用问题刍议》[《科技与出版》2022年第3期] 从知识产权法特别是《商标法》出发，剖析辞书中商标使用问题，介绍域外辞书中商标使用经验，提出辞书中商标使用建议。李琛的《商标专用权概念考辨》[《知识产权》2022年第1期] 指出，商标专用权是指商标注册之后产生的排他权利，并非指区别于“禁用权”的“单纯使用权”，也没有排除许可、转让等权能的含义，并不应将商标权完全表述为禁用权。

第二类：商标法基本概念和基本范畴研究。

商标法基本概念和基本范畴一直是学术界关注的焦点、难点，公共领域、商标符号学理论、系列商标等概念和基本制度仍有许多遗留和新生问题值得探讨。黄汇、徐真的《商标法公共领域的体系化解读及其功能实现》[《法学评论》2022年第5期] 认为，商标法公共领域保留关涉商标法的基本原理和基本制度构造，应当从特定标志的无条件排除、特定标志的附条件保护、公众的隐性使用自由和显性使用自由四个维度探讨商标法公共领域的实现机制，促进自由竞争与公平竞争的协调。王太平的《四十年来中国商标法研究的知识增长与知识转型》[《知识产权》2022 年第 8 期] 分析了我国商标法研究的不同阶段，而后提出我国商标法学的形成急需充分运用法教义学研究方法，构建商标法的理论体系，揭示商标法构造的内在机理，探索商标法研究和实践的独有的方法论基础，促进我国商标法研究进一步学理化。陈芳鑫的《基于符号学理论的商标功能之重构——以本源功能与派生功能为中心》提出，在进行符号学诠释的过程中，需将商标置于语境论的方法下以兼顾其背后的社会背景。谢琳、曾俊森的《我国系列商标认定的问题与解决路径》[《电子知识产权》2022 年第 7 期] 认为，在适用《商标法》第 30 条时，需将混淆可能性纳入判定要件当中，在具体场景下综合共同要素的显著性、商标知名度以及相关的辅助因素认定系列商标。杨桂莲、曹鸿星的《RCEP 协议下我国商标在东盟十国的保护策略》[《电子知识产权》2022 年第 4 期] 以 RCEP 协议为背景提出，在东盟十国，我国企业应该更加重视利用马德里体系指定商标生效并注意商标的后期维护；积极应对驰名商标的侵权抢注；政府也应该加强对企业商标海外保护的先期培训和指导，帮助企业利用商标海外维权机制开展事后救济和帮扶。宋伟、王茹楠的《我国高校校名商标司法保护的实践与反思》[《电子知识产权》2022 年第 9 期] 认为，对在先使用保护不足，刑法介入力度不够等，需通过采用以商标保护为核心的多元权利保护渠道、组合化的高校校名法律保护方式以及提升案件救济力度等途径来进行完善。

第三类：地理标志的法律保护问题研究。

地理标志是提高农产品附加值，促进农民增收的重要途径之一，对于地理标志的获得和保护也备受学界关注。孙远钊的《论地理标志的国际保护、争议与影响——兼论中欧、中美及相关地区协议》[《知识产权》2022 年第 8 期] 从国际保护与争议的视角对地理标志的问题进行广泛地梳理，并触及诸如《中欧地理标志协定》《中美第一阶段经贸协议》《区域全面经济伙伴关系协定》等国际协定的具体内涵和彼此间的交错与牵引关系等，由此导论地理标志已不再仅限于表彰商品的质量，而是成为代表和反映一个国家文化精神与经济发展的“颜面”和象征。孙智的《地理标志法律概念溯源及其重新界定——兼论〈地理标志保护规定（征求意见稿）〉的修改完善》[《知识产权》2022年第8期]提出，整合和重新界定地理标志术语概念，首先需要统一地理标志保护相关立法。我国地理标志保护立法统一宜分“两步走”。统一立法下对地理标志法律概念的重新界定，宜以《商标法》中的地理标志定义为基准并对其加以修改完善。同时，基于“声誉”要素考量，有必要进一步修改《地理标志保护规定（征求意见稿）》第2条、第12条及其他相关条文。郭禾的《我国地理标志保护制度发展的应然进路》[《知识产权》2022年第8期]基于我国在地理标志方面的历史积淀和现实国情，从法律层面探讨地理标志保护的完善发展之路，指出我国应当以专门立法模式来设计我国地理标志保护的主体，并同时针对每一个地理标志产品制定专门的技术标准作为法律制度的支撑。陈星的《论我国地理标志专门立法保护》[《社会科学家》2022年第3期]认为，我国应制定《地理标志法》，分为总则、分则和附则三个部分，实现与《民法典》《刑法》和《商标法》的有效衔接，构建地理标志法律保护体系。管育鹰的《我国地理标志保护中的疑难问题探讨》[《知识产权》2022年第4期]分析了地理标志保护中面对的“外部假冒、真假难辨和内部使用自我淡化”问题，提出在我国地理标志制度完善过程中，需要重视和解决假冒难以鉴别和侵权难以有效禁止问题，严控产区扩张，科学分类管理，抑制地理标志通用化趋势。

第四类：商标授权确权与行政程序研究。

商标授权确权与行政程序的研究主要集中在显著性分析、商标取得制度优化、商标行政案件暂缓审理制度。谢晴川的《商标“显著特征”之内涵重释》[《法学研究》2022年第4期]从明确来源识别性的构成要素、补全反向推断规则出发，基于我国的立法传统及实践经验、商标的三元符号结构以及相邻学科的理论借鉴，把“显著特征”重释为“商标在符号外观上的、足以影响来源识别的区分性”。宋晓亭、沈俊的《论中药药品名称商标注册的法律规制》[《法律适用》2022年第5期]通过对“八宝丹”“肛泰”等涉及中药国家标准中的通用名称商标注册案件进行类型化分析提出，基于药品行业及中药本身的特殊性，对于涉及中药国家标准中的药品名称应当禁止进行商标注册，这有助于实现长期视角下各方利益平衡乃至共赢。靳学军、张航的《比较法视域下我国商标权取得制度的优化进路》［《法律适用》2022 年第 5 期］在借鉴域外商标立法有益经验的基础上，从确立商标使用意图声明制度、明确申请转让的商标须经实际使用、增加规制商标恶意注册一般条款、增加依职权撤销连续三年不使用商标制度、明确特定公益组织可以作为撤销申请人等方面，提出完善我国商标权取得制度的体系化构想。孙玉荣、卢润佳的《商标行政案件中暂缓审理制度适用的困境及优化对策》［《科技与法律（中英文）》2022 年第 2 期］从商标行政案件评审实践出发，以商标驳回复审案件为例，对商标行政案件中暂缓审理制度的适用问题进行分析，明确暂缓审理制度适用的必要性并提出相应的优化对策。黄汇的《中国商标注册取得权制度的体系化完善》［《法律科学（西北政法大学学报）》2022 年第 1 期］从商标“使用驰名”可成为商标专用权取得的另一种方式，到赋予在先未注册商标所有人以“优先注册权”，对“恶意注册”绝对禁止条款的制度性和解释性优化，再到被代理人、被代表人防止抢注的“四权”制度构造，对恶意抢注程序性遏制措施的重构以及增加注册官费以提高恶意注册的经济门槛和成本等视角，提出相关制度完善的体系化建议和构想。宁立志、叶紫薇的《商标权利取得中注册与使用的平衡——在公平与效率之间来回》［《电子知识产权》2022 年第 6 期］认为，我国应依循兼顾协调、价值排序、比例协调的原则调整公平与效率间的价值冲突，重新平衡商标权利取得中的注册与使用。

第五类：商标恶意注册问题研究。

戴文骐的《商标囤积的体系化规制》［《法商研究》2022 年第 6 期］从“恶意注册”为“商标囤积”的上位概念出发，建议删除 2019 年《商标法》第 4 条第 1 款中的“恶意”，改为原则/例外规定模式，修正为“不以使用为目的大量申请注册商标，应当予以驳回，有正当理由的除外”。余俊、廖慧娇的《“不以使用为目的的恶意商标注册申请”的解释与适用》［《法律适用》2022 年第 8 期］分析了“不以使用为目的”与“恶意”的关系，而后提出，认定时，应当先认定商标注册申请是否属于“不以使用为目的”的行为，然后再根据“不以使用为目的”的认定进一步判断申请人主观上是否具有“不以使用为目的”的“恶意”。冯术杰的《〈商标法〉第4条中“不以使用为目的的恶意商标注册申请”的认定》[《知识产权》2022年第6期]从学理解释和体系解释角度提出，“恶意”在实体和程序上都是该条款的重心，应根据申请人所追求的不正当目的进行认定；“不以使用为目的”应在“恶意”认定的基础上进行推定；预防性注册作为例外，应允许具有在先正当利益或使用目的的标志权益人进行注册，也应允许企业为商业经营计划和商标保护策略需要而预先申请备用商标。石新中、齐憋哲的《论商标权滥用的信用规制》[《法学杂志》2022年第3期]从信用规制角度，为解决商标权滥用问题提出新思路，更为解决中国社会中严重悖德行为的信用规制提供理论基础。杨利华的《商标抢注规制新突破：公共领域保留原则的引入——以网络热词的商标抢注为对象》[《社会科学战线》2022年第5期]指出，网络热词的商标抢注规制，需要在利益平衡理念下坚持《商标法》的公共领域保留原则，并将这一原则落实到商标抢注规制的制度设计与具体行政及司法程序中。宁立志、叶紫薇的《商标恶意抢注法律适用研究》[《法学评论》2022年第2期]认为，我国现行《商标法》总体而言是较为混乱的，其中可适用于规制商标恶意抢注的条款极为分散，亟须对其法律适用关系予以研究和厘清，依据商标恶意抢注行为的类型和具体情况恰当、准确地选择适用《商标法》中的不同条款，并灵活适用竞争法、著作权法等其他部门法对商标恶意抢注予以补充规制，以实现对商标恶意抢注行为的全面有效制约。刘义军的《恶意注册后滥用商标权的司法规制》[《电子知识产权》2022年第7期]提出，针对商标注册人恶意取得注册后滥用商标权的行为，法院应当以诚实信用原则、禁止权利滥用原则为指导，更新商标民事侵权案件审理和裁判理念，统一商标民事侵权案件和商标授权确权案件的裁判标准；应当依法审查并采纳被诉侵权人的正当抗辩理由，在此基础上驳回商标注册人的诉讼请求；对被诉侵权人以恶意提起知识产权诉讼损害责任或不正当竞争纠纷等为案由，针对商标注册人随后提起的诉讼，法院应在事实清楚、证据充分的基础上依法予以支持，以实现司法对恶意注册并滥用商标权行为的有效规制。

第六类：商标侵权及损害赔偿问题研究。

商标侵权不仅侵害了商标权人的私权，同时还扰乱了市场竞争的秩序，对于侵权问题的研究，有助于更好地保护商标权益，遏制商标侵权行为，具备较高的理论价值与实践意义。卫跃宁、刘文斌的《“商标护城河”理念的泛化认知局限与纠偏》［《科技与法律（中英文）》2022 年第 5 期］指出，虽然构建“商标护城河”经常被一些媒体与学者推荐为企业应对商标侵权的“有效策略”，但从优化法治营商环境、引导企业科学运营、协调个体权益与公共利益等视角看，有必要对“商标护城河”相关理念策略进行全面检视与理性反思，对其中存在的认知局限进行揭示与纠偏。彭学龙、张成的《侵犯商标权罪评价标准的变革与完善：“情节严重”的体系化解释》［《知识产权》2022 年第 8 期］根据《商标法》惩罚性赔偿条款和《刑法》侵犯知识产权罪条款为“情节严重”提供解释资源，并将解释要素按照行为、对象、后果完成类型化界分，指出在构建“情节严重”解释体系时，应先以非法经营额为入罪标准，而后根据侵权损失和其他情节等评价要素定罪量刑。刘想树、张俊雅的《美国商标法的域外适用及中国应对》［《苏州大学学报（法学版）》2022 年第 3 期］指出，为应对美国商标法突破地域性原则规范对美国域内商业活动产生不利效果或者影响的域外商标侵权行为，我国应从防御机制与进取机制两个方面积极制衡和对抗美国商标法的域外适用。孔祥俊的《涉外贴牌加工商标贴附行为之定性》［《政法论坛》2022 年第 3 期］认为，此类商标侵权的判断最终是以商标侵权构成的法律要件事实，恰当地涵摄用于中国境外识别商品来源而在中国境内实施的商标标志贴附行为，关键是准确认定商标标志贴附性使用与中国境内商标使用的关系，在法律定性上去伪存真由表及里，最终得出恰当的侵权判断结论。张俊雅、刘想树的《域外商标使用侵权行为法律规制的困境与出路》［《国际商务研究》2022 年第 3 期］指出，当域外行为人实施我国商标法禁止的侵权行为，且该行为对我国商业利益产生实质性影响、损害我国商标权人利益时，商标法应规制域外商标使用侵权行为或将其纳入国内商标侵权判断的考量范围。黄武双、陈芊伊的《论商标反向混淆案件中侵权不停止的司法适用》[《科技与法律（中英文）》2022年第1期] 通过对现有知识产权侵权不停止裁判情况的分析，指出商标反向混淆案件的裁判规则突破传统侵权救济模式，以判令“侵权不停止+替代措施”的方式替代传统侵权救济模式中的“停止侵权”，将更有利于实现商标权人与侵权人之间的利益最大化以及社会公共利益最大化，并且利于满足各方主体利益平衡的需求。曹新明的《商标侵权理论之多维度思辨：以“今日头条”诉“今日油条”案为例》[《政法论丛》2022年第1期] 以“今日头条”诉“今日油条”商标侵权纠纷为例，分别从普通注册商标维度、驰名商标维度、商标滑稽模仿维度以及不正当竞争维度进行考察，被告在经营活动中使用“今日油条”商标之行为是否侵犯原告商标专用权。蒋华胜的《商标侵权判定标准的规范解释与司法适用研究》[《电子知识产权》2022年第7期] 认为，《商标法》第57条第（1）项和第（2）项属于商标侵权判断标准的基础规范，前者应当解释为采用推定混淆可能性标准，后者应当解释为采用混淆可能性标准。吕宜伦的《商标侵权类行政罚款与惩罚性赔偿的衔接路径：基于173件民事判决书的分析》[《电子知识产权》2022年第4期] 指出，不同商标侵权行为的衔接中，受到行政罚款不能仅考量“恶意”和“情节严重”，需同时考量商标侵权人已经缴纳行政罚款的“善意”并予以折抵。

第七类：官方标志和特殊标志保护研究。

李玲娟、张嘉荣的《我国官方标志保护法律问题研究》[《东北师大学报（哲学社会科学版）》2022年第5期] 指出官方标志的保护依赖于商标制度，并通过分析美国、加拿大对官方标志截然不同的立法模式及行政程序，为我国官方标志立法中保护范围界定、行政程序和法律效力等方面提出建议。李玲娟、王璞的《我国特殊标志保护的法律问题研究》[《湖南大学学报（社会科学版）》2022年第2期] 将特殊标志与商标、官方标志进行对比以明晰其法律属性，在此基础上通过借鉴其他国家经验为我国特殊标志保护提供思路借鉴。

反不正当竞争法发展报告（2021—2022）

宁立志　赵　丰　等*

2022年，我国反不正当竞争法律制度的发展依旧亮点频现，如为因应数字经济的最新发展，我国《反不正当竞争法》第三次修改工作正式启动，《反不正当竞争法（修订草案征求意见稿）》也得以公布；此前，最高人民法院也正式出台《关于适用〈反不正当竞争法〉若干问题的解释》，以为反不正当竞争司法工作提供明确指引。除此之外，一些省份和地区在现有反不正当竞争相关法律法规的基础上，结合地方情况进行了不同程度的制度建设。本报告将从上述内容着手，结合各规范性文件的具体内容、相关司法实践经验及学术观点，对2022年反不正当竞争法律制度的发展情况进行梳理和总结。

---

* 宁立志，武汉大学法学院教授、博士生导师、武汉大学知识产权与竞争法研究所所长；赵丰，武汉大学法学院、德国马克斯·普朗克创新与竞争研究所联合博士研究生。在报告撰写过程中，武汉大学法学院/知识产权与竞争法研究所硕士研究生洪晖衔、熊林琼、张倩、晁蓉、马驰璇做了大量资料收集与整理工作，特此鸣谢。

一、反不正当竞争法律制度的新发展

（一）《反不正当竞争法（修订草案征求意见稿）》

1. 修订背景

在信息技术强有力的支撑下，我国数字经济蓬勃发展，根据中国互联网协会发布的《中国互联网发展报告（2022）》，2021年我国数字经济规模增至45.5万亿元，总量稳居世界第二。数字经济下的生产经营模式高度依赖互联网和大数据，通过数据分析进行资源配置，形成区别于传统产业的新业态。尽管数字经济能为我国经济发展赋予新动能，但也容易催生数字环境下的不正当竞争问题，利用数据、算法、技术和平台规则等实施的新型不正当竞争行为层出不穷，如"大数据杀熟""反向刷单""非法抓取数据"等，严重损害我国市场竞争秩序和消费者利益。2022年3月，中共中央、国务院发布《关于加快建设全国统一大市场的意见》，提出"加快建设高效规范、公平竞争、充分开放的全国统一大市场"的总体要求。❶ 其在关注创新要素和数据市场的同时，也对我国反不正当竞争工作提出更高要求，"维护统一的公平竞争制度、加快推动反不正当竞争法修改"与"依法查处不正当竞争行为、加强对新业态领域和新型网络不正当竞争行为的规制"将成为反不正当竞争领域立法与执法的工作重点。

《反不正当竞争法》自1993年颁布以来，分别于2017年和2019年进行了修订和修正，但前两次修法活动在修改幅度上可谓"小修小补"，与现今经济发展状况对我国立法的实际需求仍有距离。❷ 2022年10月16日，中国共产党第二十次全国代表大会顺利召开。习近平总书记在党的二十大报告中指出：要构建高水平社会主义市场经济体制，完善包括公平竞争在内的市场经

---

❶ 中共中央 国务院关于加快建设全国统一大市场的意见［EB/OL］.［2022-12-03］. http://www.gov.cn/zhengce/2022-04/10/content_5684385.htm.

❷ 宁立志.《反不正当竞争法》修订的得与失［J］. 法商研究，2018，35（4）.

济基础制度，优化营商环境，加强反不正当竞争，依法规范和引导资本健康发展。❶ 为顺应经济发展的新趋势，落实国家对公平竞争政策的决策部署，弥补现行反不正当竞争法的缺陷，国家市场监督管理总局于 2022 年 11 月 22 日发布《中华人民共和国反不正当竞争法（修订草案征求意见稿）》（以下简称《征求意见稿》），并就此向社会公开征求意见。

2. 修订内容

《征求意见稿》对现行反不正当竞争法进行了较大幅度修改。

在第一章“总则”部分，第 1 条将立法目的调整为“预防和制止不正当竞争行为”，并加入“社会公共利益”作为反不正当竞争法所保护的法益。第 2 条加入“不得实施或者帮助他人实施不正当竞争行为”，将间接侵权行为纳入规制范畴。第 4 条纳入数字经济公平竞争规则，新增“经营者不得利用数据和算法、技术、资本优势以及平台规则从事不正当竞争行为”的原则性条款。第 5 条明确了执法单位和执法原则，允许在反不正当竞争法无规定时适用其他法律法规，从而扩大了市场监管部门的执法范围。

在第二章“不正当竞争行为”部分，第 7 条扩大了商业混淆行为的范围，第 1 款第（1）~（3）项将商业标识扩大到“相同或者近似的标识（或者包装、装潢、页面）”，其中第（2）项将“企业名称”扩大为“市场主体名称”，第（3）项增加“页面设计、自媒体名称、应用软件名称或者图标”等数字环境下的商业元素，第 1 款第（4）项新增“将他人有一定影响的商业标识设置为搜索关键词”的混淆行为，第 2 款将“销售混淆商品”与“为实施混淆行为提供便利条件”纳入规制范围。第 8 条扩大了商业贿赂行为的范围，第 1 款规定商业贿赂包括“自行”或“指使他人”实施，受贿主体增加“交易相对方”本身，并在第 4 款明确禁止与行贿相对应的“受贿行为”。第 9 条明确了虚假宣传行为的范围，第 1 款增加了虚假宣传的对象即“商品经营

---

❶ 习近平．高举中国特色社会主义伟大旗帜 为全面建设社会主义现代化国家而团结奋斗——在中国共产党第二十次全国代表大会上的报告［EB/OL］．［2022-12-03］．http：//www.npc.gov.cn/npc/kgfb/202210/5637af55a91d463290e5d77d2a7b8f90.shtml.

者”，以及包含“类别、来源、交易信息、经营数据、资格资质”在内的相关信息，第2款将“广告”排除出商业宣传范围，避免与《广告法》竞合，第3款将“虚假评价、提供策划、制作、发布等服务”纳入帮助实施虚假宣传行为范畴。第10条规定了建立健全自我保护、行政保护、司法保护一体的“商业秘密保护体系”。第11条扩大了不正当有奖销售行为的范围，第1款第(2)项将“虚假设置奖项内容”纳入行为方式，第2款规定经营者不得变更有奖销售信息，有利于消费者的除外。第12条扩大了商业诋毁的行为类型，增加了“指使他人”实施商业诋毁，并将竞争对手之外的“其他经营者”纳入诋毁对象。第13条为新增的滥用相对优势地位条款，“相对优势地位”的含义被规定在第47条，即在特定方面具有优势或其他经营者对其存在交易上的依赖，而“滥用相对优势地位”则包括7种进行不合理限制或附加不合理条件的情形。第14条为新增的恶意交易条款，列举了含“反向刷单”在内的4种情形。第15条对网络不正当竞争条款进行了修改，在实施手段中增加利用“数据、算法和平台规则等”，并在第3款解释了“影响用户选择”。第16条为利用技术手段实施网络不正当竞争行为，新增“嵌入自己或者他人的产品或者服务”“利用关键词联想、设置虚假操作选项等方法，设置指向自身产品或者服务的链接，欺骗或者误导用户点击”“无正当理由，对其他经营者合法提供的产品或者服务的内容、页面实施拦截、屏蔽等”三种情形。第17条为新增的排斥、妨碍其他经营者接入和交易条款。第18条为新增的商业数据条款，第1款规定了“不正当获取和使用他人商业数据”的4种情形，第2款对“商业数据”进行了解释，第3款将“与公众可以无偿利用的信息相同的数据”排除出保护范围。第19条为新增的“大数据杀熟”条款，规定“不得利用算法对交易相对方实施不合理的差别待遇或者限制”。第20条是新增的网络不正当竞争行为兜底条款。第21条新增了“不正当竞争行为认定因素”，包括：对法益的影响、行为正当性、商业惯例与道德、FRAND原则和对技术创新、行业发展、网络生态的影响。第22条新增了平台经营者的竞争合规管理义务。

在第三章“对涉嫌不正当竞争行为的调查”部分，第23条简化了监管部门的调查批准程序，前三项不再需要批准，后两项改为由“县级以上”监管部门主要负责人批准。第 25 条扩大了监管部门的保密义务范围。

在第四章“法律责任”部分，第 27 条将法定赔偿和惩罚性赔偿的适用范围扩大到“所有不正当竞争行为”，并将“合理开支”纳入计算基数。第 28 条为商业混淆行为的法律责任，第 1 款增加了“没收违法所得以及违法商品和生产工具”的处罚措施；第 2 款针对“销售混淆商品”和“帮助实施混淆行为”规定了相应责任，对于销售混淆商品，若销售者能证明合法来源则仅承担停止销售责任；第 3 款为造成混淆的市场主体名称规定了变更登记的时间限制。第 29 条商业贿赂的罚款上限提升至 500 万元，并为受贿行为规定了相应责任。第 30 条为虚假宣传的法律责任，第 1 款增加“没收用于违法行为的物品和违法所得”的处罚措施，并将罚款下限下降至 10 万元；第 2 款为帮助实施虚假宣传行为规定了相应责任。第 31 条将侵犯商业秘密情节严重的罚款下限提升至 100 万元。第 33 条将商业诋毁的罚款上限提高至 500 万元。第 34~35 条针对滥用相对优势地位行为和恶意交易行为，区分一般情形和严重情形规定了两档法律责任。第 36 条为网络不正当竞争行为新增了“没收违法所得”的处罚措施，将罚款上限提升至 500 万元。第 37 条新增未作明确规定的不正当竞争行为的法律责任。第 38 条针对滥用相对优势地位和网络不正当竞争行为规定了“情节特别严重”的法律责任。第 42 条提高了妨害执法的行政罚款上限。第 46 条规定权利人在商业秘密行政保护中仅需承担初步举证责任。

3. 修订评价

（1）规制数字经济领域的不正当竞争行为。

《征求意见稿》体现出本轮反不正当竞争法修改的重点在于数字经济下的不正当竞争行为，第一章新增数字经济公平竞争原则性条款，第二章则有 9 个条款与网络不正当竞争行为相关，其中部分条款来自国家市场监管总局 2021 年发布的《禁止网络不正当竞争行为规定（公开征求意见稿）》。第 15 条作为网络不正当竞争行为的一般条款，与现行《反不正当竞争法》第 12 条的区别在于将数字经济下经营者实施不正当竞争行为的工具总结为四种，即数据、算法、技术和平台规则，以回应实践中无法用现行法第12条所规定的“利用技术手段”来囊括的其他网络不正当竞争行为。除此之外，《征求意见稿》集中列举了数字经济下的具体不正当竞争行为，包括恶意交易、流量劫持、平台封禁、非法抓取数据、“大数据杀熟”等，并对平台经营者提出了公平竞争合规管理要求，这为规制新型网络不正当竞争行为提供了具体法律依据，避免实践中一味适用现行法第12条第2款第（4）项的兜底条款。另外，由于法律的滞后性和数字经济下不正当竞争行为的复杂性，《征求意见稿》还规定了第20条作为兜底条款，并在第21条规定了5种判断不正当竞争行为的因素，涉及行为手段和后果，有助于全面规制不正当竞争行为，提高了法律的可预期性与适法的准确性。

《征求意见稿》总结了近几年的实践成果，对数字经济领域新出现的不正当竞争行为进行了较为全面的规定，有助于规制新经济、新业态、新模式发展中出现的扰乱竞争秩序的行为。但是，在修法的过程中还需进一步考虑部分条文之间的逻辑性（例如第16条与第17条在涉及互联互通问题上是否存在重叠）以及表述的精简性。此外，《反不正当竞争法》作为竞争基本法，对其规制对象有自身的逻辑路径，大量数字经济领域的不正当竞争行为入法可能会冲淡其基本法地位、破坏立法的逻辑结构，由于“互联网市场”只是诸多社会部门或细分市场之一，对该领域的不正当竞争问题或许通过专门制度来解决更加适宜。[1]

（2）细化现有不正当竞争行为的表现形式。

《征求意见稿》对现行法所列举的传统不正当竞争行为的表现形式进行了完善，不仅回应和总结了过去执法与司法实践的需求，还考虑了传统不正当竞争行为在数字经济领域的新的表现形式，体现在商业混淆条款新增的商业标识类别与“关键词导流”行为、虚假宣传条款新增的信息类别与组织“虚构评价（如刷好评）”行为等。与此同时，《征求意见稿》还加强了对间接实施不正当竞争行为的规制，不仅在第2条中将“不得帮助他人实施不正当

---

[1] 宁立志.《反不正当竞争法》修订的得与失［J］. 法商研究，2018，35（4）.

竞争行为”列为基本原则，还在商业混淆、虚假宣传等具体不正当竞争行为条款中再次加以明确，从而加强了对扰乱市场竞争秩序行为的监管力度。

值得关注的是，《征求意见稿》还对近年来学术界广泛讨论且在特定行业（如医药行业）中常有发生的商业贿赂行为进行了回应。第 8 条涉及商业贿赂的修改有三处：第一是将商业贿赂行为扩大到“指使他人”，从而规制经营者为规避法律而通过第三方行贿的行为；第二是明确规定了“受贿”行为，对商业贿赂关系链条的两端都予以法律规制，从而震慑实践中的受贿甚至是索贿行为；第三是将“交易相对方”重新纳入行贿对象或受贿主体，2017 年修法曾将“对方单位”排除出受贿人范围，只规定“交易相对方的工作人员”，当时立法可能考虑到交易双方的利益给付通常是正当的经营活动和利益往来，而将其推定为合法，[1] 此处修改还需进一步释明企业做出让利、优惠等商业安排的合法界限。另外，《征求意见稿》仍沿用当前立法的条文排列顺序，对于现有不正当竞争行为之间的逻辑关系与条序排列仍有待进一步厘清。

（3）优化反不正当竞争法与其他法律的衔接。

对于反不正当竞争法与其他法律之间的衔接和竞合问题，《征求意见稿》也作出了一定回应。我国竞争法采取“分别立法”的立法模式，即分别制定《反不正当竞争法》与《反垄断法》，这种立法模式可能导致某些处于中间地带的行为无法得到规制，如“滥用相对优势地位”。“滥用相对优势地位”在理论上更接近反垄断法问题，但它只指向局部市场的竞争不足，上升不到反垄断法“滥用市场支配地位”的规制范围，2022 年修改的《反垄断法》也没有对此进行规定。《反不正当竞争法》2017 年修订过程中曾试图纳入“滥用相对优势地位”条款，但由于争议较大而未被通过。《征求意见稿》对实践中广泛存在的“滥用相对优势地位”现象进行回应，规定了“相对优势地位”的含义与“滥用相对优势地位”的表现形式，填补了《反不正当竞争法》与《反垄断法》之间的空白。但是，“滥用相对优势地位”与反不正当竞争法的

---

[1] 孔祥俊．论新修订《反不正当竞争法》的时代精神［J］．东方法学，2018（1）．

规制对象（“竞争过度”）不匹配，且这个概念本身也还存在很多不确定因素，❶ 上述条款能否被最终采纳还值得持续关注。同时，《征求意见稿》对数字经济下的不正当竞争行为进行规制，也解决了《反垄断法》因适用门槛高而对部分网络不法行为难以规制的窘境，实现《反不正当竞争法》与《反垄断法》在新业态领域竞争行为规制的衔接。

除此之外，针对虚假宣传行为，《征求意见稿》明确了商业宣传活动不包括广告，从而将“发布虚假广告”行为排除出《反不正当竞争法》规制范围，避免《反不正当竞争法》与《广告法》之间发生竞合问题。

（4）完善不正当竞争行为的法律责任。

《征求意见稿》在不正当竞争行为的法律责任上做出大量调整，一方面，对新增的不正当竞争行为类型规定了相应的法律责任；另一方面，在总体上加大了对不正当竞争行为的惩戒力度。

在行政责任上，《征求意见稿》针对商业混淆和虚假宣传增加“没收违法所得以及违法商品和生产工具/用于违法行为的物品”的处罚措施，能够有效制止重复侵权行为；针对部分不正当竞争行为，如商业贿赂、侵犯商业秘密、商业诋毁、网络不正当竞争行为，提高了罚款数额以增加违法成本；针对部分数字经济领域的不正当竞争行为增设了对“情节特别严重”的加重处罚条款，从而彰显法律对该领域违法行为严厉打击的态度。在民事责任上，根据现行法律，商业混淆与侵犯商业秘密行为能适用法定赔偿、侵犯商业秘密行为能适用惩罚性赔偿，但《征求意见稿》将法定赔偿和惩罚性赔偿的适用范围扩大至所有不正当竞争行为，同时改变了惩罚性赔偿的适用要件与计算基数。扩大惩罚性赔偿的适用范围无疑能起到补偿权利人并惩罚侵权人的作用，但《征求意见稿》对惩罚性赔偿制度的修改还有待商榷。惩罚性赔偿突破了侵权损害赔偿的“填平原则”，是通过私法手段实现公法目的的特殊赔偿责任制度。❷ 为了避免过度惩罚所引发的寒蝉效应，惩罚性赔偿的适用需格外谨

---

❶ 王晓晔．论滥用“相对优势地位”的法律规制［J］．现代法学，2016，38（5）．

❷ 吴汉东．知识产权惩罚性赔偿的私法基础与司法适用［J］．法学评论，2021，39（3）．

慎，法律需对惩罚性赔偿的适用要件与计算方法作出严格规定，如知识产权惩罚性赔偿的适用要求同时满足主观要件“故意”与客观要件“情节严重”，计算基数只限实际损失、违法所得和许可使用费。但《征求意见稿》将惩罚性赔偿的适用范围扩大到所有不正当竞争行为，适用条件仅有“情节严重”，并将“制止侵权的合理开支”纳入计算基数，大幅降低惩罚性赔偿的适用门槛是否具有正当性应成为后续修法重点关注的问题。

（二）《关于适用〈中华人民共和国反不正当竞争法〉若干问题的解释》

最高人民法院于2021年8月19日发布公告，就《最高人民法院关于适用〈中华人民共和国反不正当竞争法〉若干问题的解释（征求意见稿）》向社会公开征求意见。在广泛听取中央有关部门、学术界、实务界和社会公众的意见之后，最高人民法院于2022年3月17日正式公布《关于适用〈中华人民共和国反不正当竞争法〉若干问题的解释》（以下简称《反不正当竞争法司法解释》），并于2022年3月20日起施行，此前适用的《最高人民法院关于审理不正当竞争民事案件应用法律若干问题的解释》同时废止。

1. 出台背景

随着社会经济的快速发展，市场主体大幅扩容，线上线下市场加速融合，市场竞争关系发生深刻变化。新类型竞争纠纷不断出现，事实认定和法律适用难度加大，新领域新业态的权利边界、责任认定等不断对司法提出新的要求。❶ 竞价排名、刷单炒信、不当风险提示、不当数据获取或使用、平台强制“二选一”、仿商标、傍名牌、恶意混淆、虚假宣传等不正当竞争行为不断涌现。❷ 为规制新型不正当竞争行为，回应社会关切，迫切需要对《反不正当竞争法》中争议较多的问题，特别是概念模糊、权益边界不清的问题作出解释，从而增强《反不正当竞争法》的确定性，做到同案同判，体现社会公平，同时更好地激发市场创新活力，规范市场竞争行为，营造公平、透明、可预

---

❶ 最高法民三庭负责人就反不正当竞争法司法解释答记者问［EB/OL］.［2022-12-03］. https://www.court.gov.cn/zixun-xiangqing-351301.html.

❷ 许睿，李海洋．最高法出台反不正当竞争法司法解释［N］．中国商报，2022-03-29（01）.

期的良好竞争环境。

2. 规范内容

《反不正当竞争法司法解释》共29条，根据2017年和2019年两次修改后的《反不正当竞争法》，重点对《反不正当竞争法》第2条、仿冒混淆、虚假宣传、商业诋毁、网络不正当竞争行为等问题作出细化规定。由于最高人民法院已于2020年单独对商业秘密作出了新的司法解释，即《最高人民法院关于审理侵犯商业秘密民事案件适用法律若干问题的规定》(法释〔2020〕7号)，为避免内容重复，《反不正当竞争法司法解释》中未再涉及有关商业秘密的内容。

在《反不正当竞争法》总则规范的解释方面，《反不正当竞争法司法解释》第1条明确了《反不正当竞争法》第2条即一般条款的适用范围，厘清了一般条款与具体行为条款、知识产权专门法之间的适用关系，也明确了《反不正当竞争法》一般条款对其他知识产权专门法的兜底适用地位。《反不正当竞争法司法解释》第2~3条，分别对《反不正当竞争法》第2条中“其他经营者”“商业道德”的含义及评判标准进行了释明。将“其他经营者”界定为“与经营者在生产经营活动中存在可能的争夺交易机会、损害竞争优势等关系的市场主体”，同时也表明“与经营者在生产经营活动中存在可能的争夺交易机会、损害竞争优势等关系”属于竞争关系；将商业道德定义为“特定商业领域普遍遵循和认可的行为规范”，同时明确了人民法院在判断经营者是否违反商业道德时所要综合考量的因素，主要包括：行业规则或者商业惯例、经营者的主观状态、交易相对人的选择意愿以及对消费者权益、市场竞争秩序、社会公共利益的影响等。另外，还可以参考行业主管部门、行业协会或者自律组织制定的从业规范、技术规范、自律公约等对经营者是否违反商业道德作出评判。

《反不正当竞争法司法解释》第4~14条明确了商业混淆行为的认定，对《反不正当竞争法》第6条有关识别区分机制保护的条文进行了细化，明确对商业标识混淆行为的认定参照《商标法》的有关规定。《反不正当竞争法司法解释》用大量条款对《反不正当竞争法》第6条项下“有一定影响的”“装潢”“企业名称”“使用”“引人误认为是他人商品或者与他人存在特定联系”等术语进行了具体解释。第 15 条还将帮助他人实施混淆行为纳入调整范围。《反不正当竞争法司法解释》第 16～18 条区分了虚假的商业宣传和引人误解的商业宣传两类行为，并明确了当事人请求损害赔偿的举证责任。第 19～20 条明确了商业诋毁诉讼的举证责任和法条具体适用。第 21～22 条对“强制进行目标跳转”等互联网中的不正当竞争行为进行了细化。第 23 条明确了违反一般条款、虚假宣传、商业诋毁、互联网不正当竞争行为法定赔偿的适用。第 24～25 条对同一行为侵犯多种权利的处理和法律责任的承担作出了规定。

在程序规定上，《反不正当竞争法司法解释》第 26～29 条对不正当竞争纠纷的管辖问题、新旧法衔接等问题作出具体规定。

《反不正当竞争法司法解释》相较于最高人民法院发布的《征求意见稿》存在细微差别，其保留了《征求意见稿》的大部分条款内容，同时对存在争议的条款和内容进行了调整或删除。

3. 规范评价

（1）明确了一般条款的地位和适用规则。《反不正当竞争法司法解释》第 1～3 条，对《反不正当竞争法》第 2 条一般条款的适用条件作出明确规定。《反不正当竞争法司法解释》第 1 条意在解决司法实践中频繁“向一般条款逃逸的问题”，为防止一般条款的滥用，解决裁判标准不统一的问题，将《反不正当竞争法》一般条款的适用细化为下述要件：一是经营者的行为扰乱市场竞争秩序；二是该行为损害其他经营者或消费者的合法权益；三是该行为属于《反不正当竞争法》第二章具体行为及《著作权法》《专利法》《商标法》等规定之外的情形。《反不正当竞争法司法解释》将长期以来存有争议的“竞争关系”认定标准明确为“存在可能的争夺交易机会、损害竞争优势等关系”，解决了理论和实务层面对竞争关系认定的难题。《反不正当竞争法》作为知识产权专门法的补充，只有在知识产权专门法没有规定的情况下才能适用，而《反不正当竞争法》又对不正当竞争行为作了专章规定，只有不属于专章规范的不正当竞争行为才能适用《反不正当竞争法》的一般条款，即一般条款在类型化条款不能适用时起到补充、兜底的作用。

（2）完善了仿冒混淆的认定标准。《反不正当竞争法司法解释》共计用11条规范对仿冒混淆行为的认定作出了细化的规定，使仿冒混淆的认定标准更加明晰。市场混淆行为作为不正当竞争的典型行为之一，案件数量在不正当竞争纠纷案件中占比较大。混淆理论作为商标法的理论基础，在商标侵权案件中得到了普遍适用，在司法实践中也积累了较为丰富的操作经验。《反不正当竞争法司法解释》充分借鉴了商标法中的混淆理论和相关规则，细化了“混淆”判定思路，并对市场混淆行为的认定、帮助混淆行为、善意免责等问题均作出了更为明确和详细的规定。《反不正当竞争法司法解释》对《反不正当竞争法》中“有一定影响”的解读和对“商业混淆条款”中的兜底条款的规定，是对实践中相关争议的直接回应，这将为司法实践提供更为细致的认定标准。

（3）细化了互联网专条的适用规范。《反不正当竞争法》2017年修订后，新增了规制互联网不正当竞争行为的专项条款，即《反不正当竞争法》第12条。《反不正当竞争法司法解释》第21~22条对《反不正当竞争法》第12条的适用作出了具体的规定，对“插入链接强制跳转”与“干扰用户使用”的认定作出了更具操作性的指引。《反不正当竞争法司法解释》第21条明确“强制进行目标跳转”的判断标准，引入“未经用户同意”要件，采用“经营者+用户同意”双重同意标准。对“仅插入链接，目标跳转由用户触发”行为是否违反《反不正当竞争法》第12条第2款第（1）项的规定给出了法院应当具体考量的因素，回应了司法实践中遇到的一些具体问题，是对司法实践经验的提炼和总结。《反不正当竞争法司法解释》第22条在《反不正当竞争法》第12条第2款第（2）项基础上，增加了“经营者事前未明确提示并经用户同意”和“恶意干扰或者破坏”两个要件。在“修改、关闭、卸载”后面增加“等”字，为未来规制网络环境下干扰用户使用的其他同类行为预留了解释空间。相较于《反不正当竞争法司法解释》的《征求意见稿》，《反不正当竞争法司法解释》删除了《征求意见稿》中有关数据权益的条款，对数据权益的保护规则仍有待司法机关通过个案的裁判逐渐形成清晰的规则指引。

《反不正当竞争法司法解释》的施行，对于加强反不正当竞争司法，为市场主体提供竞争合规指引以及公平竞争和自由竞争的稳定预期具有重要意义。

（三）反不正当竞争地方制度建设

1. 重庆市

2022 年 9 月 28 日，重庆市第五届人民代表大会常务委员会第三十七次会议审议通过对《重庆市反不正当竞争条例》（以下简称《条例》）的修改。新《条例》围绕市场反应强烈和反不正当竞争领域亟待解决的突出问题和薄弱环节，对原《条例》进行了修订，弥补了反不正当竞争制度的部分漏洞。新《条例》共 6 章 43 条，分别专章规定了不正当竞争行为、监督检查、公平竞争环境建设、法律责任等内容，主要对不正当竞争行为的有关规定进行了修订。新《条例》从多个方面加强了不正当竞争行为的规制：一是细化了上位法规定的市场混淆、商业贿赂、虚假宣传、侵犯商业秘密、不正当有奖销售、商业诋毁、网络不正当竞争等不正当竞争行为的具体表现形式；二是增加部分禁止性规定，包括销售混淆商品、帮助实施混淆、商业受贿等。《条例》的修订，必将对重庆市市场经济的发展起到积极推动作用。

2. 浙江省

2022 年 7 月 29 日，浙江省第十三届人民代表大会常务委员会第三十七次会议审议通过《浙江省反不正当竞争条例》的修订，并于 2022 年 10 月 1 日起施行。该“条例”结合浙江实际，侧重规范新领域新业态下刷单炒信、滥用数据优势等互联网领域不正当竞争行为。该《条例》共计 5 章 32 条，包括总则、不正当竞争行为、监督检查、法律责任和附则。修改后的《浙江省反不正当竞争条例》呈现出诸多亮点，主要包括：细化和完善了反不正当竞争行为的具体情形，在《反不正当竞争法》规定的 7 种不正当竞争行为的基础上，结合数字经济出现的新特点，对不正当竞争行为进行补充、细化，内容更具可操作性；引入社会力量共治不正当竞争，如电子商务平台经营者、行业协会、商会等社会组织；明确了商业贿赂中收受贿赂行为的法律责任，对单位和个人规定了不同的罚款数额；对推动建立长三角地区反不正当竞争工作协调机制作出了规定，规定省有关部门应当推动构建跨省域反不正当竞争信息共享、案件移送、执法协助、联合执法机制等，这为跨省域统一执法标准，加强长三角地区联合打击不正当竞争行为提供了依据。

3. 山西省

2022 年 9 月 28 日，山西省第十三届人民代表大会常务委员会第三十七次会议审议通过《山西省反不正当竞争条例》的修订，自 2022 年 12 月 1 日起施行。该"条例"共计 20 条，用大量条款明确了各相关主体（主要是反不正当竞争的监督检查部门）的职责和义务，规定了反不正当竞争工作的机制和程序。《山西省反不正当竞争条例》自 1993 年颁布施行，一直没有做过修改，严重滞后于经济社会发展的实际需要。修改后的"条例"鼓励、支持和保护对不正当竞争行为进行社会监督，任何组织和个人有权举报不正当竞争行为；"条例"还要求加强智慧监管体系建设，利用大数据等技术手段，提高发现和查处不正当竞争行为的能力。《山西省反不正当竞争条例》的修改对于制止不正当竞争行为，鼓励和保护公平竞争，加快建设公平竞争的法治化营商环境具有重要意义。

二、反不正当竞争行政执法与司法保护情况

（一）反不正当竞争行政执法情况

1. 反不正当竞争行政执法总体情况*

2022 年 1~10 月，全国各级市场监管部门共查办各类不正当竞争案件 7 027件，罚没金额 4.2 亿元。截至 2022 年 12 月 14 日，2022 年全国反不正当竞争执法文书共计有 587 篇在中国市场监管行政处罚文书网公布（以处罚依据为《反不正当竞争法》作为关键字进行检索）。

就不正当竞争案件发生的地域来看，东部沿海地区与西部地区呈现出明显的地域差异。在公开的 587 篇文书中，四川省各级市场监督管理局作出的

* 数据来源于：中国市场监管行政处罚文书网［EB/OL］.［2022-12-14］. http://cfws.samr.gov.cn/index.html.

行政处罚文书为327篇，占全部文书的55.71%，其次是江苏省与湖北省，分别占比为12.27%和10.39%。

2022年4月，市场监管总局印发通知，部署开展反不正当竞争专项执法行动，聚焦重点，规范竞争，推进建设全国统一大市场。专项执法行动突出五个重点：突出重点领域，聚焦民生和新消费、重要商品和要素市场、新经济等领域的竞争秩序；突出重点行业，聚焦早教、中介、第三方测评、医美等行业乱象问题；突出重点人群，聚焦老年、青少年、女性等人群合法权益维护；突出重点地区，聚焦农村、城乡接合部、医疗机构周边、学校周边、文化娱乐场馆周边等违法行为多发地区；突出重点商品，聚焦“保健”产品、农产品、防疫用品等重要商品。严厉打击仿冒混淆、“口碑”营销、商业贿赂、“二选一”等不正当竞争行为，着力营造放心消费环境，维护公平竞争市场秩序。❶

伴随着医美行业高速发展，一些行业乱象滋生，破坏市场竞争秩序，损害消费者的正当权益和健康安全。2022年，市场监管总局继续加大工作力度，连续部署开展反不正当竞争专项执法行动，对医美等重点领域不正当竞争行为，持续保持高压态势。市场监管总局公布了以下几类典型案例：虚假宣传医疗机构资质、医生资历案；虚假宣传产品功效、疗效案；刷单炒信案；仿冒混淆案；不正当有奖销售案。公布专项行动中查办的医美行业不正当竞争的典型案例，旨在提醒消费者科学理性消费，督促市场主体自觉守法。

2022年，市场监管总局加大工作力度，部署开展反不正当竞争专项执法行动、医疗卫生领域商业贿赂专项整治等，严厉打击商业贿赂不正当竞争行为。加大对商业贿赂的监管执法力度，对推动经营者增强守法经营意识，维护正常的市场竞争秩序，保护其他经营者和消费者的合法权益具有重要意义。❷ 为充分发挥典型案例警示教育作用，引导经营者自觉守法，参与市场公

---

❶ 以公正监管保障公平竞争 2022年反不正当竞争专项执法行动启动［EB/OL］.［2022-12-12］. https://ipraction.samr.gov.cn/gzdt/bmdt/art/2022/art_84becd0c63a24725818a1099c1ca6647.html.

❷ 市场监管总局公布5起商业贿赂不正当竞争典型案例［EB/OL］.［2022-12-12］. https://www.samr.gov.cn/xw/mtjj/202211/t20221118_351779.html.

平竞争，市场监管总局于11月公布了一批商业贿赂不正当竞争典型案例，涉及医疗卫生行业、旅游行业、餐饮行业和保险行业等。

2. 典型案例

（1）福州仓山区维多利亚医疗美容门诊部虚假宣传医生资历案。[1]

2021年11月4日，福州市仓山区市场监督管理局执法人员在现场检查时发现，当事人福州仓山区维多利亚医疗美容门诊部在经营场所悬挂灯箱宣传其聘请的2位整形医生梁某和李某，称梁某为“中华医学美容协会理事、中国医师协会整形专科会员”，称李某为“中华医学会整形外科协会会员、中国吸脂与脂肪移植专家组成员、国际医师协会美容外科分会荣誉会员、中国医师协会美容与整形医师分会专科会员”。

经查，当事人对上述关于整形医生梁某和李某的宣传介绍无法提供相应证据材料证明，上述信息均系当事人为了加强宣传效果而杜撰，宣传内容并不属实。且因上门的客户均由当事人前台行政人员随机安排接诊医生，无法认定当事人因虚假宣传内容而增加的经营额。因此，当事人发布上述虚假宣传内容期间因虚假宣传产生的经营额及违法所得无法计算。

当事人的行为违反了《反不正当竞争法》第8条第1款的规定，对商品作引人误解的商业宣传，或者通过组织虚假交易等方式帮助其他经营者进行虚假或者引人误解的商业宣传的，由监督检查部门责令停止违法行为，依据《反不正当竞争法》第20条的规定，责令当事人立即停止违法行为，并处罚款20万元。

（2）北京仁仁家教育咨询有限公司虚假宣传案。[2]

北京仁仁家教育咨询有限公司于2019年6月开设网站 www. rrjedu. cn，2020年10月23日开设微信公众号（北京仁仁家），并在网站上发布一系列商业宣传：“仁仁家教育创始人·李某某　仁仁家教育咨询有限公司董事长、国

[1] 国家市场监督管理总局2022年反不正当竞争专项执法行动典型案例二［EB/OL］.［2022-12-12］. https：//www. samr. gov. cn/xw/zj/202211/t20221117_351728. html.

[2] 北京市昌平区市场监督管理局京昌市监处罚〔2022〕662号行政处罚决定书。

家教育部十三五重点课题组组长”“2018年1月成功申报国家教育部十三五重点课题《中国式家庭教育探索与实践》”等内容。当事人并于2020年10月27日在微信公众号发布以下商业宣传：“仁仁家教育——中央电视台上榜品牌，被人民日报评为2018年中国家庭教育行业最具影响力领先品牌。”

经查证，教育部2018年重点课题目录中并没有当事人所提供的相关课题，最大股东和实际控制人李某某所提供的聘书不能证明当事人作出“李某某是教育部十三五重点课题组组长”的商业宣传的真实性。当事人未核实相关内容的真实性，就将“仁仁家教育——中央电视台上榜品牌，被人民日报评为2018年中国家庭教育行业最具影响力领先品牌”等虚假信息发布在自设网站和微信公众号，对外进行宣传。

当事人的虚假商业宣传行为杜撰了人民日报、中央电视台及教育部的认可和背书，使社会公众产生误解，波及北京、四川、河南、上海、安徽等多个省市，造成较大的不良社会影响。因此，执法部门认为当事人上述行为违反了《反不正当竞争法》第8条第1款，依据《反不正当竞争法》第20条第1款，责令当事人停止违法行为，并给予50万元罚款。

（3）上海网鱼信息科技有限公司“网鱼网咖”不正当有奖销售案。[1]

自2019年6月1日起，上海网鱼信息科技有限公司在网鱼网咖的门店，开展了一项名为“充99元得199元”的促销活动，并通过电子显示屏，制作摆放易拉宝，张贴宣传海报等方式，向公众公布本次促销活动方案为：“黄金卡：充99元得199元以上（上网9.5折），80元网费+价值119元以上的充送券、饮品券、通宵半价券等；铂金卡：充199元得499元以上（上网9.2折），170元网费+价值329元以上的充送券、饮品券、通宵半价券等；钻石卡：充399元得999元以上（上网8.8折），350元网费+价值649元以上的充送券、饮品券、通宵半价券等”，“赠送福利按月发放到卡内”。上海网鱼信息科技有限公司的促销活动是一次向满足一定充值条件的消费者，提供充值优惠的附赠式有奖销售行为。

---

[1] 上海市浦东新区市场监督管理局沪市监浦处〔2022〕152021001857号行政处罚决定书。

经查实，在此次促销活动中，作为附赠式有奖销售的奖品赠送给消费者的充送券，兑换规则为充值满100元送30元，且每个月仅能使用1张，当事人送出的充送券、饮品券、通宵半价券等兑换券有效期均为1个月。当事人为此次附赠式有奖销售提供的奖品设置了诸多限制条件，但在公布的活动方案中，仅提示消费者此次活动的奖品是按月发放到卡内，导致部分消费者无法在1个月内使用多张充送兑换券的情形，影响了消费者兑奖。

当事人的上述行为，违反了《反不正当竞争法》第10条第（1）项“经营者进行有奖销售不得存在下列情形：（一）所设奖的种类、兑奖条件、奖金金额或者奖品等有奖销售信息不明确，影响兑奖；……”的规定。综合考量当事人的违法情节及危害后果，市场监督管理部门依据《反不正当竞争法》第22条的规定，决定给予10万元罚款。

（4）上海沪中医疗美容门诊部有限公司商业贿赂案。[1]

上海沪中医疗美容门诊部有限公司主要从事医疗美容整形等诊疗活动。2021年5月，当事人与拟成立网络直播公司的个人费某约定，由其作为渠道商，为当事人介绍客户资源，以客户美容项目实际成交额的40%~60%返款比例向费某支付“好处费”。2021年9月18日，上海某文化传播有限公司（以下简称“某文化公司”）注册成立，费某任法定代表人，并且为大股东。

经查，2021年5~9月，费某利用其投资人和负责人的身份，在招聘主播的过程中，以应聘人员面部容貌不符合主播岗位要求为由，要求应聘人员至其指定医院即当事人处接受推荐部位的医疗美容整形项目，并与应聘人员签订《入职意向书》，应允在手术后正式录用为主播。通过上述模式，费某先后推荐贾某、杜某、张某三人至当事人处接受医疗美容诊疗服务。其中三人陆续购买并接受当事人提供的各类医疗美容项目。交易达成后，当事人按照约定通过公司账户分别向费某个人账户转账，合计支付给费某“好处费”2.1万元。

该案当事人医疗美容项目的成交机会，完全赖于交易第三人费某的推介。

[1] 上海市长宁区市场监督管理局沪市监长处〔2022〕052021001235号行政处罚决定书。

费某在招聘主播的过程中，以交易相对人面部容貌不符合主播岗位要求为由，创造了医疗美容的市场需求。同时，费某要求交易相对人至其指定医院即当事人处接受推荐部位的医疗美容整形项目，将就业机会与当事人的交易机会相捆绑，形成需求与供给的闭环。当事人按交易额向交易第三方费某支付“好处费”，锁定了交易机会，排斥了竞争对手，损害了市场经营秩序。交易第三人费某，利用其雇主和招聘方的强势地位，将相应的医疗美容服务项目作为胜任工作岗位的必要条件，并指定交易对象，剥夺了交易相对方对医疗美容服务主体及医疗美容服务项目的自主选择权，损害了交易相对方（消费者）的利益。

执法部门认为，上述行为违反了《反不正当竞争法》第 7 条第 1 款第（3）项“经营者不得采用财物或者其他手段贿赂下列单位或者个人，以谋取交易机会或者竞争优势：（三）利用职权或者影响力影响交易的单位或者个人”之规定，依据《反不正当竞争法》第 19 条之规定，没收违法所得 39 732. 53元；罚款 30 万元。

（5）上海伦拿医疗设备有限公司市场混淆案。❶

2014 年 1 月至 2017 年 12 月，当事人上海伦拿医疗设备有限公司为贝朗爱敦（上海）贸易有限公司（以下简称“上海贝朗公司”）的授权经销商，经销该公司的贝朗 Ultra 透析液过滤器。2018 年 1 月起，当事人未再获得上海贝朗公司的经销商授权。2020 年 2 月起，当事人从境外渠道自行进口贝朗 Ultra 透析液过滤器共计 6 990个。为获取竞争优势，使客户产生混淆，误认为当事人经销的上述贝朗 Ultra 透析液过滤器货源及售后服务单位均为上海贝朗公司，当事人擅自在产品中文标签和说明书上标注“代理人及售后服务单位：贝朗爱敦（上海）贸易有限公司”，并在未经上海贝朗公司授权的情况下，擅自对客户谎称当事人仍为上海贝朗公司授权经销商，经销的上述贝朗 Ultra 透析液过滤器采购自上海贝朗公司，由该公司承担售后服务，且向部分客户提供当事人变造的上海贝朗公司证照材料。

---

❶ 上海市长宁区市场监督管理局沪市监长处〔2022〕052021000492 号行政处罚决定书。

该案中，值得特别关注的方面有：①上海贝朗公司在国内透析产品领域具有一定影响力，客户对其渠道和售后服务有一定的信赖和认可。②对于涉案商品，正规的进货渠道及售后服务是相关市场竞争主体的重要竞争优势，但当事人的货源系自行进口，其渠道及售后服务水平尚未得到市场认可。③当事人具有混淆的主观故意。当事人利用相关客户对上海贝朗公司的信赖进行恶意攀附，采用虚标、谎称、变造等手段，欺骗交易对象，牟取不当竞争利益。④当事人实施了复合性混淆行为，当事人为实现销售目的，采用多种手段实施复合性混淆行为。⑤当事人混淆行为造成引人误认的法律后果。当事人通过混淆货源及售后服务单位，实现销售目的，亦使上海贝朗公司具有潜在购买意向的客户发生误认误购，造成其交易机会减少。

基于此，执法机关认为，当事人的上述行为违反了《反不正当竞争法》第6条第（4）项关于"经营者不得实施下列混淆行为，引人误认为是他人商品或者与他人存在特定联系：（四）其他足以引人误认为是他人商品或者与他人存在特定联系的混淆行为"的规定。执法机关综合考虑案件情况，依据《反不正当竞争法》第18条第1款规定，给予行为人没收贝朗品牌、型号为Ultra的透析液过滤器共计4个，并罚款2 531 755.59元的处罚。

（二）反不正当竞争司法保护情况

1. 反不正当竞争司法保护总体情况*

2021年，人民法院共新收一审、二审、申请再审等各类知识产权案件642 968件，审结601 544件（含旧存，下同），比2020年分别上升22.33%和14.71%。

（1）不正当竞争民事司法审判。

2021年，地方各级人民法院新收知识产权民事一审案件550 263件，审结515 861件，比2020年分别上升24.12%和16.52%。其中，新收竞争类案件

* 2022年全国收案、结案情况须等待最高人民法院发布，时值2022年与2023年交替之际，最高人民法院尚未发布《中国法院知识产权司法保护状况（2022年）》白皮书，2021年的白皮书于2022年4月21日发布，2022年的白皮书预计将在2023年4—5月发布，届时可查询到相关数据。目前可查询到的新收及审结案件数据统计截至2021年12月31日。

8 419件，同比上升 78. 26%。❶ 2021 年度人民法院审结的具有较大社会影响的知识产权民事案件中，海信视像科技股份有限公司、TCL 王牌电器（惠州）有限公司等商业诋毁纠纷案涉及不正当竞争行为。

为正确审理不正当竞争纠纷案件，维护公平竞争秩序，最高人民法院起草了《最高人民法院关于适用〈中华人民共和国反不正当竞争法〉若干问题的解释（征求意见稿）》，并于 2022 年 1 月 29 日由最高人民法院审判委员会第 1862 次会议通过，于 2022 年 3 月 17 日公布，自 2022 年 3 月 20 日起施行。

2022 年 11 月 17 日，最高人民法院公布了 10 件反不正当竞争典型案例❷，这些案例覆盖范围广泛，既涵盖电气工程等传统领域，也涉及芯片技术等高新技术领域，对网络直播等互联网新兴业态中存在的不正当竞争问题也作出了回应。这些典型案例对于统一裁判标准，明确裁判规则有着重要的示范意义。

（2）不正当竞争刑事司法审判。

2021 年，地方各级人民法院新收侵犯知识产权刑事一审案件 6 276件，审结 6 046件，比 2020 年分别上升 13. 2% 和 9. 53%。在审结的侵犯知识产权犯罪一审案件中，侵犯商业秘密刑事案件 61 件，比 2020 年增加 16 件。❸

2. 不正当竞争案件分类统计

截至 2022 年 12 月 13 日，2022 年全国不正当竞争民事一审案件有 1 693 篇文书在中国裁判文书网公布，较上一年度稍有减少。在公开的文书中，商业贿赂不正当竞争纠纷案件文书 160 篇，占比约 9. 45%；侵害商业秘密纠纷案件文书 114 篇，占比约 6. 73%，该类案由中包含侵害技术秘密纠纷 34 篇和侵害经营秘密纠纷 10 篇；仿冒纠纷案件文书 98 篇，占比约 5. 79%，该类案

❶ 中国法院知识产权司法保护状况（2021 年）[EB/OL]. [2022-12-13]. https://www.court.gov.cn/zixun-xiangqing-355841.html.

❷ 人民法院反不正当竞争典型案例 [EB/OL]. [2022-12-13]. https://www.court.gov.cn/zixun-xiangqing-379711.html.

❸ 中国法院知识产权司法保护状况（2021 年）[EB/OL]. [2022-12-13]. https://www.court.gov.cn/zixun-xiangqing-355841.html.

由中包含擅自使用知名商品特有名称、包装、装潢纠纷案件7篇，擅自使用他人企业名称、姓名纠纷案件7篇；商业诋毁纠纷案件文书32篇，占比约1.89%；虚假宣传纠纷案件文书51篇，占比约3.01%；串通投标不正当竞争纠纷案件文书5篇，占比约0.20%；有奖销售纠纷案件文书2篇，占比约0.11%；此外，有1 231篇文书未明确划入上述几类案由类别。❶

3. 典型反不正当竞争案例

(1) 郑州张百年医药有限公司诉徐某某、金牛区博鳌保健用品批发部、成都市济世博澳医药科技有限公司侵害商标权及不正当竞争纠纷案。❷

郑州张百年医药有限公司（以下简称“张百年公司”）系“张百年”及“虎镖”注册商标的专用权人以及“张百年牌虎镖痛可贴”系列产品商品名称及包装权益的享有者。根据在先刑事判决的认定，徐某某在其经营的金牛区博鳌保健用品批发部（以下简称“博鳌批发部”）和成都市济世博澳医药科技有限公司（以下简称“济世公司”）销售了被诉侵权商品。被诉侵权商品与张百年公司生产销售的“张百年牌虎镖痛可贴”商品类别和名称相同、外包装近似，且使用了张百年公司的企业名称。后张百年公司以徐某某等实施侵害商标权及不正当竞争行为为由提起诉讼。

一审法院认为，徐某某、博鳌批发部、济世公司侵害了张百年公司注册商标专用权，并未认定徐某某、博鳌批发部和济世公司对张百年公司构成不正当竞争。张百年公司不服一审判决，提起上诉，二审法院同样认定被诉侵权行为构成侵害注册商标专用权，驳回了张百年公司与不正当竞争有关的诉讼请求。

后张百年公司向最高人民法院申请再审。最高人民法院提审认为，被诉侵权商品与张百年公司有一定影响的商品名称及包装高度近似，且标注了张

❶ 数据来源于中国裁判文书网 https://wenshu.court.gov.cn/“高级检索”功能中“案由”选项，可能存在对于部分三级案由项下四级案由之和小于三级案由数量以及部分文书未明确划分案由等问题。上述问题未有官方解释，在此特作说明。

❷ 最高人民法院（2022）最高法民再4号民事判决书；人民法院反不正当竞争典型案例［EB/OL］.［2022-12-13］. https://www.court.gov.cn/zixun-xiangqing-379711.html.

百年公司的企业名称，容易导致相关公众误认为该商品来源于张百年公司或者与张百年公司存在特定联系，徐某某在其经营的博鳌批发部、济世公司销售被诉侵权商品的行为违反《反不正当竞争法》第 6 条的规定，遂改判徐某某等停止不正当竞争行为并共同赔偿张百年公司经济损失及合理开支 30 万元。

最高人民法院再审判决依法认定被诉侵权行为构成仿冒混淆的不正当竞争行为，明确了销售被诉侵权产品应当承担的法律责任，并根据相应侵权情节对赔偿数额作出调整，对统一类似混淆行为案件的裁判标准具有重要意义。

（2）南京德尔森电气有限公司诉美弗勒智能设备有限公司侵害商标权及不正当竞争纠纷案。❶

南京德尔森电气有限公司（以下简称“德尔森公司”）与美弗勒智能设备有限公司（以下简称“美弗勒公司”）同为电气行业经营者。德尔森公司成立时间较早，且在智能化变电站恒温恒湿汇控柜等领域拥有多项专利权。德尔森公司认为，美弗勒公司将自身 8 个工程案例作为其成功案例印制在其产品宣传册上进行虚假宣传，欺骗、误导消费者，构成不正当竞争行为，遂诉至法院。一审法院认为，美弗勒公司制作的宣传册所载标识，一般不会引人误认为是德尔森商品或与德尔森存在特定联系，故认定美弗勒公司的宣传并不构成不正当竞争行为。

德尔森公司不服一审判决，提起上诉。二审法院认为，美弗勒公司产品宣传手册所载图片不含显著标识，不能使人误认为与德尔森公司存在特定联系，不构成混淆行为。加之案涉产品为电气类产品，具有特定用途，宣传行为本身并不会增加美弗勒公司的竞争优势，也不会使德尔森公司丧失正常交易机会。德尔森公司无充分证据证明美弗勒公司宣传内容足以造成相关公众误解并对其造成直接损害后果，从而判决驳回德尔森公司的诉讼请求。

德尔森公司向最高人民法院申请再审，最高人民法院提审后认为，美弗

❶ 最高人民法院（2022）最高法民再 1 号民事判决书；人民法院反不正当竞争典型案例［EB/OL］.［2022-12-13］. https://www.court.gov.cn/zixun-xiangqing-379711.html.

勒公司此行为足以使消费者误认为此 8 个工程案例系由美弗勒公司所承建，欺骗、误导了消费者，由此易使美弗勒公司获取市场竞争优势和市场交易机会，损害与其作为同业竞争关系的德尔森公司的利益，扰乱了市场竞争秩序。对于消费者而言，正是由于美弗勒公司对其产品的虚假宣传，易使消费者发生误认误购，亦损害了消费者利益，美弗勒公司的行为构成《反不正当竞争法》第 8 条规定的虚假宣传的不正当竞争，从而改判其承担停止不正当竞争行为、赔偿损失的民事责任。

（3）武威市搏盛种业有限责任公司与河北华穗种业有限公司侵害技术秘密纠纷案。❶

河北华穗种业有限公司（以下简称“华穗种业公司”）是“万糯 2000”玉米品种的品种权人。“万糯 2000”玉米品种来源于父本“W68”品种及母本“W67”品种。华穗种业公司认为，武威市搏盛种业有限责任公司（以下简称“搏盛公司”）的玉米品种“盛甜糯 9 号”实际上为“万糯 2000”的父本“W68”，搏盛公司通过不正当手段获取华穗种业公司“W68”品种技术秘密，遂诉至法院。

一审法院审理后认为，杂交种的亲本属于技术信息，在符合秘密性等法定条件下属于商业秘密，应当受到保护。父本品种“W68”及母本“W67”作为“万糯 2000”的亲本，属于反不正当竞争法规定的技术信息。该案中，华穗种业公司已经提交证据证明其通过与“万糯 2000”玉米植物新品种的育种者、公司高管、委托制种企业签订保密协议，制定公司保密制度等方式对“W68”技术信息采取了保密措施。搏盛公司作为制种企业，在其生产经营活动中使用华穗种业公司“W68”技术信息，属于使用华穗种业公司技术秘密的行为。搏盛公司在诉讼中并不能说明其使用的“W68”技术信息具有合法正当来源，故应当承担侵害华穗种业公司技术秘密的相应民事责任。

搏盛公司不服一审判决提起上诉，二审法院经审理后认为，“W68”属于反不正当竞争法下商业秘密保护的客体，作为通过育种创新获得的具有育种

❶ 最高人民法院（2022）最高法知民终 147 号民事判决书。

竞争优势的育种材料，具有商业价值，不为所属领域的相关人员普遍知悉，也不容易获得，且经权利人采取了相应的保密措施，符合商业秘密的构成要件，依法应当受到反不正当竞争法的保护。鉴此，二审法院驳回上诉，维持原判。

（4）香港鸿润达免税国际有限公司等与中国免税品（集团）有限责任公司仿冒不正当竞争纠纷。❶

中国免税品（集团）有限责任公司（以下简称“中免公司”）是一家经营进口、零售、代购、代销全国出入境口岸免税店、市内免税店的企业。中免公司主张“CDF”“CDFG”均系中免公司的企业名称，认为香港鸿润达免税国际有限公司（以下简称“鸿润达公司”）授权润鸿基公司运营域名为gdfs. com、gdfs. com. cn 的网站，线下体验店门头与装潢中使用的“gdfs”，运营的微信公众号点击商城主页直接跳转到润鸿基公司、鸿润达公司运营的网站，微信公众号使用“GDFS”等行为侵犯了中免公司的企业名称权与域名权，故诉至法院。

一审法院认为，润鸿基公司、鸿润达公司在经营的微信公众号、网站、门店装潢中突出使用与中免公司企业名称近似的“GDFS”，足以导致相关公众混淆或误认，具有攀附中免公司商誉的恶意，构成不正当竞争，两者应当承担相应的侵权责任。

被告润鸿基公司与鸿润达公司不服一审判决，上诉至北京知识产权法院。二审法院经审理认为，首先，域名 cdfg. com. cn 的主体部分“cdfg”与其英文简称“CDFG”相同，经过长期广泛使用已与中免公司建立起对应关系，能够起到使消费者识别商标来源的作用，具有一定影响力，构成具有一定影响的域名。其次，该案中，润鸿基公司、鸿润达公司具有抢占对方交易机会的可能，故与中免公司存在竞争关系。最后，润鸿基公司、鸿润达公司在经营过

❶ 北京知识产权法院（2022）京 73 民终 992 号民事判决书；【以案释法】50 万元赔偿 免税店名称仿冒不正当竞争二审宣判［EB/OL］.［2022-12-13］. https：//bjzcfy. bjcourt. gov. cn/article/detail/2022/08/id/6846294. shtml.

程中使用与中免公司简称“CDFG”高度近似的“GDFS”，且在自身不能经营免税业务的同时在宣传中多次使用“免税”字样进行宣传，误导消费者，具有明显的攀附中免公司商誉的恶意，润鸿基公司、鸿润达公司的行为构成不正当竞争。鉴此，二审法院判决驳回上诉，维持原判。

（5）无锡飞石控制系统有限公司诉无锡悦轩机电设备有限公司等侵害经营秘密纠纷案。❶

无锡飞石控制系统有限公司（以下简称“飞石公司”）自2004年10月起与被告日本株式会社高世美（以下简称“高世美公司”）签订《销售代理商合同》，代理销售高世美公司生产的工作机械用夹具元件及定位系统并提供技术服务。2010年4月1日，高世美公司向客户发函称已终止与飞石公司的代理关系，将由新的代理即被告无锡悦轩机电设备有限公司（以下简称“悦轩公司”）提供服务。高世美公司与悦轩公司建立代理合作关系，所有区域内的客户资料双方共享。

悦轩公司的法定代表人即被告孙某某曾系飞石公司副总经理。孙某某与飞石公司于2007年12月签订的协议书中约定孙某某应对营业资料、客户信息等保密。2009年6月，双方解除劳动关系。同年8月，孙某某设立悦轩公司。悦轩公司自2009年9月至2010年12月共向139家客户销售过高世美公司的相关产品，与飞石公司提供给新吴市监局的名单相比，有48家客户相同。飞石公司认为悦轩公司的行为侵犯了其经营秘密，故向法院起诉。

一审法院驳回了飞石公司的诉讼请求。飞石公司不服判决提起上诉，二审法院认为，飞石公司主张的48家客户名单是否构成反不正当竞争法所保护的经营秘密，应依据商业秘密构成要件即秘密性、价值性和保密措施三方面进行分析与认定。首先，就商业秘密的秘密性要件而言，飞石公司所获客户名单等经营信息，均是需要与客户进行多轮接触与沟通并付出一定成本后才能获得的，这些深度信息一般仅由飞石公司内部相关人员所掌握，故符合秘

❶ 无锡飞石控制系统有限公司诉无锡悦轩机电设备有限公司等侵害经营秘密纠纷案［EB/OL］.［2022-12-13］. http：//www. shzcfy. gov. cn/detail. jhtml? id=10015793.

密性要件。其次，就价值性要件而言，飞石公司掌握相关客户信息后，有助于其在与高世美公司销售代理关系存续期间维系现有客户，对于合同终止后新的代理商而言，若能获得该信息，则可减少与购买“KOSMEK”商品原有中国客户的重建联系的时间和成本，从而飞石公司所主张的客户名单具有一定的商业价值。最后，就保密措施要件而言，飞石公司在《员工手册》以及其与孙某某签订的协议书中均约定了保密条款，协议书中还特别明确了客户信息为飞石公司的商业秘密，故应当认定飞石公司对所主张的客户名单采取了保密措施。综上，涉案48家客户信息可以认定为商业秘密并予以保护。悦轩公司明知孙某某的行为涉嫌侵犯飞石公司的商业秘密，仍获取并使用之，其行为已构成侵权，应当共同承担相应的民事责任。

三、反不正当竞争法学术研究状况

2022年是反不正当竞争法领域学术研究依然活跃的年份。为了更好地呈现学术研究对社会现实的思考与回应，反映2022年反不正当竞争法领域的学术研究成果，本报告检索并统计法学核心期刊2022年收录的反不正当竞争法领域的相关论文，概括整体情况，总结其中的代表性观点，以供读者概览。

（一）2022年反不正当竞争法领域研究成果汇总

本报告共统计了25种期刊，包括《中国社会科学》《知识产权》和《中文社会科学引文索引（CSSCI）来源期刊目录（2021—2022）》中的23种法学类CSSCI核心期刊。需要特别说明的是，由于《知识产权》（CSSCI扩展版）收录的论文主要为知识产权与市场竞争类文章，具有极强的代表性，为了更好地反映反不正当竞争法领域的学术研究情况，故将此刊作为统计来源之一。

通过在中国知网文献库、北大法宝法学期刊库以及各期刊官方网站的检索（以下检索结果为截至2023年1月11日各网站收录论文的情况），共收集到2022年发表的反不正当竞争法领域的论文28篇（见表1）。从表1可以看出，《知识产权》为2022年度发表反不正当竞争法领域论文最多的期刊，多达7篇，由此亦可体现《知识产权》对该领域的关注。其余期刊发表的论文一般为1~3篇，部分期刊并未发表反不正当竞争法领域的论文。

表1 2022年反不正当竞争法论文统计 （篇）

序号	期刊	数量	序号	期刊	数量
1	知识产权	7	14	法学评论	1
2	政法论丛	3	15	中国刑事法杂志	0
3	法律科学	1	16	中国社会科学	0
4	现代法学	1	17	东方法学	2
5	法学杂志	2	18	法商研究	0
6	政治与法律	0	19	华东政法大学学报	0
7	比较法研究	3	20	行政法学研究	0
8	法学	2	21	环球法律评论	0
9	清华法学	0	22	法学研究	1
10	政法论坛	0	23	法学论坛	2
11	法制与社会发展	0	24	法学家	1
12	中外法学	1	25	当代法学	1
13	中国法学	1	合计		28

根据论文的内容与主旨，可以将这28篇论文划分为7个主题，分别是“数据与反不正当竞争法”“数字化产品与反不正当竞争法”“数据产品与反不正当竞争法”“反不正当竞争的认定与监管”“反不正当竞争法的适用”“反不正当竞争法的性质”“反不正当竞争法的制度构建与完善”，具体如表2所示。

如表2所示，其中以“数据与反不正当竞争法”为主题的论文多达14篇，学者们主要从数据的赋权、数据的产权界定、数据的保护路径、侵害数据权益的损害赔偿、数据交易等方面进行深入分析，另有2篇对数据产品和数字化产品的法律属性和法律保护进行探讨。同时，有1篇论文对反不正当竞争法的性质进行研究，也有4篇论文以“反不正当竞争法的制度构建与完善”为主题进行研究，主要的研究对象是双重客体保护论、竞争法庭的设立、竞争法语境下法律语言的完善、区别性原则在反不正当竞争法层面的系统制度构建。还有5篇论文对“反不正当竞争法的适用”问题进行探讨，主要涉及的是商标侵权问题和反不正当竞争法一般条款的司法适用问题。对于“不正当竞争的认定与监管”问题，也有2篇论文分别针对剧本杀中的出租盗版剧本行为和互联网不兼容行为中的“恶意”的解释与认定进行了研究。

表2　2022年反不正当竞争法各主题论文统计

序号	主　题	数量/篇
1	数据与反不正当竞争法	14
2	数字化产品与反不正当竞争法	1
3	数据产品与反不正当竞争法	1
4	不正当竞争的认定与监管	2
5	反不正当竞争法的适用	5
6	反不正当竞争法的性质	1
7	反不正当竞争法的制度构建与完善	4
合　计		28

2022年反不正当竞争法学术研究成果汇总如表3所示。

表3　2022年反不正当竞争法学术研究成果汇总

序号	期刊	刊期	作者	作者单位	作品标题	涉及主题
1	知识产权	第7期	张浩然	中国社会科学院法学研究所、中国社会科学院知识产权中心	用户数据携带权益保障的制度路径	数据与反不正当竞争法
2	知识产权	第4期	崔国斌	清华大学法学院	公开数据集合法律保护的客体要件	数据与反不正当竞争法
3	知识产权	第7期	任浏玉	西南政法大学民商法学院	公开商业数据爬取行为的规制路径	数据与反不正当竞争法

续表

序号	期刊	刊期	作者	作者单位	作品标题	涉及主题
4	知识产权	第7期	吴桂德	北京大学法学院	商业数据作为知识产权客体的考察与保护	数据与反不正当竞争法
5	知识产权	第5期	谢琳	中山大学法学院	剧本杀店家“出租”盗版剧本的不正当竞争认定	不正当竞争的认定与监管
6	知识产权	第6期	谢晓尧	中山大学法学院	法律语词的意义寻绎——以《反不正当竞争法》为文本	反不正当竞争法的制度构建与完善
7	政法论丛	第1期	易玲	中南大学法学院	文化遗产数字化成果私权保护：价值、成效及制度调适	数字化产品与反不正当竞争法
8	政法论丛	第1期	曹新明	中南财经政法大学知识产权研究中心	商标侵权理论之多维度思辨——以“今日头条”诉“今日油条”案为例	反不正当竞争法的适用
9	法律科学	第3期	孙晋	武汉大学法学院	《反垄断法》修订背景下设立竞争法庭的理据和进路	反不正当竞争法的制度构建与完善
10	法学评论	第2期	宁立志、叶紫薇	武汉大学法学院	商标恶意抢注法律适用研究	反不正当竞争法的适用
11	东方法学	第5期	孔祥俊	上海交通大学凯原法学院	论反不正当竞争法“商业数据专条”的建构——落实中央关于数据产权制度顶层设计的一种方案	数据与反不正当竞争法
12	比较法研究	第1期	孔祥俊	上海交通大学凯原法学院	商业数据权：数字时代的新型工业产权——工业产权的归入与权属界定三原则	数据与反不正当竞争法
13	比较法研究	第4期	潘重阳	南京大学法学院	解释论视角下的侵害企业数据权益损害赔偿	数据与反不正当竞争法
14	比较法研究	第5期	冯晓青	中国政法大学民商经济法学院	知识产权视野下商业数据保护研究	数据与反不正当竞争法
15	中国法学	第5期	黄汇	西南政法大学	反不正当竞争法对未注册商标的有效保护及其制度重塑	反不正当竞争法的适用

续表

序号	期刊	刊期	作者	作者单位	作品标题	涉及主题
16	东方法学	第2期	丁晓东	中国人民大学法学院	数据交易如何破局——数据要素市场中的阿罗信息悖论与法律应对	数据与反不正当竞争法
17	法学研究	第2期	吴峻	中国社会科学院法学研究所	反不正当竞争法架构下的区别性原则	反不正当竞争法的制度构建与完善
18	法学论坛	第3期	姬蕾蕾	上海交通大学凯原法学院	企业数据保护的司法困境与破局之维：类型化确权之路	数据与反不正当竞争法
19	法学论坛	第3期	李晓珊	上海对外经贸大学法学院	数据产品的界定和法律保护	数据产品与反不正当竞争法
20	法学家	第4期	焦海涛	中国政法大学民商经济法学院	互联网不兼容行为中“恶意”的解释与认定	不正当竞争的认定与监管
21	中外法学	第1期	龙俊	福建师范大学法学院	反不正当竞争法“权利”与“利益”双重客体保护新论	反不正当竞争法的制度构建与完善
22	法学杂志	第6期	张浩然	中国社会科学院法学研究所	由传统数据库保护反思新型“数据财产权”	数据与反不正当竞争法
23	政法论丛	第6期	谢晓尧	中山大学法学院	论反不正当竞争法的性质	反不正当竞争法的性质
24	现代法学	第6期	黄武双	华东政法大学	对注册商标未授权商品化行为现行规制模式的反思	反不正当竞争法的适用
25	当代法学	第6期	冯晓青	中国政法大学民商经济法学院	大数据时代企业数据的财产权保护与制度构建PH	数据与反不正当竞争法
26	法学	第5期	周樨平	南京农业大学人文与社会发展学院	大数据时代企业数据权益保护论	数据与反不正当竞争法
27	法学	第10期	黄细江	暨南大学知识产权研究院	企业数据经营权的多层用益权构造方案	数据与反不正当竞争法
28	知识产权	第12期	宁立志、赵丰	武汉大学法学院	论反不正当竞争法一般条款的规范演进与司法适用	反不正当竞争法的适用

（二）2022 年反不正当竞争法研究代表性观点

根据上述统计划分的主题，本报告结合论文的具体内容及主旨将每一主题下的代表性观点、主要内容归纳如下。

1. 数据与反不正当竞争法

涉数据的竞争行为的法律规制问题是近年来学界讨论的热点。目前通说认为，数据可分为公开数据和企业（商业）数据。孔祥俊教授❶就提出有必要将商业数据纳入工业产权序列，作为与商业秘密相对称的商业数据权。姬蕾蕾博士❷通过对相关案例进行分析，指出引起数据纠纷的主要原因在于数据权属不清，进而引出数据的界权问题。她认为企业数据权利化须根据企业数据在收集阶段与加工阶段的价值形态，赋予差异化财产保护强度。对包含人格利益、财产利益与公共利益的数据集合，可设置有限财产权，赋予数据控制者对抗他人不当获取与利用的行为，并在权利内容、权利期限上予以限制，以免对其他利益造成误伤；对主要承载财产利益的数据产品，可设置新型财产权，赋予数据控制者对数据产品控制、使用、传输和处分的权利。孔祥俊教授❸则指出必须在隐私、个人信息保护和数据安全的基础上对商业数据加以界权，确定商业数据的适格性，包括受保护数据的合法性、集合性、管理性、可公开性和商业价值性，通过现象看本质，遵循投入原则、分层原则和责任原则等三原则界定商业数据的权属。黄细江博士❹认为在目前企业数据交易市场失灵与既有相关制度失灵的困境下，在现实交易需求与信息自由目标的共同作用下，财产权具有成熟的模块化特点，企业数据财产权保护具有比较优势。借助《民法典》农地“三权分置”制度的经验智慧，企业数据所有权可归于公众，企业获得可区分的企业数据经营权。允许结构化的、经审核登记

❶ 孔祥俊．商业数据权：数字时代的新型工业产权——工业产权的归入与权属界定三原则［J］．比较法研究，2022（1）．

❷ 姬蕾蕾．企业数据保护的司法困境与破局之维：类型化确权之路［J］．法学论坛，2022，37（3）．

❸ 孔祥俊．商业数据权：数字时代的新型工业产权——工业产权的归入与权属界定三原则［J］．比较法研究，2022（1）．

❹ 黄细江．企业数据经营权的多层用益权构造方案［J］．法学，2022（10）．

的企业数据在特定场所进行交易，既可使企业数据经营权获得物权性效力，具有绝对性、排他性，又不排除交易主体基于合意获得企业数据经营权的合同安排与债权性利益，从而使企业数据在整体规范架构中获得共享与私用、公益与私益的平衡。

关于数据保护问题，孔祥俊教授❶还指出纳入反不正当竞争法保护的并非所有大数据，而应当是只限于具有市场竞争意义和能够作为竞争性财产的商业数据。现阶段法律对数据权益的保护属于事后保护、个案保护，是一种过渡性选择。基于此，孔祥俊教授提出应当修改《反不正当竞争法》，专设数据保护条款，针对以企业数据为核心的商业数据，构建一种既赋予一定排他性，又兼顾数据流通利用的商业数据弱权利保护机制。在具体的条款设计中，应以激励数据生成和促进数据流通利用为导向，设定受保护商业数据的构成要件，对侵权行为进行类型化界分，划定商业数据的保护边界，推进数字经济的有序健康发展。吴桂德博士❷认为从商业数据的本体论而言，商业数据是兼具多种知识产权客体属性的“复合体”，难以用传统某一知识产权单行法对其加以规制，从知识产权维度出发，应以商业秘密、著作权法以及反不正当竞争法循序渐进，协同治理，即“三步走”保护。如此，既可以在尊重现行法稳定性的前提下解决实践问题，又可以兼顾现有商业模式的实际，从而促进商业数据的交易与保护，激励创新，推动我国数字经济的稳定发展。任浏玉博士❸则指出各国对公开商业数据获得独立保护的必要性、正当性基础、路径等问题都存在分歧，赋权保护路径既违背传统权利生成过程且实践效果存疑，并最终可能导致权利泛化。然而，如果摒弃赋权保护路径，完全放任公开商业数据被肆意爬取，可能会破坏市场竞争秩序，从而阻碍市场竞争。反不正当竞争法不预设具体利益而只判断行为正当与否的“行为谴责式”判断范式，完全契合规制爬取公开商业数据行为的谦抑性。现阶段由于我国《反不正当

❶ 孔祥俊．论反不正当竞争法“商业数据专条”的建构——落实中央关于数据产权制度顶层设计的一种方案［J］．东方法学，2022（5）．

❷ 吴桂德．商业数据作为知识产权客体的考察与保护［J］．知识产权，2022（7）．

❸ 任浏玉．公开商业数据爬取行为的规制路径［J］．知识产权，2022（7）．

竞争法》类型化条款无法提供救济，适用一般条款规制爬取公开商业数据行为是较为妥当的方案。张浩然研究员❶也提出了自己的观点，我国数据保护制度体系构建重自然人人格信息、企业数据财产利益保护，忽视了个人数据中的财产价值和经济自由保障，导致形成用户在经济生活中被数字平台锁定的利益失衡格局。他认为普遍性地强制所有企业实现用户数据可携带性却可能扭曲市场竞争并阻碍创新，难以符合比例原则，用户数据自由迁移问题的关键在于要建立用户、数据持有者与第三方数据接收者的合作关系。在反不正当竞争法上，要将用户数据携带明确为企业数据财产利益保护的例外，市场监管方面，需要在数字市场建立事前管制制度以弥补反垄断法的不足，开启数据持有者在开放平台、提供数据携带服务层面的竞争。同时，张浩然研究员❷认为可以参照数据库特别权利制度确定"数据财产权"。数据财产权制度有优势也有风险，在早期可暂不设立"数据财产权"，继续通过反不正当竞争法保护数据财产利益。在保护制度完善过程中，可吸收财产权制度设计相关内容提升反不正当竞争法保护的确定性，禁止竞争者对他人付出实质性投资的数据集合不正当获取和利用，参考版权法的合理使用要素判断行为正当与否，对单一来源数据实施公平、合理、无歧视许可，构建起保护投资与数据共享的利益平衡框架。崔国斌教授❸则在假定立法者将来会选择特殊产权模式来保护此类数据集合并且仅仅赋予收集者有限排他权（公开传播权）的情况下，分析了公开数据受法律保护需要满足的客体要件。崔国斌教授指出，受保护的数据需要满足的条件包括：数据集合的条目处于公开状态；具有实质量的数据条目；收集者付出实质性的收集成本。同时，崔教授也强调公开数据受法律保护在客体要件层面上不需要考虑数据收集行为的合法性、数据的时间敏感性、收集者是否采取技术措施等因素。冯晓青教授❹认为反不正当竞争法作为知识产权法律的重要制度补充，聚焦于商业数据获取与使用行为的

---

❶ 张浩然．用户数据携带权益保障的制度路径［J］．知识产权，2022（7）．

❷ 张浩然．由传统数据库保护反思新型"数据财产权"［J］．法学杂志，2022，43（6）．

❸ 崔国斌．公开数据集合法律保护的客体要件［J］．知识产权，2022（4）．

❹ 冯晓青．知识产权视野下商业数据保护研究［J］．比较法研究，2022（5）．

规制，是以侵权救济方式间接实现对于商业数据权益的法律保护。不过，反不正当竞争法保护路径也存在诸如制度目标不一致、保护力度有限、一般条款存在滥用风险等困境，导致反不正当竞争法只能作为短期内的阶段性规制手段，而不能切实长久地成为商业数据保护制度，故需要构建一条以新型财产权为核心的商业数据法律保护路径，借鉴现有知识产权制度原理与规范设计，制定商业数据权益保护的专门法律，辅之以反不正当竞争法作为兜底式行为规范。关于数据交易，丁晓东副教授❶指出数据交易与产品流通型交易不同，具有服务合作型特征。大数据交易应以婚姻介绍所为模型，成为撮合数据交易、提供安全认证的机构，而非以商场或证券交易所为模型。法律应设置大数据交易所的安全保障义务和守门员责任，积极利用知识产权、商业秘密、合同制度，同时审慎应用反不正当竞争制度保护数据交易。冯晓青教授❷认为反不正当竞争法保护路径存在明显的保护不周延问题，应当在授权制度上，以企业数据类型化确权体系为基础，在权利内容、保护期限等方面构建起一种有限产权制度。在产权运行机制上，建立必要数据共享制度，确保关键领域必要数据的开放，同时完善数据加工使用规则，保障其他数据产业者的使用权益。周樨平教授❸分析了企业数据权益的特征，认为在数据控制者能够依靠技术手段实现数据事实控制的情况下，建立数据访问和获取制度是促进数据流通、建立数据利用秩序的关键。权益保护模式能够提供更多的公共空间，实现激励与利用的平衡。

目前，学界对数据的定性问题关注较多，但侵害数据权益的损害赔偿问题也同样值得关注，潘重阳博士❹就从解释论的角度出发，对侵害企业数据权益损害赔偿的法律适用问题进行探讨。他指出，受反不正当竞争法调整的侵害企业数据权益的行为，可以适用《反不正当竞争法》第 17 条关于损害赔偿

---

❶ 丁晓东．数据交易如何破局——数据要素市场中的阿罗信息悖论与法律应对［J］．东方法学，2022（2）．

❷ 冯晓青．大数据时代企业数据的财产权保护与制度构建［J］．当代法学，2022，36（6）．

❸ 周樨平．大数据时代企业数据权益保护论［J］．法学，2022（5）．

❹ 潘重阳．解释论视角下的侵害企业数据权益损害赔偿［J］．比较法研究，2022（4）．

数额确定的特别规范。而对于不受反不正当竞争法调整的侵害企业数据权益的行为，可以通过整体类推的方式确认获利返还标准的适用，且数据权益人可以自行选择依据该标准抑或实际损失标准确定赔偿数额。在酌定赔偿中，数据权益人仍然需要就实际损害或侵权人获利进行举证，只不过在法院认为无法达到证明标准时，可以依据具体情形适当降低证明标准。

2. 数据产品与反不正当竞争法

在数据价值日益凸显的今天，数据产品作为数据的衍生品，颇受关注。数据与数据产品既有联系，也有区别。目前来看，法律并没有对数据产品作明确的定性，国内学界也并没有对数据产品的法律属性、法律地位作太多深入研究。国内学者的研究大多将数据产品与数据置于同一维度来考察。李晓珊博士[1]则认为数据产品不应与数据置于同一纬度考察，数据产品既不等同于原始数据，也不是“数据库特殊权利”抑或著作权，而应当属于财产权。针对数据产品的保护，她认为在行为法保护路径下，反不正当竞争法对数据产品的“竞争主体”和“竞争范围”所作的扩张性解释存在泛化“一般条款”的趋势，弱化了司法的可预见性。因此，应通过赋权路径实现对数据产品的保护，但需要对以下问题保持关切：明确数据产品之财产权的内涵；数据产品的权利人应保证产品信息的匿名化、遵循更加严格的再识别风险防范义务标准；要保持数据的流动性与营造公平安全的竞争环境之间的平衡，网络平台作为数据的控制者，其限制访问的条款之正当性应受到质疑，且网络平台无权对访问者进行差异化对待；数据产品的权利人可通过“可追溯日志”的方式来记录其对数据的增值过程；在国家和政府基于公共利益的需要，征用部分或全部数据产品时，数据产品的权利主体有义务对国家和政府公开相关内容。

3. 数字化产品与反不正当竞争法

随着信息技术的发展，数字化产品正在逐渐普及，随之而来的就是对相

[1] 李晓珊．数据产品的界定和法律保护［J］．法学论坛，2022，37（3）．

关权益的法律保护问题。针对文化遗产的数字化成果，易玲教授❶指出，我国文化遗产法律保护倾向于公法保护，私法保护明显不足，现有的保护模式较为单一，体系化尚未形成。易玲教授认为，文化遗产及其数字化成果可能不被知识产权法保护的客体所完全涵盖，相较于知识产权客体，反不正当竞争法更加宽泛和复杂，能够起到兜底作用。文化遗产数字化的成果非常多元，如 3D 打印、3D 扫描、文创产品开发、应用开发等，据此，易玲教授提出了文化元素商品化的思考。她认为侵犯商品化权的行为，实际上侵犯了作者公平竞争的权利，属于不正当竞争行为，但对于文化遗产元素的商品化利用与一般的商品化利用是否能够等同，还值得商榷。

4. 反不正当竞争法的适用

对于商标侵权行为，商标法与反不正当竞争法均有适用空间，关于二者的关系，学界素有“补充说”“一般与特别关系说”和“平行保护说”之分，黄汇教授❷认为商标法和反不正当竞争法无论在规范旨趣、规范目标、规制手段、遏制重点等方面均存在重要差异，二者既非补充或兜底适用关系，也非一般与特殊适用关系，而恰为平行保护关系，反不正当竞争法和商标法之间既联系又分工。商标法以注册取得机制为基石，对未注册商标的保护却并不完备；反不正当竞争法在规范建构技术、制度完备性抑或价值坚守方面也有不足。在维护公平竞争秩序问题上，商标法不过是第一道工序，而反不正当竞争法才是另一道更重要的平行工序。为更好保护未注册商标，宜以“平行保护”理念为统领，兼采商标法内循环和反不正当竞争法外循环之双循环系统，并从重构“反混淆”条款、引入“阻碍竞争”条款和创新中国特色“反仿冒”条款三个维度进行制度重塑，最终实现反不正当竞争法和商标法对未注册商标最有效的协同保护。曹新明教授❸以“今日头条”诉“今日油条”商标侵权纠纷案为例，指出对于商标侵权与不正当竞争的案件有必要分别从

❶ 易玲．文化遗产数字化成果私权保护：价值、成效及制度调适［J］．政法论丛，2022（1）．

❷ 黄汇．反不正当竞争法对未注册商标的有效保护及其制度重塑［J］．中国法学，2022（5）．

❸ 曹新明．商标侵权理论之多维度思辨——以“今日头条”诉“今日油条”案为例［J］．政法论丛，2022（1）．

普通注册商标维度、驰名商标维度、商标滑稽模仿维度以及不正当竞争维度进行考察。以不同维度考察时，尤其需要坚守商标基础理论，以求探寻比较准确的结论。同时，曹新明教授也强调，尽管当今时代的市场经营者之间的竞争关系早已突破传统意义上的竞争关系，但在就具体纠纷案例进行分析时，仍然需要满足相应的不正当竞争构成要件，才可能构成不正当竞争。宁立志教授和叶紫薇博士[1]认为，反不正当竞争法的立法目的与知识产权法具有部分一致性，反不正当竞争法也一直被视作对知识产权法的一种补充。反不正当竞争法与商标法的关系同样如此，因此对于超出商标法保护范围，但又应受法律保护的未注册商标之利益，可以通过《反不正当竞争法》第 6 条或第 2 条进行补充规制。但反不正当竞争法在适用上也存在局限性，若能够将竞争关系的主体作扩大解释，显然可以扩大反不正当竞争法的调整范围，更有利于发挥反不正当竞争法对商标法的补充作用，从而加强对商标恶意抢注行为的规制力度。黄武双教授[2]则认为将他人注册商标仿制成商品出售的行为不构成商标侵权，亦不构成不正当竞争。一方面，该行为不侵犯商品化权益，因为商品化权益是我国法律尚未规定的权利类型，应当格外谨慎地对其加以保护，以免压缩公共领域的空间；另一方面，注册商标所有人不存在可保护利益，其与利用商标仿制商品者之间不存在竞争关系，且仿制者并未实施违反商业道德的不当行为，注册商标所有人利益未受显著损害，故该行为也不属于搭乘商誉便车的不正当竞争行为。

关于反不正当竞争法一般条款的演进和司法适用问题，宁立志教授和赵丰博士[3]认为一般条款作为早期概念法学的产物，其新发展已呈现出立法论向方法论、强道德性向弱道德性、原则化向规则化、宽松主义向严格主义等鲜明转向。在此基础之上，我国《反不正当竞争法》一般条款的规范适用应立足于“在立法论上缓和争执，在方法论上引致共识”这一出

[1] 宁立志，叶紫薇．商标恶意抢注法律适用研究［J］．法学评论，2022，40（2）．
[2] 黄武双．对注册商标未授权商品化行为现行规制模式的反思［J］．现代法学，2022，44（6）．
[3] 宁立志，赵丰．论反不正当竞争法一般条款的规范演进与司法适用［J］．知识产权，2022（12）．

发点：首先，从适用主体和权限来说，为充分应对新经济、新业态、新模式所带来的监管挑战，未来应赋予中央一级的市场监管机构适用一般条款来认定非类型化不正当竞争行为的权限；其次，从适用空间和顺位来说，一般条款与具体条款之间具有严格的补充适用关系；最后，从适用标准和范式来说，对竞争行为的评价可遵循“确认制度利益”“评估利益损害的量”“考察利益损害的质”“符合基本原则解释与立法目的限定”这四个具体步骤。

5. 不正当竞争的认定与监管

近年来，学界对互联网新型不正当竞争行为一直给予较大关注。2017 年《反不正当竞争法》就确立了“恶意不兼容”属于互联网新型不正当竞争行为。对于“恶意不兼容”，焦海涛教授❶认为“恶意”的判断既是关键也是难点。《反不正当竞争法》对不兼容行为设置“恶意”要求，是为了提高不兼容行为的违法性标准，体现了法律规制的谨慎态度。“恶意”的认定不应放松更不应放弃，放松会使《反不正当竞争法》确立的谨慎干预目标落空；过严，又可能导致具有“妨碍、破坏”效果的不兼容行为得不到有效规制，执法机构或法院应将“恶意”作为核心因素，并严格认定标准。可以从认知上的“恶意”与意图上的“恶意”两个方面来解释“恶意”的含义，前者指只有直接故意才可能构成“恶意”，后者指行为人必须存在明确的不当意图。不论是认知上的“恶意”还是意图上的“恶意”，都是行为人的主观状态，实践中，“恶意”的认定只能基于个案，即通过判断不兼容行为的具体属性、行为人及其竞争对手的行为表现，以客观证据来证明行为人存在“恶意”；必要时“恶意”也可推定，即由行为人来反证自己不存在“恶意”。

剧本杀作为当下年轻人新兴的休闲娱乐活动，一度非常火爆，新兴事物的流行，对相关法律的适用提出了新的挑战。谢琳教授❷指出剧本杀中的玩法

❶ 焦海涛．互联网不兼容行为中“恶意”的解释与认定［J］．法学家，2022（4）．

❷ 谢琳．剧本杀店家“出租”盗版剧本的不正当竞争认定［J］．知识产权，2022（5）．

可能因其具有功能性而不受著作权法保护，故事情节可构成文字作品，将剧本杀剧本界定为文字作品已足以对其进行版权保护。店家提供盗版文字剧本供玩家临时使用，符合我国《著作权法》中出租权所控制的行为特征，但因出租权保护的客体不包括文字作品而不构成著作权侵权。我国暂不需要创设一个涵盖所有作品类型且免受发行权用尽限制的出租权，在行业自律和市场自我激励机制无法发挥作用的情况下，可以考虑对剧本著作权人的出租利益予以反不正当竞争法的个案保护。认定剧本杀店家行为构成不正当竞争应仅限于其出租盗版剧本的情形，以避免使用盗版剧本，导致出租利益无法向正版剧本售价迁移。另外，也不能对剧本杀店家苛以过高的注意义务，店家若不明知应知其出租的是盗版剧本，且能证明该剧本为自己合法取得并说明提供者的，不承担赔偿责任。

6. 反不正当竞争法的性质

针对反不正当竞争法的性质问题，谢晓尧教授[1]指出反不正当竞争法是较为独特的法律现象，有必要全面审视其身世。反不正当竞争法肇始于侵权行为法，承继了私法的制度基因，为经营者确立了行为标准，扩展了竞争领域的纯粹经济损失。作为调节人类行为的规范，反不正当竞争法很大程度上是原则之治，主要模式有二：以过错为中心，对外链接商业习惯；将商业伦理内化为法律原则，两种模式都呈现出日益客观化的趋势。原则之要义在于衡平，反不正当竞争法力图整合不同的立法目标，实现私法和公法交融。反不正当竞争法是法官法，在司法救济中得以发展和演化。一定意义上，反不正当竞争法不仅包括法律规则，而且非常重要地包括法律原则。反不正当竞争法最重要的功能就是，维护竞争秩序的道德底线，寻求行为的正当性检验与判断。

7. 反不正当竞争法的制度构建与完善

对于反不正当竞争法的保护客体，目前学界存在“权利一元保护”与

[1] 谢晓尧．论反不正当竞争法的性质［J］．政法论丛，2022（6）．

“利益一元保护”之争，龙俊副教授[1]认为以利益一元论对反不正当竞争法保护客体作顶层设计，既不符合客观实际，亦无益于反不正当竞争法的独立发展，从反不正当竞争法的历史血统、利益与权利的转化程式以及现行反不正当竞争法的规范实践来看，利益与权利双重保护更符合反不正当竞争法的客观实际：在历史演化层面，反不正当竞争法虽从民法中分离，但本质上承继了传统民法中权利与利益双重保护的血统；在转化程式上，反不正当竞争法伴随着“利益—法益—应然权利—法定权利”的转化路径而形成一种“随动关系”，既为这一“过程利益”提供保护，又将作为“转化节点”的具体“法益”和“权利”以实定法的方式确立下来；在规范实践方面，作为法益保护的经营者利益以及社会公共利益、作为应然权利的商誉权、作为从应然权利向法定权利成功转型的商业秘密权，以及作为法定权利的消费者知情权等客体均得到了反不正当竞争法的实际承认。龙俊副教授认为，在双重客体保护论的基础上，反不正当竞争法中的诸多疑难问题均可获得进一步释明。

谢晓尧教授[2]认为《反不正当竞争法》正面临日益同质化和空洞化的问题，这一危险是在语言的掩护之下，悄无声息进行的。因此，他以《反不正当竞争法》的语词及其话语实践为中心，目光往返于不同的法律价值系统，在比对寻绎的过程中，探求法律语词的背后意义，揭示了法律语言和话语策略面临的问题。他指出《反不正当竞争法》存在的诸多问题，很大程度上是法律语言及其言语实践问题，术语意识淡漠是《反不正当竞争法》的巨大短板。要准确理解术语背后的概念内涵，就必须深入不同的语境，深入语境意味着高昂的学习成本，反不正当竞争法规范具有认知难度大的特点，作为降低成本的认知策略，反不正当竞争法常被知识产权法和传统民法架空。为弥补以上缺陷，谢晓尧教授提出以下建议：要更为明确地宣示《反不正当竞争法》的意义，重申《反不正当竞争法》的传统，司法解释应该提供知识平台，

[1] 龙俊．反不正当竞争法“权利”与“利益”双重客体保护新论［J］．中外法学，2022，34（1）．
[2] 谢晓尧．法律语词的意义寻绎——以《反不正当竞争法》为文本［J］．知识产权，2022（6）．

引导语境的建立，指引行为规范的评价，另外反不正当竞争法也应当认真对待消费者，倾听微弱的声音，在证伪中累积经验，在经验知识的仓库中丰富理性知识。

孙晋教授❶认为新时代加快构建新发展格局和进一步完善社会主义市场经济体制，必须要解决公平竞争问题；而解决公平竞争问题，唯有有效实施竞争法；有效实施竞争法，不仅是行政执法机关的职责，司法机关也具有举足轻重且无可替代的作用。其中，通过探索设立竞争法庭，加强和优化司法机关的竞争法律司法职能，方能保障企业行为更合规、政府干预更规范、市场竞争更充分、市场秩序更公平、资源配置更高效，促进高质量发展。在建构竞争法庭的具体路径上，遵循渐进改革实施“竞争合议庭—试点竞争法庭—全面推广竞争法庭”三步走战略；明确竞争法庭的受案范围，实行“三审合一”模式；实现竞争法庭多元化技术化专业化人员配置；构建国家诉讼与私人诉讼并行的双重诉讼启动机制；厘清反垄断委员会、反垄断执法机构、竞争上诉法庭与竞争法庭的关系，构建起灵活、高效、科学的竞争法联合实施机制。

区别性原则是媒体法的基本原则，要求传统媒体以及进行编辑控制或自主言论的其他内容提供者在发布广告及商业宣传等商业信息时，标示其性质，以与编辑处理内容相区分。❷ 吴峻研究员❸认为区别性原则竞争法属性突出，我国成文法对区别性原则的确有所反映，但尚未承认编辑控制的支撑作用，而且将其不当限缩于广告法领域，引发了适用上的重重挑战。区别性原则的基础法律逻辑是承认内容提供者对其所发布内容进行编辑控制的自主性和独立性，为此，须在编辑控制与区别性原则之间构建必要的法律联系，基于编辑控制实现编辑处理内容与商业信息的区分。同时，应确认互联网用户自主

---

❶ 孙晋．《反垄断法》修订背景下设立竞争法庭的理据和进路［J］．法律科学（西北政法大学学报），2022，40（3）．

❷ Oliver Castendyk. Comments on Article 1 TWFD［M］//Castendyk，Dommering，Scheuer. European Media Law. Alphen a /d Rijn：Kluwer Law International，2008，para. 131，para. 153.

❸ 吴峻．反不正当竞争法架构下的区别性原则［J］．法学研究，2022，44（2）．

发表言论时对编辑控制的分享，使区别性原则可以适用于包括互联网信息服务提供者与互联网用户在内的所有编辑控制主体发布的信息，以实现虚假信息的有效规制。应当借鉴区别性原则的二元规制模式，突破广告法的局限，进一步确立编辑控制对包括广告及商业宣传在内的所有商业信息的识别功能，完善一般性的商业信息识别和标示制度，最终在反不正当竞争法层面实现区别性原则的系统制度构建。

第二编　地区知识产权创新发展报告

江苏省知识产权强省建设与发展报告（2021—2022）

梅术文　李晴晴*

2021—2022年，江苏省深入贯彻落实《知识产权强国建设纲要（2021—2035年）》（以下简称《纲要》）和《“十四五”国家知识产权保护和运用规划》（以下简称《规划》），统筹推进疫情防控和知识产权各项工作，助力全省稳住经济大盘，取得了阶段性成效。《江苏省“十四五”知识产权发展规划》印发实施，《江苏省知识产权强省建设纲要（2021—2035年）》编制完成，《江苏省知识产权促进和保护条例》通过施行，知识产权强省建设总体布局稳步推进，知识产权主要目标完成进度符合预期，知识产权赋能稳企强链、助企纾困作用进一步凸显。

一、2021年江苏省知识产权强省建设成效

2021年是“十四五”的开局之年，江苏省坚持高质量发展、创新引领、统筹协调、开放融合的知识产权工作原则，打通知识产权创造、运用、保护、管理和服务全链条，促进知识产权高质量创造运用和高标准保护，知识产权

* 梅术文，南京理工大学知识产权学院教授，博士生导师，知识产权与区域发展协同创新中心研究员；李晴晴，南京理工大学知识产权学院硕士研究生。

综合发展指数位居全国第二。具体成效包括以下方面。

（一）知识产权创造量质齐升再上新台阶

江苏省专利授权量640 917件；PCT专利申请量7 168件；万人发明专利拥有量达41.17件，连续6年保持全国省区第一，每万人口高价值发明专利拥有量13.99件，是全国平均水平的1.87倍；企业专利授权量占总量的比重达到85.28%，比2020年提高1.18个百分点，结构进一步优化。从专利类型看，发明专利授权量68 813件，同比增长49.67%，高于全国水平16.72个百分点，占专利授权总量的10.74%；实用新型专利授权量515 935件，同比增长27.11%，占专利授权总量的80.50%；外观设计专利授权量56 169件，同比增长18.73%，占专利授权总量的8.76%。从专利权利人来看，大专院校有效发明专利量72 711件，占比20.83%；科研机构有效发明专利量12 233件，占比3.50%；企业有效发明专利量251 626件，占比72.09%；机关团体有效发明专利量3 509件，占比1.01%；个人有效发明专利量8 956件，占比2.57%。在第二十二届中国专利奖评选中，江苏省获专利金奖5项、外观设计金奖1项，占金奖总数的15%，同时获得最佳组织奖，实现历史性突破。[1] 实施高价值专利培育升级工程，江苏省13个设区市均设立市级项目，省市县高价值专利培育中心累计达413家，在生物医药等领域培育一批高价值专利。

江苏省完成作品登记371 776件，比上年增长31.84%。登记作品中，美术作品占55.87%，文字作品占17.68%，录音制品占10.51%，视听作品占9.73%，摄影作品占4.05%，其他类型（口述、录像制品、设计图等）占2.16%。著作权合同登记1 777件，其中图书版权引进合同登记647份。

江苏省商标申请量582 891件，同比降低3.51%；商标注册量517 387件，同比增长36.60%，有效商标注册量2 397 375件。江苏省新增地理标志商标29件，新增农产品地理标志20件，地理标志商标注册总量达378件，有效地

[1] 江省知识产权局印发2021年江苏省知识产权发展与保护状况白皮书［EB/OL］.［2022-12-06］. http://jsip.jiangsu.gov.cn/art/2022/4/20/art_85032_10421333.html. 下文2021年的统计数据，未做说明时，主要源出该文献，或者来源于江苏省知识产权局、江苏省版权局等机关的官网和领导讲话内容，未能一一标注，特别致谢。

理标志产品共计 91 件，登记保护农产品地理标志总量为 137 件。

江苏省农业植物新品种权累计申请量为 436 件，授权量为 292 件；林业植物新品种权累计授权量为 214 件。江苏省集成电路布图设计登记量为 8 915 件，其中 2021 年新增集成电路布图设计登记 2 915 件，同比增长 7.84%。

（二）知识产权保护支撑营商环境建设实现新突破

司法保护方面，江苏法院受理与审结的知识产权案件数量均大幅上升，共审理各类知识产权案件 35 878 件（包括 2021 年新收一审、二审案件，以及上一年度旧存案件），同比上升 44.27%，其中民事案件 35 034 件，刑事案件 710 件，行政案件 134 件；审结 29 441 件，同比上升 41.14%，其中民事案件 28 792 件，刑事案件 542 件，行政案件 107 件。从案件类型来看，涉著作权、商标权纠纷激增，且占比遥遥领先，技术类、竞争类案件增幅明显。在新收的 28 812 件一审知识产权民事案件中，涉著作权纠纷 12 582 件，同比增长 66.89%，占 44%；涉商标权纠纷 11 304 件，增长率与 2020 年持平，达 51.69%，占 39%。前两类案件在一审民事案件中占比 83%。涉技术类案件 2 868 件，同比增长 29.2%，占 10%，其中技术成果类权属、侵权纠纷 1 547 件，同比增长近 30.55%；外观设计专利权纠纷 988 件，同比减少 4.4%；技术合同纠纷 333 件；涉植物新品种案件 75 件，同比翻了一番。其他案件中，特许经营合同纠纷 1 534 件，占 5.5%，与上一年基本持平；垄断及不正当竞争纠纷 524 件，同比上升 50.14%，占 2%。[1] 其中，一审审结知识产权案件 2.9 万件，适用惩罚性赔偿案件 80 件，同比增长 56.9%，最高判赔 1 亿元。[2] 共有 15 件知识产权案件入选最高人民法院指导性案例、新时代推动法治进程 2021 年度十大案件、中国法院十大知识产权案件、50 件知识产权典型案例、农业植物新品种保护十大典型案例、适用惩罚性赔偿典型案例、人民法院台胞权益保障十大典型案例等。连续三年有文书入选全国百篇优秀裁判文书；3

[1] 2021 年江苏法院知识产权司法保护状况蓝皮书［EB/OL］.［2022-12-06］. http://www.jsfy.gov.cn/article/91332.html.

[2] 2021 年全省法院审判执行工作情况通报［EB/OL］.［2022-12-06］. http://www.jsfy.gov.cn/article/66431.html.

篇裁判文书入选全国法院技术类知识产权和垄断案件优秀裁判文书。入选典型案例数和优秀文书数量均居全国前列。

行政保护方面，持续加大行政执法力度，对侵犯知识产权行为形成有力震慑。江苏省知识产权管理部门和执法部门面向展会、电商平台、实体市场、新兴媒体等重点领域，制定行政保护年度工作方案，专利行政裁决和版权保护相关经验被国家有关部门在全国推广。江苏省市场监管局、江苏省知识产权局、江苏省版权局等部门开展冬奥会、冬残奥会奥林匹克标志、作品等知识产权保护专项行动，集中执法力量，对侵犯知识产权行为“零容忍”。2021年，江苏省处理专利侵权纠纷案件4 564件，同比增长23.61%；处理专利商标行政处罚案件3 908件，罚没款8 762.6万元；共立案侵权盗版案件641起，其中行政案件196起，刑事案件36起，调解案件409起，涉案金额1.6亿余元；省农业农村厅对重点地区种子市场开展专项督查，排查涉嫌侵权品种和白皮袋种子等；全省林业系统立案查处种子案件66件，罚没金额229万元；全省公安机关共立案侦办各类侵权假冒犯罪案件2 609起，破案1 637起，抓获犯罪嫌疑人5 488人，涉案金额20亿余元，工作绩效名列全国前茅；南京海关扣留侵权货物3 882批次，涉案货物数量61.78万件，涉案货物价值415.50万元，同比分别增长20.15%、69.03%和299.79%。

（三）知识产权运用助力产业自主可控塑造新优势

持续引导企业实施《企业知识产权管理规范》国家标准，新增知识产权贯标企业7 399家、累计2.5万家。深入实施中小企业知识产权战略推进工程，实施战略推进计划企业50家、累计949家。引导企业强化知识产权资产管理，大力开展知识产权运营，加快自主知识产权转化实施，6家龙头企业、4家重点科研机构对接国家知识产权局专利局专利审查协作江苏中心人才团队。围绕50条重点产业链特别是30条优势产业链、10条卓越产业链，建立以“链主”企业、龙头企业为核心、相关科研机构和上下游企业共同参与的产业知识产权联盟，新增备案联盟5家、成员企业130余家，备案联盟累计达17家、成员企业近700家。版权产业增加值为10 089.27亿元，首次突破万亿大关，占江苏省国内生产总值的8.67%，比上年提升0.04个百分点，对江苏省国内生产总值的经济贡献率为 9.04%。苏州通广传媒投资有限公司等 5 家单位入选 2021 年全国版权示范单位、示范单位（软件正版化）和示范园区（基地），总计有全国版权示范城市 3 个、创建城市 1 个、示范园区和单位 31 个，入选数量居全国前列。

（四）知识产权服务满足创新主体需求彰显新作为

知识产权社会化服务水平不断提升。江苏省新增专利代理机构 174 家、累计达 727 家，新增商标代理机构 1 381家、累计达5 200余家，知识产权服务机构总数超过6 000家，知识产权代办业务线上办理率超 98%。从总量来看，专利代理机构达到3 934家（不含港澳台地区），专利代理分支机构2 237家，成立 10 年以上的专利代理机构 825 家，占专利代理机构总数的 20% 以上。[1]

知识产权公共服务体系覆盖范围和服务质量持续提高。国家知识产权局专利局南京专利代办处等知识产权业务受理窗口能力建设进一步加强，实现专利申请、商标注册、集成电路布图设计登记、地理标志专用标志使用核准、国防专利申请等业务受理“一窗通办”。上线江苏省知识产权大数据平台，升级江苏版权服务平台。搭建省、市、县三级知识产权信息公共服务主干网络，获批 3 家高校国家知识产权信息服务中心，累计 10 家，新获批 5 家世界知识产权组织技术与创新支持中心（TISC），建设 40 家首批省知识产权信息公共服务网点，实现信息公共服务机构设区市全覆盖。江苏省新建 9 家基层版权工作站，总数达 184 家，专兼职工作人员达 400 余人。

（五）知识产权文化培育和人才培养实现新进展

组织“4·26 世界知识产权日”“5·10 中国品牌日”等系列宣传活动，发布“江苏省知识产权年度十大典型案件”“江苏省适用惩罚性赔偿案例”“江苏法院农业植物新品种保护十大典型案例”“江苏省打击侵权盗版十大案件”等，推动知识产权文化进机关、进企业、进社区、进学校、进网络。首次召开江苏省知识产权研究和人才培养机构建设座谈会，全省在校学习知识产权专业本科

[1]《全国专利代理行业发展状况（2021 年）》显示：我国专利代理行业发展平稳有序［EB/OL］.［2022-12-06］. http：//www.gov.cn/xinwen/2022-07/11/content_5700441.htm.

生1 057名，研究生325名，比2020年分别增加125人和61人。制定《江苏省知识产权专业技术资格条件（试行）》，评选高级知识产权师18人、首批正高级知识产权师3人。克服疫情影响，省市联动圆满完成全国专利代理师资格考试工作，培训知识产权师、专利代理师等后备人才1 200余人。

二、2022年江苏省知识产权强省建设的政策引领

2022年，江苏省自觉把知识产权工作放在国家和全省的大局中加以思考和谋划，把握变与不变的辩证关系，制定出台系列知识产权政策，奋力推动知识产权强省建设迈上新台阶。

（一）知识产权本体政策

1月14日，《江苏省知识产权促进和保护条例》经江苏省第十三届人大常委会第二十八次会议通过，4月26日起施行，共6章68条。主要内容包括：构建知识产权促进政策体系，促进知识产权质量提升，鼓励金融机构创新，健全知识产权人才培养体系；建立行政保护与司法保护、政府监管与行业自律、自我保护与社会共治相结合的知识产权保护体系；建立健全知识产权公共服务体系，推动知识产权基本公共服务标准化、均等化、便利化；规定了容错制度，为知识产权改革创新松绑减负。该条例对知识产权的促进、保护、服务与管理等方面作了具体规定，为提升知识产权创造、运用、保护、管理和服务水平，不断营造更好创新生态，充分激发全社会创新活力，提供了法治保障。

1月19日，江苏省知识产权局印发《关于确认知识产权纠纷在线诉调对接调解组织和调解员的通知》，确定中国（江苏）知识产权保护中心等37个组织为知识产权纠纷调解组织，178人为知识产权纠纷调解员，进一步提高知识产权领域矛盾纠纷化解实效。[1]

---

[1] 江苏省知识产权局关于确认知识产权纠纷在线诉调对接调解组织和调解员的通知［EB/OL］.［2022-12-06］. http：//zscqj. jiangsu. gov. cn/art/2022/1/25/art_85032_10392403. html.

2月18日，江苏省知识产权局印发《2022年全省知识产权局系统工作要点》，具体包括以下要求：一是以落实《纲要》《规划》为统领，全面推进知识产权强省建设；二是以健全保护体系为牵引，着力构筑知识产权高标准保护新格局；三是以提升创造质量为核心，充分发挥知识产权激励创新制度作用；四是以塑造产业竞争优势为目标，切实增强知识产权转化运用效益；五是以信息化、智能化为支撑，加快提升知识产权高品质服务能力；六是以深化区域协作为导向，更大力度推进知识产权高水平合作；七是以宣传教育为基础，厚植知识产权人文环境。❶

2月25日，江苏省知识产权和商标战略实施工作领导小组印发《江苏省知识产权强省建设和“十四五”发展规划2022年度工作计划》。该计划制定了6部分28条主要工作，覆盖江苏省2022年度知识产权战略实施工作的各个方面：一是加强知识产权高质量创造，包括推动知识产权高质量发展指标位居全国前列、打造高端知识产权创造平台、建立重大科技创新载体挂钩联系制度、实施商标品牌培育工程、实施地理标志惠农战略、实施精品版权培育工程六个方面；二是加强知识产权高标准保护，包括推进知识产权保护法治化建设、加强知识产权司法保护、严格知识产权行政执法、强化知识产权保护载体建设、构建知识产权公证法律服务体系、健全知识产权诚信体系、推进知识产权保护示范区建设、加强海外知识产权保护八个方面；三是加强知识产权高效益运用，包括提升企业知识产权运用能力、深化知识产权金融服务、推动知识产权转移转化机制创新、推动知识产权转化运用载体建设、推动知识产权军民双向转化五个方面；四是加强知识产权高品质服务，包括推进知识产权公共服务体系建设、推进知识产权服务业集聚区建设、提升知识产权代理机构服务质量三个方面；五是加强知识产权高水平合作，包括推进长三角知识产权一体化发展、拓展国际知识产权务实合作、提升知识产权国际合作平台影响力三个方面；六是加强知识产权高效能保障，包括强化知识

❶ 江苏省知识产权局关于印发2022年全省知识产权局系统工作要点的通知［EB/OL］.［2022-12-06］. http：//zscqj. jiangsu. gov. cn/art/2022/2/21/art_85032_10392404. html.

产权保护组织领导、打造知识产权人才高地、加强知识产权宣传三个方面。

3月2日，江苏省知识产权局印发《2022年全省知识产权人才工作要点》，提出以下重点工作：一是认真贯彻“十四五”知识产权人才发展规划，全省知识产权局系统要切实贯彻落实国家知识产权局和江苏省“十四五”知识产权人才发展规划的部署要求，结合实际，制定本地区知识产权人才发展规划、实施方案或年度人才培养计划等；二是深入推进知识产权人才培养载体建设，重点加强知识产权学科专业体系建设，强化知识产权智库联盟建设，加强知识产权研究和人才培养机构建设；三是优化完善知识产权人才评价与管理，科学制定知识产权人才标准，做好知识产权高层次人才评价工作，健全知识产权人才发展机制；四是大力开展知识产权培训工作，着重抓好远程知识产权普及培训和助力产业强链知识产权专项培训，持续抓好知识产权行政管理和执法人员能力提升培训，突出抓好知识产权服务人员专项培训。[1]

3月22日，中共江苏省委宣传部、江苏省版权局、江苏省文化和旅游厅、江苏省文物局印发《关于开展2022年江苏省优秀版权作品产业转化重点培育项目遴选推荐工作的通知》，提出以“文化版权赋能江苏制造业”为主题，遴选一批创作导向正确、文化内涵深厚、原创设计独特、产业转化“双效俱佳”的优秀版权作品产业转化重点培育项目，示范带动全省版权创作、保护和转化运用，为加快建设社会主义文化强国先行区、促进制造业高质量发展贡献版权力量。

5月5日，中共江苏省委、江苏省人民政府印发《江苏省知识产权强省建设纲要（2021—2035年）》，对知识产权强省建设作出整体部署，描绘了未来15年江苏知识产权事业发展宏伟蓝图，提出以下重点工作：一是完善知识产权政策制度，更高质量支撑经济社会发展；二是强化知识产权保护力度，更高水平促进营商环境优化；三是优化知识产权运行机制，更高效益实现创新成果价值；四是深化知识产权交流合作，更高层次引领区域协调发展；五

[1] 江苏省知识产权局印发《2022年全省知识产权人才工作要点》[EB/OL].［2022-12-06］. http://zscqj.jiangsu.gov.cn/art/2022/3/7/art_75875_10368747.html.

是打造知识产权服务生态，更高标准满足创新主体需求；六是营造知识产权人文环境，更高品质打造人才培养高地。该“纲要”对于进一步深化知识产权管理体制机制改革，推进知识产权强省建设向纵深发展，着力破解制约知识产权高质量发展的突出矛盾，全面激发全社会创新创造活力，加快建设“强富美高”新江苏，具有重要意义。

6月22日，江苏省商务厅等8部门联合出台《关于促进老字号创新发展的若干政策措施》，明确在加大老字号保护力度方面，加强老字号知识产权保护，逐步建立老字号保护工作对接机制，及时将“中华老字号”“江苏老字号”纳入江苏省企业名称禁限用字词库系统管理；在完善老字号传承体系方面，鼓励符合条件的老字号企业积极申报非物质文化遗产生产性保护示范基地、传统工艺工作站，培育传统工艺品牌；在提升老字号创新能力方面，推动电商平台设立老字号品牌专区，鼓励老字号企业线上线下融合发展，支持字号、商标所有人依法评估字号、商标价值，转让商标或作价入股；在提升老字号发展动能方面，鼓励老字号企业设立品牌专区专柜，提升品牌集聚效应，依托长三角市场一体化合作机制和华东六省一市商标管理协作轮值会议机制，建立老字号品牌信息互认机制和快速协查机制，开展老字号异地协作保护。❶

6月24日，江苏省人民政府印发《江苏专利奖评奖办法》，设立江苏专利奖，奖项设置包括江苏专利金奖、江苏专利银奖、江苏专利优秀奖和江苏专利发明人奖。江苏专利奖每两年评选一届，每届授予金奖不超过10项、银奖不超过20项、优秀奖不超过50项、发明人奖不超过10项，获奖总数达90项，并对获得江苏专利金奖、银奖、优秀奖给予每项30万元、20万元、10万元的奖励；对获得江苏专利发明人奖的发明人或者设计人，给予每人2万元的奖励，同时，规定获得金奖、银奖、优秀奖的专利权人，应当将部分获奖奖金用于奖励获奖项目的发明人或者设计人以及对该项专利技术实施作出

❶ 江苏多部门联合出台政策措施加强老字号知识产权保护［EB/OL］.［2022-12-06］. http://jsip. jiangsu. gov. cn/art/2022/6/22/art_75875_10512489. html.

实质性贡献的单位和个人。该“办法”自 2022 年 8 月 1 日起施行。7 月 27 日，江苏省知识产权局出台《江苏专利奖评奖办法实施细则》，进一步规范和细化江苏专利奖评奖工作，着力激发全社会创新创造活力，为高质量发展注入创新动能。❶

7 月 4 日，江苏省市场监管局批准发布《高价值专利培育工作规范》地方标准（DB32/T 4308—2022），提出高价值专利培育的原则、流程、基础条件以及全流程规范，并提供了创新成果说明书等参考性附录，为创新主体开展高价值专利培育活动提供了全面详尽的指南。该“标准”的出台，有利于引导创新主体加快高价值专利培育和布局，更好支撑科技自立自强和产业自主可控。

8 月 8 日，江苏省知识产权局印发《江苏省知识产权局公共服务事项清单（第一版）》，结合江苏省知识产权“一件事”集成服务改革试点，全面梳理了江苏省知识产权局公共服务事项，明确了专利事务类 23 项、商标事务类 13 项、地理标志事务类 3 项、集成电路布图设计事务类 7 项、综合服务事务类 10 项共 5 大类 56 项具体知识产权公共服务事项，为人民群众获取知识产权公共服务提供有效指引。❷

8 月 23 日，江苏省知识产权和商标战略实施工作领导小组印发《江苏省知识产权强省建设纲要（2021—2035 年）重点任务分工方案》，将《知识产权强国建设纲要（2021—2035 年）》赋予江苏的重大使命和重点任务，以及江苏特色工作和创新性工作，细化为知识产权政策制度、保护体制、运行机制、交流合作、公共服务和社会环境等 6 个方面 17 条 109 项具体任务和 10 项具体组织保障措施，每项任务和措施均明确牵头单位或分工负责单位。该“分工方案”有助于加快推进江苏知识产权强省建设向纵深发展，为知识产权

---

❶ 省知识产权局制定出台《江苏专利奖评奖办法实施细则》[EB/OL].[2022-12-06]. http://zscqj.jiangsu.gov.cn/art/2022/8/2/art_75875_10561276.html.

❷ 省知识产权局发布首版知识产权公共服务事项清单 [EB/OL]. [2022-12-06]. http://zscqj.jiangsu.gov.cn/art/2022/8/11/art_75875_10571606.html.

强国建设提供坚实保障。❶

9 月 27 日，江苏省知识产权局、中国银保监会江苏监管局印发《推进银行业金融机构知识产权质押登记线上无纸化办理试点实施方案》，提高知识产权质押融资效率。该“方案”提出对接国家知识产权局专利事务管理系统，搭建线上知识产权质押登记服务模块，形成线上传输、线上审核、一次办结机制；推动完善知识产权质押登记模块功能，开设知识产权质押登记信息查询功能，为社会公众提供公开查询服务，并鼓励银行业金融机构提升知识产权质押融资产品数字化水平，研究开发线上化知识产权质押融资产品，提高知识产权质押融资便利度和精准性。❷

11 月 1 日，江苏省知识产权局印发《江苏省专利导航服务基地管理办法（试行）》，全面规范江苏省专利导航服务基地的运行和管理。该“办法”明确了导航基地的建设管理应当遵循统筹规划、合理布局、聚焦产业、辐射全省、注重实效、动态管理的原则，规定了各级知识产权管理部门的管理职责，规范了导航基地的建设主体、申报条件、认定程序和主要任务，明确导航基地实行优进劣出、动态管理的方式，为导航基地的建设、运行和管理提供了依据。❸

11 月 3 日，江苏省知识产权局制定印发《江苏省知识产权纠纷快速处理服务规范》，指导全省知识产权保护中心、快速维权中心、维权援助机构规范知识产权纠纷快速处理服务流程，压缩服务周期，促进矛盾纠纷快速解决，进一步推进全省知识产权纠纷快速处理服务规范化建设。❹

---

❶ 江苏印发方案保障知识产权强国建设重点任务落实［EB/OL］.［2022-12-06］. http：//zscqj.jiangsu.gov.cn/art/2022/8/23/art_75875_10583933.html.

❷ 江苏省加快推进银行业金融机构知识产权质押登记线上无纸化办理试点［EB/OL］.［2022-12-06］. http：//zscqj.jiangsu.gov.cn/art/2022/9/30/art_75875_10620618.html.

❸ 江苏印发《江苏省专利导航服务基地管理办法（试行）》［EB/OL］.［2022-12-06］. http：//zscqj.jiangsu.gov.cn/art/2022/11/9/art_75875_10659702.html.

❹ 省知识产权局印发知识产权纠纷快速处理服务规范［EB/OL］.［2022-12-06］. http：//zscqj.jiangsu.gov.cn/art/2022/11/3/art_75875_10647616.html.

（二）知识产权关联政策

1月24日，江苏省政府办公厅印发《关于加快建立健全绿色低碳循环发展经济体系的实施意见》，提出加快低碳零碳负碳重大关键技术攻关突破，积极参与国家重大科技项目，重点布局绿色低碳重大科技攻关和推广应用项目，开展共性关键技术、跨行业融合性技术、前沿技术研发和成果转化，掌握一批具有自主知识产权的绿色低碳核心技术。❶

1月27日，江苏省政府办公厅印发《关于新形势下进一步加大配套督查激励支持力度》，提出对知识产权创造、运用、保护、管理和服务工作成效突出的地区，优先推荐申报国家知识产权强市建设示范城市、国家知识产权强县建设示范县、国家知识产权保护示范区，优先支持建设国家知识产权保护中心、快速维权中心，优先列入江苏省知识产权建设示范，优先支持建设知识产权服务业集聚区、知识产权大数据平台，在专利转化专项计划实施中予以适当倾斜。❷

2月15日，江苏省委、省政府联合印发《江苏省优化营商环境行动计划》，提出加强知识产权保护，完善新业态新领域知识产权保护机制，严格执行知识产权侵权惩罚性赔偿制度。强化对知识产权代理机构的监管，加强对知识产权成果转化的指导。探索知识产权市场化定价和交易机制，进一步推进知识产权、技术产权交易市场建设。完善知识产权纠纷解决机制，建立知识产权举报投诉集中处理平台。完善海外知识产权纠纷应对指导机制，开展重点产业领域海外知识产权风险防控体系建设。加强知识产权犯罪侦查队伍专业化建设，进一步加大知识产权犯罪刑事打击力度。探索科技成果产权制度改革。加大科技企业金融支持，积极探索通过天使投资、创业投资、知识产权证券化、科技保险等方式推动科技成果资本化。鼓励商业银行采用知识产权质押、预期收益质押等融资方式，为促进技术转移转化提供更多金融产

---

❶ 省政府办公厅印发关于加快建立健全绿色低碳循环发展经济体系的实施意见［EB/OL］.［2022-12-06］. http：//www. jiangsu. gov. cn/art/2022/1/25/art_46143_10331301. html.

❷ 省政府办公厅关于新形势下进一步加大配套督查激励支持力度的通知［EB/OL］.［2022-12-06］. http：//www. jiangsu. gov. cn/art/2022/1/29/art_46144_10338787. html.

品服务。

3月20日，江苏省政府办公厅印发《关于推进江苏自贸试验区贸易投资便利化改革创新的若干措施》，提出支持南京、苏州片区完善知识产权金融服务体系，健全知识产权质押信息平台，鼓励开展各类知识产权混合质押和保险，探索知识产权证券化试点，以产业链条或产业集群高价值专利组合为基础，构建底层知识产权资产，在知识产权已确权并能产生稳定现金流的前提下，规范探索知识产权证券化模式，支持在自贸试验区探索建设科技要素资源交易中心，畅通科技创新企业融资渠道。❶

4月8日，江苏省委印发《关于全面提升江苏数字经济发展水平的指导意见》，推进知识产权质押融资，鼓励探索知识产权证券化、科技保险等方式，推动科技成果资本化产业化，加速数字科技创新成果转化。❷

4月12日，江苏省委印发《江苏省建设高标准市场体系行动方案》，全面完善产权保护制度。根据国家产权保护相关法律，完善相关配套法规，细化国有产权交易各项制度。做好对不同所有制经济产权区别对待的地方性法规和规章的清理工作，持续开展涉政府产权纠纷问题专项治理行动。强化知识产权保护。加快建立知识产权侵权快速反应机制，实施知识产权保护重点工程。严厉打击链条式、产业化、区域性侵犯知识产权犯罪，依法积极适用惩罚性赔偿制度。编制发布企业知识产权保护指南。❸

6月1日，江苏省政府办公厅印发《关于促进内外贸一体化发展若干措施》，要求加强知识产权保护和增强市场主体内外贸一体化经营能力。加快推进国家知识产权保护中心、快速维权中心建设，加强维权援助服务，畅通知识产权快速保护通道。大力推进知识产权保护示范区建设，支持有条件的市、

❶ 省政府办公厅印发关于推进江苏自贸试验区贸易投资便利化改革创新若干措施的通知［EB/OL］.［2022-12-06］. http：//www.jiangsu.gov.cn/art/2022/3/21/art_46143_10384810.html.

❷ 江苏省委办公厅印发《关于全面提升江苏数字经济发展水平的指导意见》［EB/OL］.［2022-12-17］. http：//www.zgjssw.gov.cn/fabuting/shengweiwenjian/202204/t20220408_7495283.shtml.

❸ 江苏省委办公厅印发《江苏省建设高标准市场体系行动方案》［EB/OL］.［2022-12-17］. http：//www.zgjssw.gov.cn/fabuting/shengweiwenjian/202204/t20220412_7499543.shtml.

县（市、区）和园区开展试点示范，进一步健全知识产权保护体系。聚焦重点领域和环节开展知识产权执法监管，严厉打击各类知识产权侵权假冒行为。编制《江苏涉外知识产权纠纷案件信息速递》，对重点出口产业和企业的海外知识产权风险开展预警分析，为江苏省外贸企业应对海外知识产权纠纷提供维权指引。支持有条件的地区申报建设国家海外知识产权纠纷应对指导分中心，加强海外知识产权纠纷应对指导和维权援助服务。建设一批知识产权工作站，支持企业提高知识产权创造运用能力，助力企业开拓国内外市场。建设产业集群品牌培育基地，打造“苏地优品”等一批区域品牌和产业集群品牌。❶

6月16日，江苏省政府办公厅印发《关于进一步加强农村集体资产监督管理促进新型集体经济高质量发展的意见》，提出探索农业科技人员、科技特派员等以知识产权、技术等入股集体经济发展项目或者开展合作研发，按股份获取相应收益。❷

8月13日，江苏省政府办公厅转发《江苏省贯彻“十四五”旅游业发展规划实施方案》，指出要强化知识产权保护运用，提高科技创新能力，更好发挥文旅企业创新作用，支持科技企业孵化器、众创空间、科技公共服务平台等创新创业载体建设，促进创新成果高效转化。❸

9月3日，江苏省政府办公厅印发《江苏省推进数字贸易加快发展若干措施》，围绕培育数字内容服务新增长点倡导积极发展数字媒体、数字出版、网络视听、数字娱乐、动漫游戏等数字内容贸易。加强与境外媒体合作和精准化国际传播，加强数字版权保护和开发利用。支持国家文化出口基地、国家数字出版基地、国家版权贸易基地、国家文化大数据华东区域

---

❶ 省政府办公厅印发关于促进内外贸一体化发展若干措施的通知［EB/OL］.［2022-12-06］. http：//www. jiangsu. gov. cn/art/2022/6/6/art_46144_10471883. html.

❷ 省政府办公厅关于进一步加强农村集体资产监督管理促进新型集体经济高质量发展的意见［EB/OL］.［2022-12-06］. http：//www. jiangsu. gov. cn/art/2022/6/21/art_46144_10510072. html.

❸ 省政府办公厅关于转发省文化和旅游厅省发展改革委江苏省贯彻“十四五”旅游业发展规划实施方案的通知［EB/OL］.［2022-12-06］. http：//www. jiangsu. gov. cn/art/2022/8/24/art_46144_10585581. html.

中心建设。推动建设具有全国影响、江苏标识的国家级或长三角区域级别的视听产业园区。围绕推动数字贸易公共服务平台提档升级倡导省市联动，创新政府和运营主体双向赋能的平台建设运营合作模式，在国际供应链、专业翻译、法律咨询、技术创新、知识产权等领域开展数字贸易公共服务平台梯度培育。❶

10月21日，江苏省高级人民法院发布《关于充分发挥司法职能作用服务保障全国统一大市场建设的指导意见》，明确要坚持最严格知识产权司法保护，规制滥用知识产权阻碍中小微企业创新与发展的不法行为，加大对“专精特新”中小微企业关键核心技术和原始创新成果的保护力度，支持引导企业通过科技创新提升核心竞争力。❷

10月30日，江苏省政府办公厅印发《江苏省进一步优化营商环境降低市场主体制度性交易成本任务分工方案》，提出加强知识产权保护，具体包括：一是开展知识产权代理行业“蓝天”专项整治行动，打击非正常专利申请和商标恶意注册行为。聚焦重点领域开展知识产权保护专项执法行动，持续打击商标侵权违法行为。二是落实国家集体商标、证明商标管理制度，推进国家地理标志专用标志使用核准改革试点，做好专用标志使用核准及注销工作。妥善审理涉地理标志案件，依法支持产品来自地理标志所示产地并符合特定品质要求的正当使用行为，合理平衡公共利益与地理标志权利人利益。坚决遏制恶意诉讼或变相收取“会员费”“加盟费”等行为，切实保护小微商户合法权益。三是推进知识产权大数据平台建设，为创新主体开展知识产权全链条保护提供大数据服务。在大数据、人工智能、基因技术等新领域、新业态落实知识产权保护制度。四是加强海外知识产权风险预警等信息供给服务，编制《江苏涉外知识产权纠纷信息速递》和《企业“走出去”知识产权维权

❶ 省政府办公厅关于印发江苏省推进数字贸易加快发展若干措施的通知［EB/OL］.［2022-12-06］. http://www.jiangsu.gov.cn/art/2022/9/14/art_46144_10604628.html.

❷ 全方位全链条保护 点燃“第一动力”［EB/OL］.［2022-12-06］. http://www.jsfy.gov.cn/article/94519.html.

与纠纷应对指引》。[1]

三、2022 年江苏省知识产权强省建设的重要举措

2022 年，江苏省在建设知识产权强省过程中，主管部门、创新主体、司法机关和社会服务机构一起，积极回应时代需求，坚持稳中求进，坚持高质量发展，坚持更高站位完善管理和服务体系，全面提升知识产权保护和创造运用水平，不断深化知识产权强省建设的各项工作举措。

（一）以落实《纲要》《规划》为统领，全面推进知识产权强省建设

进入新发展阶段，知识产权作为国家发展战略性资源和国际竞争力核心要素的作用更加凸显。2022 年，江苏省积极组织首批国家知识产权强国建设试点示范申报推荐工作，进一步深化知识产权管理体制机制改革，推进知识产权强省建设向纵深发展，着力破解制约知识产权高质量发展的突出矛盾，全面激发全社会创新创造活力，以更高站位、更深层次、更大力度推进知识产权强省、强市建设。健全知识产权地方法规制度和系列政策，认真贯彻落实专利、商标、著作权、地理标志、植物新品种、商业秘密等国家知识产权法律法规，加强知识产权地方立法，制定并实施《江苏省知识产权促进和保护条例》。加快完善经济、科技、金融、文化、社会领域知识产权关联政策，在产业、科技、人才等政策中突出知识产权创造质量、保护效能和运用价值的鲜明导向，健全知识产权政策评估机制，形成促进知识产权高质量发展的系列政策。

（二）以健全保护体系为牵引，着力构筑高标准保护新格局

严格依法保护知识产权，优化行政执法、司法保护、仲裁调解、行业自律、社会监督有效配合的知识产权协同保护格局。构建以中国（江苏）知识

[1] 省政府办公厅关于印发江苏省进一步优化营商环境降低市场主体制度性交易成本任务分工方案的通知［EB/OL］.［2022-12-06］. http://www.jiangsu.gov.cn/art/2022/11/7/art_46144_10655573.html.

产权保护中心为牵引、13 个设区市知识产权保护中心全覆盖、N 个快速维权中心协同的“1+13+N”产业创新全链条知识产权保护体系。4 月 18 日，中国（江苏）知识产权保护中心通过国家知识产权局验收并正式投入运行，为江苏省创新主体提供知识产权快速审查、快速确权、快速维权，提供知识产权创造、运用、保护等全链条服务。通过建设一个中心，带动一个领域，示范一个产业，不断放大培育效应，支撑引领产业高质量发展。健全知识产权诚信体系，完善知识产权信用管理机制。推动实体市场、电商平台、行业协会、企业等建立法律顾问制度，加强知识产权自我保护、风险防范机制建设。支持 20 家单位开展“正版正货”示范建设，大力推进实体市场贯彻《实体市场知识产权管理规范》地方标准，真正把示范街区建成有品质、有影响的“消费福地”。更大力度实施知识产权保护示范区建设工程，开展知识产权保护示范区建设，全力以赴争创国家级知识产权保护示范区。❶ 江苏省版权局、省公安厅、省互联网信息办公室、省通信管理局联合开展江苏省打击网络侵权盗版“剑网 2022”专项行动，举办全省打击网络侵权盗版集中办案周行动，召开版权纠纷诉调对接工作推进会，加强文献数据库治理、网络视频整治、网络文学案件查办，各类网络平台监管，NFT 数字藏品、“剧本杀”等新领域新业态版权监管和院线电影版权保护。

（三）以提升创造质量为核心，充分发挥激励创新制度作用

推进知识产权高质量创造。完善以企业为主体、市场为导向、产学研协同的知识产权高质量创造机制。优化知识产权质量统计监测制度，建立健全专利申请、商标注册监管机制。实施商标品牌培育工程，建立健全商标品牌推进工作体系，加强商标品牌培育。强化版权发展技术支撑，加强精品版权培育。组织召开江苏省版权示范创建工作现场交流会暨作品登记培训班，推动版权示范创建工作，提升作品登记服务效能。围绕生物育种等前沿技术和重点领域，加强优质农作物和林木新品种培育。充分发挥专利奖激励作用，

❶ 江苏省知识产权局关于印发 2022 年全省知识产权局系统工作要点的通知［EB/OL］.［2022-12-06］. http：//zscqj. jiangsu. gov. cn/art/2022/2/21/art_85032_10392404. html.

出台《江苏专利奖评奖办法》，组织第二十四届中国专利奖评选推荐工作。9月22日，根据《江苏专利奖评奖办法》《江苏专利奖评奖办法实施细则》，经江苏省政府批准开展首届江苏专利奖评选。推动专利与标准融合，支持企业积极布局国（境）外专利，鼓励企业积极参与制定国内、国际技术标准。

（四）以塑造产业竞争优势为目标，切实增强转化运用效益

培育专利密集型产业，动态更新专利密集型产业培育目录，健全专利密集型产业增加值核算与发布机制，强化统计监测，发挥专利导航在产业创新发展中的作用。实施专利导航工程，通过"揭榜挂帅"等方式开展重点产业专利导航，按照国家标准开展成果备案和项目评价，择优遴选一批省级专利导航服务基地申报建设国家专利导航服务基地。建立健全产业集群品牌培育机制，支持20家企业承担商标品牌培育和保护项目，研究发布区域商标品牌发展指数报告，开展产业商标品牌价值评价。深入开展"苏地优品"宣传推介活动，支持8个左右县（市、区）承担省级地理标志培育和保护项目，择优推荐国家地理标志产品保护示范区、地理标志运用促进重点联系指导项目。深入实施版权兴业工程，培育版权产业集群，引导版权产业发展壮大。认定优秀版权作品产业转化重点培育项目29个，投入产出比达1∶5.5。7月22—24日，第三届江苏（南京）版权贸易博览会在南京召开，旨在激活版权资源，激发创新活力。召开紫金山版权授权路演大会，提供版权转化、授权实践的分享舞台。积极推进知识产权质押融资登记线上化试点，探索解决在价值评估、质物处置、风险管控等环节的难点、堵点问题，启动商标质押"知惠行"专项活动，引导银行机构积极推进知识产权质押融资服务创新。

（五）以信息化、智能化为支撑，加快提升高品质服务能力

优化知识产权公共服务和社会服务。完善江苏省知识产权大数据中心建设，对接国家知识产权大数据中心，加强知识产权信息传播利用，促进知识产权数据资源与经济、科技、法律、金融等信息的对接、共享与融合，鼓励开发满足创新主体需求的智能化工具包。实施知识产权公共服务能力提升工程，持续完善知识产权公共服务体系。2月22日，江苏省知识产权局召开知识产权保护"一件事"集成服务改革协同推进会，依托江苏省知识产权大数据平台，建设“一件事”集成服务网络系统和线下综合服务窗口，实现知识产权服务“一窗口统办、一平台交易、一链条保护、一站式管理、一体化服务、一键式检索”等功能。[1] 8月12日，启动2022年度知识产权信息公共服务网点认定工作，择优推荐申报国家级公共服务机构，加快建设知识产权公共服务体系。发挥知识产权服务业集聚区示范带动效应，培育引进规范化、规模化、专业化、智能化的高端知识产权服务机构，建设国家级知识产权服务出口基地，打造一批具有国际影响力的知识产权服务品牌。完善知识产权服务链与产业发展和技术研发需求精准对接机制，创新知识产权服务新产品、新业态和新模式，推动知识产权服务业与重点产业优势互补、协同发展。实施专利代理质量提升工程，研究制定专利代理师培育计划，建立知识产权服务业质量监测机制，推进新一轮知识产权服务标准化建设。推动专利代理服务对外开放试点取得实质性成果，支持有条件的地区建设国家级知识产权服务出口基地。深入推进非正常专利申请代理行为整治，指导各地严肃查处代理违法违规违纪行为，推进国家专利代理信用评价管理试点工作取得实效。

（六）以深化区域协作为导向，更大力度推进高水平合作

深入实施国家区域协调发展战略，完善长三角区域知识产权发展共商机制，加强知识产权保护协作、信息互联互通、高层次人才共享。9月23日，长三角地区知识产权更高质量一体化发展论坛举办，三省一市知识产权局共同签署《长三角地区知识产权更高质量一体化发展框架协议书2.0》《长三角地区数据知识产权保护合作协议》，合力推动长三角地区知识产权一体化发展升级。长三角地区将在发展共商、创新共进、运用共联、保护共治、服务共享等方面，更高质量推进区域知识产权发展与保护一体化，协同建设长三角区域知识产权大数据中心，实现长三角地区知识产权数据的全面共享和公开。健全长江经济带、淮海经济区、南京都市圈知识产权合作共享机制。8月23日，芜湖、镇江等地法院领导签署《南京都市圈知识产权司法保护联盟合作

---

[1] 江苏召开知识产权保护“一件事”集成服务改革协同推进会［EB/OL］.［2022-12-11］. http://jsip.jiangsu.gov.cn/art/2022/2/22/art_75875_10355419.html.

协议》，标志着南京都市圈知识产权司法保护联盟正式成立。该联盟致力于知识产权诉讼服务跨域合作、知识产权审判实务协作会商、知识产权信息资源共建共享、知识产权品牌保护协调联动等四项机制，促进跨区域司法协作，打造区域创新共同体和改革开放新高地，营造市场化、法治化、国际化的一流营商环境，为南京都市圈高质量发展提供优质司法服务。与此同时，促进知识产权国际合作，推进中国（江苏）自由贸易试验区和中外合作园区加强知识产权服务中心建设。

（七）以宣传教育为基础，厚植知识产权人文环境

加强宣传教育普及力度，精心组织“4·26”世界知识产权日、全国知识产权宣传周、版权宣传周等大型宣传活动，扩大“我身边的知识产权”公益宣传。在江苏省范围开展知识产权青年志愿服务活动，已组建了一支覆盖全省 17 所院校、53 个专业的 280 余名青年的志愿者队伍，形成涵盖知识产权企业行、知识产权社区行、知识产权携手行、知识产权采风行等重点活动的“四位一体”志愿服务模式，打造特色化、专业化、多元化的志愿服务品牌，推动知识产权进企业、进校园、进社区。启动“百堂苏版课”活动，举办中国版权产业集聚区发展国际论坛、第三届长三角版权产业高质量发展论坛、第六届江苏省大学生版权论坛等版权学术交流活动。强化知识产权人才支撑和人才培养。5 月 6 日，正式开启“知识产权助力产业强链”产才对接行动，聚焦江苏 50 条重点产业链，围绕全省重大科技创新平台创新研发活动开展针对性指导服务，旨在为创新主体、市场主体精准对接知识产权高层次人才，实现知识产权人才链与产业链、创新链“多链融合”，人才成长与产业发展、科技创新“同频共振”。

结　语

2021—2022 年，江苏省知识产权强省建设取得较好成效，体现出三个方面的特点：首先，知识产权强省建设与全面推进中国式现代化同频共振。在中国式现代化建设新征程中寻找知识产权强省建设的战略价值，不断推出知识产权强省建设的新举措、新名片、新亮点。其次，知识产权强省建设与经济高质量发展相互促进。全面提升知识产权创造、运用、保护、管理和服务水平，建设制度更完善、保护更严格、运行更高效、服务更便捷、文化更自觉、人民更满意的知识产权强省，不断凸显知识产权支撑高质量发展的成效。最后，知识产权强省建设对创新驱动发展战略的基础性保障功能日益明显。知识产权强省工作聚焦服务高水平科技自立自强和文化软实力提升，通过构建区域知识产权法治体系、政策体系和管理体系，有效服务于科教兴国战略、人才强国战略和文化强国战略。

湖北省知识产权创新发展报告（2021—2022）*

孟奇勋　董雨潇**

党的二十大报告明确指出，“加强知识产权法治保障，形成支持全面创新的基础制度”。2021—2022 年，湖北省深入贯彻落实党中央的决策部署，建立健全多方位知识产权创造、运用、保护、管理全流程机制，持续推进营商环境、创新环境优化，充分发挥湖北省在长江中游城市群高质量发展的聚力作用，确保湖北省知识产权发展与“十四五”发展大局同频共振、深度融合。本报告系统梳理湖北省知识产权强省建设相关政策，旨在客观反映湖北省知识产权强省建设过程中的发展全渠道和内生增长动力，并立足湖北经济工作发展实际，为湖北省知识产权强省建设和高质量发展提供理论参考。

一、政策梳理：知识产权强省建设政策工具再扩容

本报告选取《湖北省高价值专利培育中心管理办法（试行）》《湖北省

* 基金项目：湖北省知识产权局软科学研究项目“湖北省知识产权纠纷多元化解决机制的现状调研与建设建议”（编号：20222s0049）；湖北省科技厅软科学研究重点项目“湖北省开展技术要素市场化配置改革试点研究”（编号：2021EDA030）。

** 孟奇勋，管理学博士，武汉理工大学法学与人文社会学院副教授，硕士生导师；董雨潇，武汉理工大学法学与人文社会学院 2020 级法律硕士研究生。

企业知识产权护航工程管理办法》《湖北省知识产权服务能力提升工程管理办法（试行）》《湖北省知识产权服务业集聚发展区实施办法（试行）》《湖北省实施知识产权服务能力提升工程行动计划（2022—2025 年）》《2022 年湖北省知识产权行政保护工作实施方案》《全省知识产权系统贯彻落实〈持续深化一流营商环境建设若干措施〉实施方案》《湖北省专利侵权纠纷行政裁决实施办法（试行）》《关于加强协作配合强化知识产权保护的实施意见》9 项政策文本，参照《2020 年中国知识产权发展状况评价报告》的“创造、运用、保护、环境”一级指标体系，力图以指向明确、指标全面的评价体系反映湖北知识产权强省建设发展状况，为深入推进知识产权创新发展提供基础支撑。通过借鉴宋河发等学者的研究❶，析出政策文本中的知识产权条款，细分为 569 项具体政策工具，构建以“创造—保护—运用—环境”的横向指标，以知识产权类别为纵向指标的复合指标体系（见图 1），梳理湖北知识产权强省建设的重点政策，全面摸底政策工具在不同知识产权类别中的适用。

从政策工具的分布维度来看，湖北省知识产权强省建设兼顾知识产权创造、运用、保护、管理、服务等政策工具应用，政策工具全面覆盖知识产权不同类别，但在各细分领域的政策供给配置、内容要素和使用频率等方面仍存在一定差异。

（1）知识产权创造维度。知识产权创造维度的政策工具使用频率合计为 18.88%，占比相对较少。湖北省经济发展水平决定了创造性劳动的价值以及对待科技创新成果的天然态度，经济环境则构成了知识产权创造维度政策工具的经济支持和经济约束。❷ 政策工具在创造维度中最为突出的是权利获取创造，湖北省通过制定合理的知识产权归属政策、审查授权政策、收费资助政策，严把授权审查关口，规范技术审查意见的采信机制，继续深入实施专利质量提升工程和商标品牌战略，以创新驱动新的经济增长。

❶ 宋河发，沙开清，刘峰．创新驱动发展与知识产权强国建设的知识产权政策体系研究［J］．知识产权，2016（2）：93-98.

❷ 万正艺．数字网络空间视域下知识产权的政策分析：环境—价值—行动者的维度［D］．南京：南京师范大学，2021.

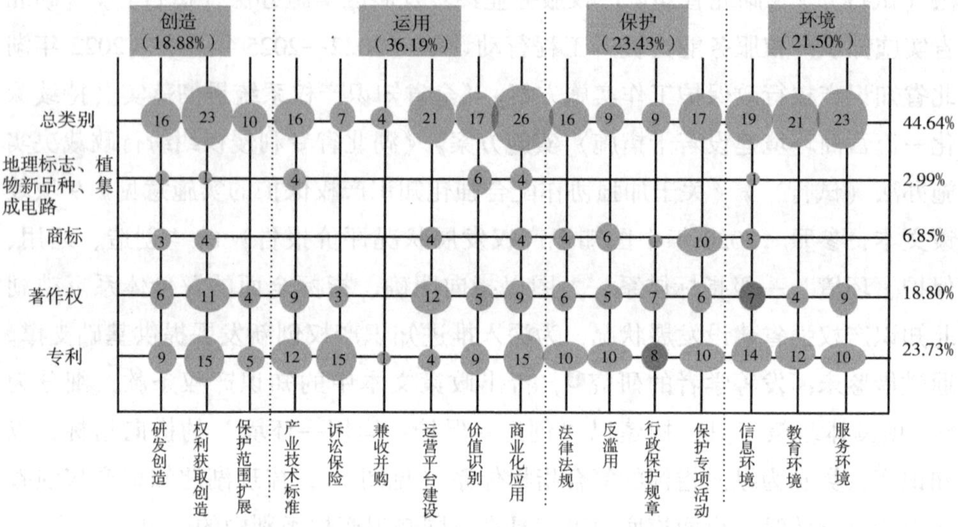

图 1　政策工具在知识产权类别中的分布

（2）知识产权运用维度。知识产权运用政策工具中最为突出的是知识产权商业化应用，占比达 28.02%，说明湖北省高度重视科技成果转化应用。为了防止科研“成果”变为“陈果”，各地政府不断尝试打破创新机制壁垒、形成科技高效转化的良性循环机制，这对企业与行业机构有了更高的期待。区域行政部门引进培育知识产权交易服务机构，鼓励开展知识产权转让、许可、质押、融资、证券化等商业运营活动，大力支持省内高校、研究所完善知识产权全流程运维服务，从而深度挖掘知识产权存量价值。

（3）知识产权保护维度。湖北省知识产权保护政策比较强调行政保护效能，并注重统筹发挥知识产权行政保护与司法保护的协同作用、加强建设知识产权海外纠纷应对机制、强化知识产权反滥用的主体地位、完善数字知识产权保护机制、积极探索知识产权纠纷多元化解决机制。面对侵权严重的音像制品、计算机软件著作权等市场乱象，主管部门多角度着手，开展行政保护专项行动、进一步规范行业知识产权工作标准、完善行政司法双管齐下的运作机制，以强化对企业的知识产权服务和保障。

(4) 知识产权环境维度。从知识产权细分领域来看，知识产权环境政策工具主要集中在知识产权总类和专利权方面，而商标、地理标志、集成电路、植物新品种的政策覆盖则相对较少，湖北省知识产权整体上的政策工具规划更加偏重于专利制度建设，这也与《“十四五”国家知识产权保护和运用规划》和《知识产权强国建设纲要（2021—2035年）》相吻合。从政策适用频率来看，知识产权环境维度的各项政策工具使用较为均衡，可以看出，发展有序的知识产权信息环境、崇尚创新的知识产权教育环境、多元包容的知识产权服务环境相互交融的理想知识产权政策外部环境已初步形成。

二、优化布局：释放知识产权全过程治理新动能

面向地方特色、优势产业，湖北省推动实现高质量创造、高效益运用、高标准保护、高水平服务。❶ 目前，荆楚品牌建设工作成果显著，知识产权文化氛围日益浓厚，知识产权事业飞速发展，为湖北省科技创新奠定坚实基础。

(1) 知识产权创造质效更加突出。一是知识产权创造数量大幅增长，2021年湖北省专利授权总量15.5万件，同比增长40.93%，商标注册总量18.5万件，同比增长37.87%，全省作品登记量76 293件，同比增长60%，知识产权创造水平持续提高。❷ 二是知识产权创造质量普遍提升，2021年湖北省高价值发明专利拥有量为35 304件，较上年增长25.3%，2022年前三季度湖北省专利转让许可18 675次，同比增长47.41%，增长率位居全国第二。此外，为进一步严格规范专利申请，推进湖北省知识产权高质量发展，湖北省发布《省知识产权局关于开展2022年专利代理行业“双随机、一公开”抽查

---

❶ 申长雨．全面加强知识产权保护 推动构建新发展格局［EB/OL］．(2021-01-15)［2022-12-10］．http：//www.gov.cn/xinwen/2021-01/15/content_5580197.htm.

❷ 湖北省知识产权局．二〇二一年湖北省知识产权保护状况［EB/OL］．(2022-04-14)［2022-11-19］．http：//zscqj.hubei.gov.cn/bmdt/ztzl/2022zt/2022xcz/xxfb/202204/t20220414_4082003.shtml.

工作计划》《湖北省知识产权局关于组织开展地理标志专用标志使用核准改革试点》等文件，以行业机构和公共服务机构为依托，严格规范知识产权确权，形成高质量发展竞争优势。

（2）知识产权运用效益稳步提升。在运用规模上，2021 年湖北省知识产权质押融资金额 50.26 亿元，同比增长 54.4%，湖北乃至中西部地区首单知识产权证券化产品获深交所批准，储架规模达 35 亿元❶，武汉、宜昌先后获批开展国家知识产权运营服务体系重点城市建设，迈入知识产权强国的"第一方阵"。在运用效益上，湖北省知识产权局、省财政厅开展实施"促进专利转化，助力中小企业创新发展专项计划"专项活动，重点落实好专利转化、许可、质押融资备案、专利产品备案以及开展专利技术供需采集、对接活动和专利导航工作，2022 年前三季度专利质押融资 36.48 亿元，同比增长 36.68%，提前三个月完成全年融资目标，标志着湖北知识产权质押融资运营服务体系建设再上新台阶。❷

（3）知识产权保护水平再上台阶。一是在司法保护方面，2022 年 1 月 1 日至 10 月 31 日，湖北省法院受理各类知识产权一审案件12 779件、二审案件3 302件，较往年同期有所提升。以《关于推动审判工作科学发展为湖北加快建成支点提供司法服务和保障的意见》为代表的系列文件聚焦提升审判成效、延伸审判职能，充分发挥司法保护的引领作用。二是在行政保护方面，湖北省知识产权局与省高院联合出台《关于加强知识产权司法保护与行政保护衔接合作的若干意见》，完善诉调对接机制、知识产权业务常态化交流机制以及资源共享机制，在"源头创新—技术开发—成果转化—产业聚集"链条中充分发挥行政保护引领作用。三是在保护效果上，湖北省知识产权保护聚焦重点领域、关键环节和重要阶段，加大对关系人民群众公共利益和切身利益领

❶ 湖北省知识产权局．二〇二一年湖北省知识产权保护状况［R/OL］．（2022-04-14）［2022-11-19］．http：//zscqj.hubei.gov.cn/bmdt/ztzl/2022zt/2022xcz/xxfb/202204/t20220414_4082003.shtml.

❷ 畅通专利技术流转渠道，助力中小企业创新发展——我省强力推进专利转化专项计划［EB/OL］．（2022-09-06）［2022-11-19］．http：//zscqj.hubei.gov.cn/bmdt/gzjb/cqyy/202209/t20220906_4295537.shtml.

域的保护力度，加速推进知识产权助力高水平科技自立自强，服务支撑产业转型升级，赋能湖北知识产权高质量发展。

（4）知识产权发展环境明显优化。在知识产权服务能力培育方面，湖北省推进知识产权“五大工程”护航，突出高效益运用，强化知识产权全链条保护，提升便民利民服务水平。❶《全省知识产权系统贯彻落实〈持续深化一流营商环境建设若干措施〉实施方案》《持续深化一流营商环境建设若干措施》等系列文件聚力知识产权营商环境，以思想破冰引领发展突围、精准深化体制改革、提升基层治理能力、夯实部门监督管理责任。在知识产权意识培育上，2022年相关主管部门连续举办“世界知识产权日宣传周”、“中国光谷”知识产权国际论坛等重大活动，如湖北省高级人民法院首次发布知识产权中英文白皮书以及典型案例，并通过专题研讨会、座谈会、示范庭审学习等系列活动加强知识产权保护意识工作宣传❷，入园区、下社区、进企业，唱响湖北知识产权保护“好声音”。

三、多方发力：打造市场化法治化国际化营商环境

新冠疫情给湖北经济按下暂停键，常态化疫情防控形势下知识产权政策所协调、推进、规范的社会问题正剧烈变化。知识产权稳定发展离不开政府的全面布局和市场主体的主观能动，以私权属性为代表的知识产权政策走进现实更需要市场环境的支撑。

（1）因地制宜，夯实灵活多元的知识产权保护机制。从知识产权维权援助机制建设来看，湖北省政府积极引导、支持规范社会力量参与提供知识产权保护多元服务，形成“以企业为基础、政府为主导、机构为依托、支持社

❶ 文俊，周辛，林治国．湖北实施知识产权“五大工程”强化全链条保护［EB/OL］.（2021-04-25）［2022-12-14］. https：//scjg. hubei. gov. cn/hbdjqqjmgzw/djqqjmgzw_gzdt/202204/t20220426_4099282. shtml.

❷ 叶宇，朱向东．湖北省高级人民法院举行知识产权宣传周新闻发布会［EB/OL］.（2022-04-24）［2022-11-19］. http：//hubeigy. hbfy. gov. cn/article/detail/2022/04/id/6651190. shtml.

会各种力量援助”的知识产权维权援助保护格局。武汉东湖科技保险发展促进中心积极开展知识产权保险推广，根据企业需求推出“知识产权海外侵权责任保险”，分担海外侵权诉讼风险损失，助力企业积极拓展海外市场。从知识产权保护中心建设来看，湖北省积极运用互联网技术和信息化手段，打造“互联网+知识产权”的保护模式，湖北省是 2022 年获得国务院知识产权工作督查激励的唯一中西部省份，获批建设国家级知识产权保护中心[1]，《省人民政府办公厅关于印发湖北省“5G+工业互联网”融合发展行动计划（2021—2023 年）的通知》强调“5G+工业互联网”相关技术和数据知识产权创造，落实公共资源向 5G 网络基础设施开放，构建“知识产权实时控制+动态管理”模式。[2] 就知识产权仲裁调解机制建设来看，各局联合发布《关于加强全省知识产权纠纷调解工作的实施方案》，着力打造司法行政部门牵头、社会多方参与的知识产权纠纷调解机制，大力提升调解质效，充分发挥调解在知识产权纠纷解决中的基础性作用。[3]

（2）协作共享，拓宽知识产权高价值转化实现渠道。一是健全信息共享机制，逐步实现行政主管部门的数据共享、信息共享，如湖北省知识产权局、省公安厅联合发布《关于加强协作配合强化知识产权保护的实施意见》，两部门配合强化知识产权保护工作的协同合作，包括协调会商、信息发布、案件移送、专家人才库等资源共享。[4] 二是完善诉调对接工作机制，省内知识产权保护中心充分发挥专业和资源优势，共同推动调解与其他纠纷解决途径的有机互补、相互衔接。三是发挥区域合作的聚能优势，合力打造市场化、法治化、国际化的一流营商环境。省内三地自贸试验区法院共同签署《知识产权

[1] 文俊，林治国，林周．湖北省获批建设国家级知识产权保护中心［EB/OL］．（2022-11-13）［2022-12-14］．https：//www. hubei. gov. cn/hbfb/bmdt/202211/t20221113_4400638. shtml.

[2] 武汉自贸片区：双管齐下，巧用公证为知产维权保驾护航［EB/OL］．（2022-11-17）［2022-11-26］．http：//swt. hubei. gov. cn/stdt/ztzl/hbzmq/zdcx/202211/t20221117_4441427. shtml.

[3] 杨鑫．省知识产权局、省司法厅联合推进全省知识产权纠纷调解工作［EB/OL］．（2022-08-04）［2022-11-21］．http：//zscqj. hubei. gov. cn/fbjd/dtyw/202208/t20220804_4248886. shtml.

[4] 湖北省知识产权局　湖北省公安厅印发《关于加强协作配合强化知识产权保护的实施意见》的通知［EB/OL］．（2022-01-10）［2022-11-21］．http：//zscqj. hubei. gov. cn/bmdt/gxhlm/zcwd/zccs/202201/t20220110_3958001. shtml.

司法保护区域合作协议》，各区法院积极配合自贸区改革措施，打造知识产权与涉外商事纠纷解决的高地。[1] 湖北省知识产权局与湖北省人民检察院、武汉海关、湖北省贸促会出台了知识产权协同保护相关政策。此外，湖北省政府助推完成武汉“1+8”城市圈签署知识产权保护区域协作协议，从而推进长江中游湘鄂赣三省知识产权联动协作机制。

（3）高校赋能，产学研用深度融合驱动高质量发展。架起技术到产业的融通桥梁需要最大程度挖掘产业驱动力、释放提升科技生产力。《产学研合作协议知识产权相关条款制定指引（试行）》等政策旨在夯实知识产权智力基础、指导知识产权确权工作、降低科技成果转化技术路径的法律风险，在优化人才培养体系的同时，推进落实产学研合作。其中，武汉工程大学继中南财经政法大学之后新设知识产权学院，着力培养“法学+科技”的知识产权复合型人才；[2] 武汉理工大学与武汉双虎涂料股份有限公司就特种功能涂料专利技术转化签约，合同金额1.06亿元，是武汉理工大学首个亿元级科技成果转化；[3] 继《专利开放许可试点工作方案》为专利开放许可制度的全面落地提供指引后，省内各高校平台积极响应，争当行业先锋，中国地质大学（武汉）与湖北健润科技集团有限公司签约湖北省首例专利开放许可[4]，产学研深度合作极大促进了科技成果快速转化。

四、提档进位：助力知识产权事业高质量发展

当前，湖北省面临经济下行压力，健康平稳、良性循环的经济发展需要依靠知识产权和技术创新，实施知识产权强省战略需要依靠高质量、高水平、

[1] 袁超一，蔡蕾，胡芳．湖北自贸区三家法院：构建知识产权案件诉讼联动机制［N］．湖北日报，2022-10-08．

[2] 湖北省知识产权局与武汉工程大学共建知识产权学院［EB/OL］．（2022-11-21）［2022-11-28］．https：//www.cnipa.gov.cn/art/2022/11/21/art_57_180444.html．

[3] 文俊．首个！武汉理工大学转化亿元级科技成果［EB/OL］．（2022-11-18）［2022-12-04］．http：//news.cjn.cn/hbpd_19912/jj_19921/202211/t4347034.htm．

[4] 刘畅，沈世旻．湖北首例专利开放许可落地［N］．湖北日报，2022-08-30（3）．

强创新的核心科技成果，科技成果赋能高效转化为先进生产力，加快“建成支点、走在前列、谱写新篇”。

（1）良法善治，营造有法可依、执法必严的法治生态。知识产权善治强调政府与社会公众之间良性互动，从而实现公共利益的最大化。知识产权法治生态包括司法保护机制、行政管理机制以及公共事务管理机制，一方面要求有法可依，知识产权政策的演变发展复杂、涉及主体多元，知识产权政策工具的设计风险必须融入时代考量，持续创新以实现政策价值。另一方面要求执法必严，知识产权政策紧密围绕资本市场、社会需求、技术创新、政府监管等方面，知识产权政策文本难免会出现偏差，这是因为政策落地时必然加入管理者的理解与修订，因此，相关主管部门应当明确自身角色定位、提升跨部门协调互动能力，从而减少因政策理解偏差而导致的知识产权侵权纠纷。

（2）整体治理，构建资源共享、合作共赢的协作网络。一是构建跨部门知识产权合作网络，出于部门利益考虑，知识产权不同管理部门之间可能存在相互推诿、互相掣肘的现象，难以形成合力应对知识产权行政保护的新情况。跨部门合作治理机制是整体性治理的新范式之一，通过设立连续一致的政策目标实现不同行政部门的对话，形成合理合法的责任分担机制和监督机制，以减少政策文本与政策现实之间的偏差，在动态沟通合作中建立不同部门的信任机制和沟通渠道，以减少沟通成本、提高行政效率。二是构建跨区域知识产权合作网络，知识产权侵权违法行为的无形性逐渐突破地域限制，在这样的背景下，建立跨区域知识产权执法网络才能有效提高治理能力、均衡治理水平。通过增设“大数据+知识产权”信息平台建设，让知识产权在数字网络空间有效流通，模糊跨区域合作的边界，消除省内科技创新水平的区域差异，破除行政执法信息壁垒。

（3）资本融通，加大创新要素市场化配置的改革力度。知识产权的商业属性和法律属性明显，知识产权产品技术性更强、专业性更高、权利人发言权更大，因此知识产权公共问题需要政府、企业、学界和社会协同处理、执行、反馈。一方面，需建立畅通无阻的利益表达渠道[1]，鼓励稳定有效的多方对话机制。合法完备的诉求表达机制和相关配套机制，是确保知识产权政策表达的科学性和民主性、防范化解知识产权可能存在的现实争议、增进知识产权政策的透明性和公开性的必然选择。另一方面，以知识产权为湖北科技金融探路。武汉东湖高新区先行试点多项金融科技改革，以"机构设立、经营机制、金融产品、信息平台、直接融资、金融监管"六个专项科技融资机制实现资本融通[2]，多项政策文件强调创新知识产权质押融资方式，开展武汉"1+8"城市圈知识产权互认试点，让各类创新资源与金融资本直接对接，降低资本融通成本、提高要素配置效率。

[1] 高秦伟．法治政府建设中的利益表达机制及其完善［J］．治理研究，2020，36（4）：88-98.
[2] 张阳春．"东湖模式"为中国科技金融探路［J］．党员生活，2021（35）：32.

第三编　知识产权制度创新发展报告

线上演播相关法律问题研究*

黄玉烨　杨依楠**

随着我国加快构建新发展格局，线上演播在促进文化产业数字化转型、满足人民精神文化生活等方面发挥着愈发重要的作用。科学、规范的法律治理机制是文化产业发展的前提和保障，完善以版权为核心的法律保护机制将有助于线上演播产业的持续健康发展。从创作改编到表演录制，最终呈现的线上演播蕴含了多元的权利类型与复杂的权利体系，因而在产业化运作中不可避免地伴随着法律风险与权利冲突。对此，须全面梳理线上演播中的相关法律问题，重点防范化解知识产权法律风险，为我国演艺行业发展变革提供必要的法律保障。

一、线上演播产业发展概述

（一）线上演播产业的发展现状

从产业内涵来看，线上演播是指以流媒体为播放格式，通过直播或在线

* 本文系文化和旅游部政策法规司委托课题“线上演播相关法律问题研究”、国家社会科学基金重大项目“总体国家安全观下产业知识产权风险治理现代化研究”（21&ZD203）的阶段性成果。

** 黄玉烨，中南财经政法大学知识产权研究中心教授，博士生导师；杨依楠，中南财经政法大学知识产权学院博士研究生。

点播的方式为用户提供收听、观看、互动等内容的视听类网络服务。❶ 尽管线上演播并不属于法律概念，但从演播的内容、方式和传播过程来看，线上演播与著作权息息相关，是以作品、表演和民间文学艺术表达为核心、以品牌和字号等为重要资源、以信息网络传播和广播为主要途径的新型文化产业形态。

在发展规模方面，线上演播形成包括版权许可、直播付费、品牌合作等多渠道的综合盈利模式，保持较快增长速度，具有良好市场前景。受新冠肺炎疫情影响，尽管我国演出市场总体增速放缓，线上演播需求的增长率却高达 30% ~40% 。❷ 据统计机构预测，在线上演播产业的强力推动下，我国演出市场将在未来五年内保持约 11. 3% 的增长速度，较线上演播产业出现前的总体增长速度高出 6% 。❸ 此外，在人员机构数量上，越来越多的表演者及团体纷纷以“科技+艺术”为导向，积极开拓线上演播业务并实现线下至线上的转型。

在发展态势方面，线上演播产业在作品定位、时空拓展和产业融合方面呈现出全新发展态势，❹ 引发了著作权法律关系的变动。一方面，表演团体开始专门编创适于线上演播的内容，从单纯的表演转向“表演+社交”，当画面的选择、编排和制作具有独创性时，线上演播画面本身便具备了成为著作权保护客体的可能，不仅由此产生了新的作品类型，表演团体亦可主张信息网络传播权等更加丰富的权利类型。另一方面，线上演播拓展了创作、表演、宣发等产业链，增加了制作、传播、衍生等环节，由于每一环节的推进均是以对上一环节产生的权利进行利用为前提（见图 1），使各主体间的权利划分

---

❶ 国家版权局网络版权产业研究基地 . 中国网络版权产业发展报告（2020）［EB/OL］.［2022-10-17］. http：//www. ncac. gov. cn/chinacopyright/upload/files/2020/9/17105857106. pdf.

❷ 王一鸣 . 新型冠状肺炎对中国演艺产业的影响探究［J］. 重庆邮电大学学报（社会科学版），2021（2）.

❸ 前瞻产业研究院 . 2020 年中国演出行业市场现状及发展前景分析［EB/OL］.［2022-10-23］. https：//www. sohu. com/a/452122555_114835.

❹ 孙洋 . 新冠肺炎疫情对线上演出产品的影响及发展——以国家大剧院为例［J］. 演艺科技，2020（5）.

和利益分配格局更加复杂，因此如何认定、协调各方合法利益将是线上演播法律保护的重点内容。

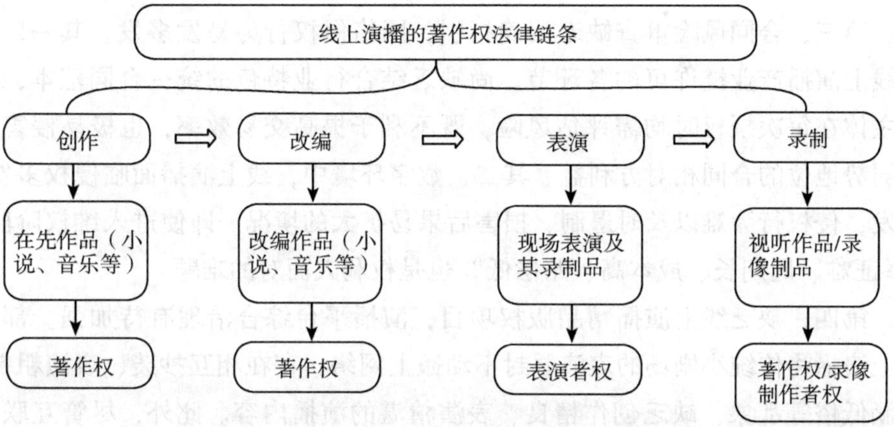

图 1　线上演播产业链中的基本环节与权利形态

（二）线上演播存在的法律问题

线上演播的法律关系以作品认定为起点，围绕著作权的取得和分配、著作权的利用与限制展开。基于该视角，线上演播产业在运行过程中存在以下潜在风险和问题。

第一，线上演播画面作品属性存疑，权利归属认定亟须澄清。一方面，关于线上演播画面是否构成作品缺乏明确的法律规定，司法实践中，与之类似的体育赛事直播画面等皆面临可版权性的难题，部分法院认为其不满足作品独创性要求而否定给予著作权保护，一定程度上抑制了投资热情。另一方面，只有少数技术和资金实力较强的表演团体能自主完成线上演播画面的录制，对权属的认定直接关系何者有权授权传播并获得报酬，也关系到权利人在遭遇侵权时得以主张哪些权利。

第二，侵害在先作品版权争议频发，合理使用认定标准不明。线上演播以网络公开传播为方式，以作品及其表演为内容，由此引发大量版权争议。例如，表演团体或制作者仅针对作品线下演出或单次演出获得授权，若未能在取得补充授权时开展线上演播，则应承担侵犯他人广播权、信息网络传播权的责任。又如，部分线上演播援引“免费表演”这一合理使用条款进行侵权抗辩，如何认定“不以营利为目的”亟须司法澄清。

第三，合同风险审查缺乏明确指引，网络侵权行为易发多发。其一，针对线上演播产业链许可的各环节，尚缺乏结合行业特色的统一合同范本，相关主体在每次授权时均需评估风险，既不利于提高交易效率，也极易侵害处于弱势地位的合同相对方利益。其二，数字环境中，线上演播面临侵权多发、易发，侵权行为难以及时遏制、损害后果易扩大的境况。即使进入维权阶段，“举证难、周期长、成本高、赔偿低”也是权利人面对的难题。

第四，缺乏线上演播精品版权项目，演播平台综合治理有待加强。部分线上演播将传统小剧场的表演原封不动搬上网络，存在相互抄袭、表演粗糙、内涵低俗等乱象，缺乏创作精良、表演精湛的演播内容。此外，尽管互联网平台是线上演播产业链的深度参与者，但因平台发挥的作用不同，其在遭受侵权指控时，能否依据“通知—删除”规则免除损害赔偿责任尚无法简单认定，伴随技术提升所带来的版权过滤义务亦未有效落实。

综合以上问题，本文将围绕线上演播画面的性质认定、相关作品的侵权救济与合理使用、风险防控与合同审查展开调查研究，并针对精品版权项目培育等重点领域提出针对性建议。

二、线上演播画面的可版权性与权利归属

（一）线上演播画面的可版权性

根据《著作权法》，作品是具有“独创性”并能以“一定形式表现”的智力成果。作为有伴音的连续画面集合，可版权性的判断关键在于结合视听作品的规定认定线上演播画面是否具有独创性。通常认为，视听作品应在动态连续画面集合的衔接和安排上体现出制作者富有个性的判断，据此，结合线上演播画面的制作过程，其在以下三个方面可能具有独创性。

第一，线上演播画面内容的选择与设计具有独创性。线上演播画面的内

容可分为主体表演画面、嘉宾导赏解说画面和表演准备中的花絮，每部分画面的设计与编排都体现了编创团体的个性设计。例如，从线下演出到线上演播，表演风格也从舞台艺术转向镜头表演方式，需要编创团队对表现方式、场景段落进行调整甚至重新设计，将原本连续的长段表演拆分为多个场景并形成分镜头脚本。又如，部分线上演播会在画面中加入嘉宾导赏和解说，对被表演内容进行人物、情节、背景和艺术性等方面的介绍，进一步增加线上演播画面蕴含的个性表达。

第二，线上演播画面拍摄的调整与聚焦具有独创性。随着大型演出拍摄实践的发展，摄制团队在拍摄现场画面时已形成各具特色的方法和理念，在机位布设、镜头移动上都呈现出有独创性的表达。一方面，创作者在结合演播现场空间条件的基础上，依据个人经验决定机位如何设置，既要避免机位间互相穿帮，还要确保不同设备可以捕捉到每个关键场面，该过程体现了创作者的选择和判断。另一方面，线上演播画面拍摄过程中，创作者会移动设备的距离、角度和光线，使画面的呈现能够配合演出内容的发展进程、情绪起伏和角色塑造。

第三，线上演播画面的后期剪辑与制作具有独创性。拍摄过程生成的画面并非直接传播给观众，还需经过创作团体的剪辑与后期制作，将多个原始画面制作成一个包括演播内容、特效、弹幕、解说画面、字幕等元素在内的连续画面，这一过程往往最能体现创作团体的独创性。例如，国家京剧院《龙凤呈祥》的线上演播中，创作团队上线了基于京剧制作的表情包、互动道具，使用户可在演播页面通过此方式代替现场叫好、鼓掌等情绪表达，不仅能带动用户参与演出内容的讨论，也使线上演出画面整体包含各种具有创造性的元素。

（二）线上演播画面的权利归属

著作权属于作者是我国《著作权法》对权利归属的原则性规定，但在视听作品这种投资成本较高、失败风险较大的作品中，法律允许作者以外的主体取得著作权，促进作品的有效使用，保证行业投资者的热情。我国《著作权法》第 17 条规定，视听作品中的电影作品、电视剧作品的著作权由制作者享有，电影作品、电视剧作品以外的作品著作权归属由当事人约定，没有约定或者约定不明的，由制作者享有，但作者享有署名权和获得报酬的权利。所谓制作者，是指提供资金、统筹组织视听作品创作并对其承担责任的个人或团体。❶

根据上述规定，认定线上演播画面权利归属的关键在于区分作品类型，即线上演播属于电影作品和电视作品，还是属于前述两种作品类型以外的视听作品。若线上演播画面属于前一种情形，则可直接认定制作人为著作权人；若线上演播画面属于后一种情形，则制作者可与其他作者自由约定。一般而言，在区分“电影作品、电视作品”和“其他视听作品”时，可以参考以下两个方面的具体要素。

第一，比较制作者和其他作者在线上演播整体中的贡献大小，若制作者的贡献较大，则线上演播画面可被认定为电影作品和电视作品，此时著作权归制作者所有。通常情况下，电影作品和电视作品的创作是多步骤、多环节的系统过程，从剧本创作到分镜头改编，从主要词曲的创作到演员、导演、摄影、特效设计、服装道具、灯光的协调，制作者不仅要耗费巨大精力进行统筹安排，还要投入大量资金，此时为了促进作品利用，降低商业风险，视听作品的著作权便应由制作者享有。以此类推，线上演播画面的创作过程中，若制作者作出了同样巨大的贡献，为维护其合法利益、鼓励更多的投资流向线上演播行业，便理应适用电影作品和电视作品的权利归属模式。

第二，线上演播画面的制作是否采用了有别于电影作品、电视作品的模式。参与立法者指出，非电影作品、电视作品的视听作品制作较为复杂，法律不宜在所有类型中一律认定权利归属于制作者。❷ 在较为简单的线上演播制作中，表演者、词曲作者和原作品作者可能是同一人，不仅制作者对线上演播画面整体的形成贡献相对较小，其他作者在其中发挥了更大作用，即使线

❶ 李扬．著作权法基本原理［M］．北京：知识产权出版社，2019.

❷ 黄薇，王雷鸣．中华人民共和国著作权法导读与释义［M］．北京：中国民主法制出版社，2021.

上演播画面的权利由创作者和制作者共同享有，也不会呈现出如电影作品、电视作品中的权利人高度分散状态，此时可以尊重当事人之间的权利归属约定，有助于兼顾参与线上演播项目各方的利益诉求。

三、线上演播作品的著作权保护与合理使用

（一）线上演播作品的著作权侵权救济

经过长期探索，我国已针对版权产业形成较为完备的侵权救济体系。具言之，该救济体系以民事救济为主导，以行政保护为协调并举。当前，技术保护措施水平有限，线上演播作品上线后极易出现非法转播、传播的现象，若不能及时制止侵权行为，将使依赖付费直播、点播的线上演播产业遭受巨大打击。因此，对线上演播作品的侵权救济应注重事前防控与事后惩罚相结合，民事救济与行政保护相结合，推动制度相互衔接。

一是落实民事救济。首先，为防止侵权损害后果继续扩大或证据灭失，应合理利用诉前禁令、证据保全和财产保全等诉前临时措施。例如，权利人可请求法院作出责令他人停止未经许可传播线上演播作品的禁止令，也可请求法院就他人未经许可转播线上演播画面的行为作出证据保全。其次，权利人应结合《民法典》及《著作权法》第52条，根据实际情况择一或同时主张停止侵害、消除影响和赔偿损失等民事责任。应当注意的是，损害赔偿是填补权利人损失的主要方式，有效地提出计算依据和计算请求能够帮助权利人获得尽可能多的赔偿。为进一步保护著作权人的合法利益、加强对侵权行为的震慑，2021年6月生效的《著作权法》规定当侵权人故意侵犯线上演播作品权利且情节严重时，权利人可请求法院适用惩罚性赔偿。最后，法院可主动适用民事制裁，对侵犯著作权或与著作权有关的权利的，可没收其违法所得、侵权复制品以及进行违法活动的财物。

二是落实行政保护。一方面，应完善线上演播领域行政立法保护。明确对线上演播作品负有保护职能的机关及其职责，避免出现“无人问津”或“多头管理”的状况，同时出台线上演播保护的专门条例及其他规范性文件，

根据产业发展实际，研究制定具体措施，通过完善知识产权公共服务等形式，帮助表演团体提高维护自身合法权益的水平，并在《文化市场综合行政执法事项指导目录》中作出针对性的规定。另一方面，需严格开展相关领域行政执法。文化市场综合行政执法机构可开展专项执法行动，强化互联网平台的在线监测，按周期开展打击非法传播行为的执法检查，以行政预警、行政指导等柔性执法方法配合行政处罚，出台线上演播领域知识产权保护工作指南，创新行政执法方式。

（二）线上演播作品的著作权合理使用

著作权在性质上属于专有权，为激励著作权人进行创作，原则上表演团体只有经过著作权人许可才能使用，否则将构成著作权侵权。但著作权权利体系同样具有推动社会文化艺术发展、保障社会整体利益的功能，因此世界各国均对著作权进行了一定程度的限制，允许作者以外的主体在未经作者许可时使用作品，这就构成了著作权侵权的法定例外情形。我国《著作权法》第 24 条列举了 12 种法定合理使用情形，与线上演播行为联系最为密切的合理使用情形为“免费表演”，电视台、文艺院团等机构举办的大型公益演出、免费文艺汇演往往就属于此类情形。

根据《著作权法》第 24 条，若表演团体主张其使用作品行为构成“免费表演”，应满足以下要件：其一，免费表演的适用范围仅限于自然人进行表演，不适用机械表演；其二，免费表演应同时符合“双向免费”的条件，既不能向公众收取任何费用，也不应向表演者支付报酬；其三，免费表演应“不以营利为目的”；其四，免费表演不得侵犯著作权人的合法权益，也不得影响作品的正常使用。实践中，容易发生争议之处在于如何认定“不以营利为目的”，结合我国司法实践，判断时应坚持“能够吸引潜在消费者的表演”和“能够促进商家销售的表演”不属于上述情形。

四、线上演播作品的风险防控与合同审查

由于线上演播涉及主体众多、法律关系复杂、权利内容丰富，从著作权

许可到演播画面制作，各环节都需以合同形式明确相关方的权利义务，避免出现权属争议与法律风险。因而，合同审查是线上演播法律风险防控的重点领域，也是规范从业行为、降低侵权风险的必要途径。

(一) 演播内容创作合同风险审查与防控

从实践看，线上演播最易出现权属争议的类型主要包括演播内容创作权属纠纷和演播画面录制权属纠纷，因此，应在相关合同中重点审查著作权归属是否清晰，并作出合理约定。

第一，表演团体在开展职务创作、合作创作或委托他人创作演播内容时，应分别在劳动合同/劳务合同、合作合同及委托创作合同中明确约定著作权归属。一方面，应明确演播内容的创作模式是否系职务创作等特殊类型，如审查创作者是否为本单位职工，是否与本单位存在雇用关系。若线上演播的文艺作品由单位职工为完成工作任务而创作，则属于职务作品。特殊职务作品的著作权归属于单位，作者享有署名权；而对于普通职务作品，著作权由作者享有，单位在业务范围内享有优先使用权。另一方面，应在创作合同中明确约定作品权属或权利行使规则，尤其是对合作作品等作者可协商一致行使著作权的情形，完备的权利行使条款可避免后续开展演播活动时受阻。

第二，制作者在录制演播画面之前，应在合同中明确视听作品的著作权归属。新技术设备的应用扩大了线上演播录制者的创作空间，使演播画面具备成为视听作品的可能。我国《著作权法》规定，电影、电视以外的视听作品权利归属可由参与创作的主体共同约定享有。在此情形下，若第三人在传播时向多重权利主体寻求许可，将极大降低交易效率。因此，制作者应当在合同中尽量约定演播画面由单一主体享有权利，简化授权许可程序，促进线上演播流通。

(二) 著作权许可使用合同风险审查与防控

著作权许可使用合同是线上演播中最常见的合同类型之一，签订合同时应重点关注审查许可方式、许可期限等内容，确保线上演播节目的制作、表演与传播均具有合法授权。

一是判断被许可人选择的许可方式是否满足其商业需求，避免因许可方式不明导致侵权纠纷。著作权许可使用方式分为专有使用许可和非专有使用许可两种类型，“专有许可”是指权利人只能许可一个被许可人以特定方式使用作品，不能再授权其他人使用。若被许可人希望获得对在先作品更强的控制力，排除作品使用期间出现其他竞争者，应在合同中注明授权类型为专有许可使用，并明确专有使用许可的内涵。

二是合理设置授权许可使用期间，确保授权期内可以完成线上演播节目制作与传播。著作权许可使用合同的授权期间应当大于线上演播节目制作的周期，否则将会超出授权期间，构成著作权侵权。设置著作权授权期限时，应将许可使用开始之日设置在项目启动前，并将许可使用截止日设置在项目完成后。若线上演播节目制作出现延期事项，则应及时与许可人协商，签订补充许可协议，延长授权期间。

三是明确著作权许可使用方式。根据我国《著作权法》规定，信息网络传播权必须具备“交互式”特征，即确保公众在个人选定的时间和地点获得作品，否则不属于信息网络传播权的控制范围。若以网络直播等公众无法自由选定观看时间的方式提供线上演播节目，则不属于信息网络传播权的控制范围，需对此类行为专门授权。

四是防范信息网络传播权预售许可风险。在影视项目制作投融资中，以信息网络传播权为中心的著作权预售模式已经较为成熟，互联网播放平台在项目制作前投资，以投资款作为信息网络传播权许可费，形成“以投代购”模式。比如，以爱奇艺“迷雾剧场”为代表的平台独家网络发行剧目取得较好口碑，线上演播项目亦可采取此类“融资+许可”使用方式，掌握摄制进度。然而，此类版权预售对投资人即被许可人风险较大，应在合同条款设置中尽量保障投资人的监督权与退出权。

五、线上演播产业重点领域的法律治理

线上演播产业的规范化、创新化运营，是新时代推动文化与科技融合、建设文化强国的重要举措，应探索构建规范、科学的线上演播产业法律综合

治理机制，提供多元化、多层次的治理路径。

（一）精品版权项目的培育与运营

为加快培育线上演播精品版权项目，应从内容创作、技术创新、政策扶持三个角度出发，采取以下措施：第一，提升线上演播创作生产质量。深入开展原创，挖掘传统文化与地方特色文化，打造具有中国文化特色的原创IP，激发受众的情感共鸣、文化认同与文化自信。例如，春晚的舞蹈节目《唐宫夜宴》以乐舞俑形象讲述了唐高宗时期女子赴宴表演途中的趣事，观众从演员婀娜摇曳的舞姿和跌宕起伏的情节中感受到中华文化的厚重感。此外，还可广泛利用改编等手段，加强跨界合作，将传统文化与现代元素、中国特色与世界潮流相结合，提供适应青年文化消费需求与展现中华文化精神的线上演播作品。第二，推动线上演播作品与科技深度融合。新技术的应用扩大了线上演播的创作空间，有助于提升前端演出效果和终端视听体验，形成高水平的视听作品。一方面，制作者应当升级舞台光电、录制等设备，如采用全景式录音设备，为观众带来沉浸式听觉享受。另一方面，制作者还可与专业技术平台签订技术合作协议，借助外部技术力量更加真实地还原观演感受，实现“文化+科技”的深度融合。第三，加强政策支撑与知识产权公共服务。通过强化财政补贴、基金资助等手段对线上演播的政策支撑力度，完善国家艺术基金资助与成果利用机制，鼓励表演团体上线上云，并扩大有效投资，引导社会资本参与国有文艺院团的作品创作，完善知识产权培训咨询等公共服务事项，为表演团体开展精品版权培育活动提供支持。

（二）线上演播平台的法律综合治理

第一，细化线上演播平台适用“通知—删除”规则的标准。互联网平台是线上演播传播的重要渠道，亦是打击线上演播著作权侵权的重点领域。部分实力较强的平台已深度参与线上演播的创作、推广，因此互联网平台的注意义务应根据其对服务内容的参与程度进行认定。各国著作权法之所以对互联网平台责任作出特殊规定，原因就在于“技术中立”原则，即互联网技术平台不因其提供了特定网络技术就承担侵权连带责任。当网络服务提供者未参与服务对象的内容制作等环节时，就不应要求其担负更高的注意义务，此时便符合“通知—删除”规则的适用条件。然而，若平台参与了在其平台播放的线上演播节目的投融资、内容制作、节目宣发、衍生品开发等实质性业务，其对平台内容就具有更高的注意义务，很难适用“通知—删除”规则。

第二，依据演播平台技术水准逐步落实版权过滤措施。所谓“版权过滤”，是指互联网平台利用技术措施对平台上的内容进行监测，对侵害他人作品的内容采取通知当事人、删除等措施。结合国外互联网平台的运行现状，国内平台在具备一定技术水准的前提下也应逐步落实以下版权过滤措施。其一，建立线上演播画面的版权侵权识别机制。2007 年，优兔（Youtube）采用了名为 Content ID 的盗版作品检测工具，可将上传至互联网平台的连续画面逐帧拆分成单个画面，当他人在后上传作品时，系统便自动将其上传的内容与之前的画面进行比对，一旦确认在后上传的内容可能存在侵权状况，则会迅速通知专门负责处理侵权的部门，并由该部门通知当事人或进一步核实。❶ 其二，针对一定时期内热播的线上演播作品开展重点监测。线上演播具有较强的时效性，侵权行为也集中在线上演播上线前后的时间段。对热门作品进行重点监测，可有效制止损害的扩大。其三，发挥行业联盟的协调作用，在平台间共享线上演播作品的侵权情况和治理手段，共建数据库进行侵权内容比对，发挥协调治理作用，形成对侵权行为的协同防治。

❶ 宋健．实施主动治理之策——Youtube 版权保护机制的启示［EB/OL］．［2022-07-07］．https：//mp. weixin. qq. com/s？ src = 11&timestamp = 1634177924&ver = 3373&signature = JHu2BeXo * GOcpcELWcyRs1N9P0qpava6KGTcUVuw8XsaHj8JCEP6u2YppG * qKyNf5k-Iy8ENHuep1fw14prGKZw9iXmB-xS * I6edF5BLVZVTlarljNBClsNO9mHSSZGZ4&new = 1.

地理标志商标权保护发展报告

——以上海法院2014—2022年涉地理标志商标权侵权纠纷为样本

黎淑兰　凌宗亮　邵望蕴*

地理标志是重要的知识产权，是促进区域特色经济发展的有效载体，是推进乡村振兴的有力支撑，是推动外贸外交的重要领域，是保护和传承优秀传统文化的鲜活载体，也是企业参与市场竞争的重要资源。近年来，随着地理标志品牌价值的不断提升，擅自使用地理标志引发的侵权纠纷也不断增加，地理标志的知识产权保护问题成为社会广泛关注的热点问题。本文以上海法院2014年以来受理的涉地理标志商标权侵权纠纷案件为分析样本，归纳案件特点，分析地理标志商标权保护存在的问题，并提出相应的对策建议，期望能对提升地理标志保护和运用水平有所助益。

一、案件基本情况及特点

自2014年至2022年6月，上海法院共受理涉地理标志侵权纠纷680件，

* 黎淑兰，上海市第三中级人民法院副院长，上海知识产权法院副院长；凌宗亮，上海知识产权法院法官；邵望蕴，上海知识产权法院法官助理。

从案件收案的时间分布来看，2014 年 4 件，2015 年 38 件，2016 年 47 件，2017 年 10 件，2018 年 39 件，2019 年 27 件，2020 年 234 件，2021 年 232 件，2022 年上半年 49 件。2020 年和 2021 年收案数量增长迅速，凸显出热点效应。

从案由类型来看，案件主要涉及侵害商标权纠纷，也有部分不正当竞争纠纷。目前已审结案件 508 件，其中判决 112 件，调撤 396 件，调撤率达 77.95%。

从案件裁判结果看，原告服判率高。在所有已审结案件中，原告仅 1 件上诉，有 33 件的被告选择上诉，上诉率约为 30%。二审被告撤回上诉案件 8 件，占比 24.24%；原告撤回起诉 1 件，占比 3.03%；达成调解 1 件，占比 3.03%；二审维持原判 22 件，占比 66.67%；二审改判率极低，仅有 1 件，占比 3.03%。

从统计数据来看，上海法院审理的涉地理标志商标权侵权纠纷案件主要存在以下四方面的特征。

（1）涉及的地理标志知名度高，与民生息息相关。原告主张受到侵害的地理标志相对较为集中，且均具有较高的知名度，共涉及 12 件地理标志。其中大多与人民群众日常生活息息相关，包括农副产品，例如“西湖龙井”218 件，“信阳毛尖”49 件，“安吉白茶”22 件，“库尔勒香梨”56 件，“阿克苏苹果”25 件，“阳山”水蜜桃 24 件、“高邮鸭蛋”28 件，“射阳大米”25 件，“五常大米”18 件；手工艺品，例如“景德镇”16 件，“善琏湖笔”12 件；还有酒类，例如“苏格兰威士忌（Scotch Whisky）”3 件。

上述案件中，“苏格兰威士忌（Scotch Whisky）”系外国组织持有的地理标志集体商标，其余的地理标志均为证明商标。

（2）被告多为个体经营者，消极应诉现象突出。在已审结的案件中，从被告身份来看，侵权主体多为个体工商户或个人，经营规模小。其中被告为个体工商户或个人的案件有 334 件，占比 64.98%[1]；被告为公司或个人独资

[1] 部分案件原告同时起诉多个被告，被告既包含个体工商户或个人，也包括公司，此处的被告不包括网络平台被告。

企业的有 251 件，占比 48.83%[1]；被告为农民专业合作社的有 9 件，占比 1.75%。由于地理标志产品多为农产品或食品，经营者以个体工商户或个人为主，其对商标及地理标志保护的法律意识薄弱，对诉讼有逃避心理，消极应诉。在所有判决案件中，被告缺席且未作答辩的案件有 54 件，占比 48.21%。

（3）涉电商平台案件较多，维权商业化日趋严重。随着电子商务的不断普及，自 2018 年起，涉电商平台的案件逐渐增多，共有 251 件案件被告系在电商平台开设店铺，占比 48.83%。由于市场上假冒地理标志产品的现象普遍存在，越是知名度高的地理标志，假冒的现象更加突出。同时，电商平台包括电子商务网站、社交网络、手机应用程序、短视频等"实体+流量"的销售模式也会放大地理标志侵权现象。原告作为地理标志商标的注册者和管理者，通常从诉讼经济的角度考虑选择进行批量维权。由于被告的被诉侵权行为较为类似，原告通常针对同一个市场或同一电商平台的多个经营者同时提起诉讼，诉讼请求和理由完全相同。维权诉讼批量化的同时，原告的诉讼方式又可能异化出商业化的趋势。

（4）案件标的普遍不高，裁判标准较为统一。侵害地理标志商标纠纷案件由于多涉及个体经销商，诉讼标的普遍不高。在所有判决案件中，原告一般主张被告赔偿经济损失及合理开支，主张金额在 10 万元以下（含 10 万元）的 91 件，占比 81.25%；10 万～50 万元（含 50 万元）的 19 件，占比 16.96%；50 万元以上的 2 件，占比 1.79%。

从判决结果来看，判决驳回原告全部诉讼请求的仅有 2 件，其余均为判决赔偿经济损失。原告主张赔偿金额获全额支持的有 8 件，占比 7.14%，较多案件的支持比例在 20%～40%。

---

[1] 部分案件原告同时起诉多个被告，被告既包含个体工商户或个人，也包括公司，此处的被告不包括网络平台被告。

二、地理标志商标权保护存在的问题

对 2014—2022 年上海法院审理的涉地理标志商标权侵权纠纷案件涉及的法律适用、被诉侵权行为表现等方面进行分析，目前地理标志商标权保护主要存在法律适用标准不明确、当事人对于地理标志商标权保护的认识不到位、涉地理标志溯源治理有待提高等问题。

（一）司法保护的裁判标准有待明确和统一

1. 地理标志商标权的权利边界有待明确

根据《商标法实施条例》第 4 条的规定，地理标志“可以依照商标法和本条例的规定，作为证明商标或者集体商标申请注册。以地理标志作为证明商标注册的，其商品符合使用该地理标志条件的自然人、法人或者其他组织可以要求使用该证明商标，控制该证明商标的组织应当允许。以地理标志作为集体商标注册的，其商品符合使用该地理标志条件的自然人、法人或者其他组织，可以要求参加以该地理标志作为集体商标注册的团体、协会或者其他组织，该团体、协会或者其他组织应当依据其章程接纳为会员；不要求参加以该地理标志作为集体商标注册的团体、协会或者其他组织的，也可以正当使用该地理标志，该团体、协会或者其他组织无权禁止。”根据《商标法》第 59 条的规定，注册商标中含有的地名，注册商标专用权人无权禁止他人正当使用。地理标志通常由“地名+产品名称”组成，比如“西湖龙井”“阿克苏苹果”“库尔勒香梨”，大多数地理标志商标均直接将地理标志本身注册成商标，少数地理标志商标另外增加图形进行注册，比如“景德镇”瓷器、“阳山”水蜜桃，但地名往往是地理标志商标的主要识别部分。由于地名、地理标志原本具有公共属性，是该地区相关公众共同享有和使用的符号资源，地理标志商标某种程度上是将特定地区共有的符号资源纳入了商标专用权的范围，这就产生了地理标志注册为商标后相关商标权的权利范围应当如何划定的问题，以及地理标志商标与原本的地理标志、地理标志中的地名在保护过程中如何区分。对此，司法实践中对于地理标志商标权利人能否任意许可或禁止他人使用含有地名的地理标志存在不同的认识。有的法院认为，地理标志商标注册人不能剥夺虽没有向其提出使用该证明商标的要求，但商品确产于该特定地域范围的自然人、法人或其他组织正当使用地理标志证明商标中所含地名的权利，应当经过地理标志商标权人的审核确认。❶在杭州市西湖区龙井茶产业协会诉广州市种茶人贸易有限公司侵害商标权纠纷案中，法院认为，未经地理标志证明商标权利人许可，擅自使用与地理标志证明商标相同或相似商标的，即使商品来源地属实，仍需向地理标志证明商标权利人提出申请并履行该证明商标使用和管理规则中所规定的手续，否则就构成侵害注册商标专用权。❷但也有观点认为，只要产品确实来源于地理标志核定的区域范围内，相关经营者有权在产品上正当使用地理标志，并不需要经过商标权人的同意。在舟山市水产流通与加工行业协会与被告申马人食品销售有限公司等侵害商标专用权纠纷案中，法院认为含有地名的证明商标权利人不能剥夺虽没有提出使用证明商标的要求，但其商品确产于该证明商标所标识地域范围的自然人、法人或者其他组织对证明商标中地名的正当使用，但使用该地名的自然人、法人或者其他组织负有证明其商品确实来自证明商标所标识地域的责任。❸

2. 侵害地理标志商标权的判断标准有待统一

对于普通商标的侵权判断，只要未经商标注册人的许可，在相同商品上使用相同商标，或在商品上使用与注册商标相同或近似的商标，容易导致消费者混淆误认，都属于侵犯注册商标专用权的行为。但是由于地理标志商标权的权利主体与使用主体相分离，对于涉地理标志侵权纠纷，是否适用与普通商标相同的侵权判断标准，存在不同的认识。有的观点认为，侵害地理标志证明商标不应采取来源混淆的标准，而应采取商品品质混淆的标准，是否侵犯证明商标权利，应当以被诉侵权行为是否容易导致相关公众对商品的原

❶ 上海市浦东新区人民法院（2018）沪0115民初28952号民事判决书。

❷ 广州知识产权法院（2015）粤知法商民终字第2号民事判决书。

❸ 北京市高级人民法院（2012）高民终字第58号民事判决书。

产地等特定品质产生误认作为判断标准。❶ 有的观点认为，对于涉及地理标志类商标的侵权判定，除了需要满足普通商品商标或服务商标侵权构成要件以外，还应当考虑是否容易导致相关公众对商品的原产地等特定品质产生误认。❷ 有的观点认为，地理标志证明商标的侵权判断标准与商品商标或服务商标不存在区别，不论是对来源的误认，还是对品质的误认，均属于混淆误认的范畴。❸

3. 行为人正当使用抗辩的认定有待统一

根据《商标法实施条例》第4条以及《商标法》第59条的相关规定，商品符合使用该地理标志条件的自然人、法人或者其他组织可以正当使用该地理标志。同时，对于地理标志中含有的地名，其他人也可以正当使用该地名。司法实践中，被告大多引用上述规定抗辩被诉侵权行为系对地名或者地理标志的正当使用。由于相关法律以及司法解释并没有进一步明确被告以何种形式、在何种范围内使用构成正当使用，导致司法裁判标准存在不统一。例如，在无锡市惠山区阳山水蜜桃桃农协会诉陈某某侵害商标权及不正当竞争纠纷案中，一审、二审法院对于被告在商品链接中使用“阳山”水蜜桃字样是否构成商标侵权就有不同的认定。一审法院认为，无论被告所售桃子品种是否来源于阳山，其在商品名称中使用他人注册商标，不能构成描述性正当使用。❹ 二审法院则认为，陈某某在被诉侵权商品链接中使用的“阳山”与涉案商标仅存在字体的区别，而且其使用方式能够起到识别商品来源的作用，故判断上述使用是否构成商标侵权的关键在于陈某某销售的水蜜桃是否产自其所陈述的无锡市阳山镇等地，进而是否会导致相关消费者发生混淆误认。❺又如，在景德镇陶瓷协会诉双远杂货店侵害商标权纠纷案中，被诉侵权商品

---

❶ 北京市第一中级人民法院（2012）一中民初字第07241号民事判决书。

❷ 北京市高级人民法院（2012）高民终字第58号民事判决书。

❸ 凌宗亮．地理标志证明商标的权利范围与侵权判断——析杭州市西湖区龙井茶产业协会与上海市徐汇区玮恺茶行侵害商标权纠纷案［J］. 中华商标，2017（11）.

❹ 上海市徐汇区人民法院（2021）沪0104民初10090号民事判决书。

❺ 上海知识产权法院（2021）沪73民终708号民事判决书。

在其底部显著位置标注“中国景德镇”字样，法院认为，该使用方式起到了识别商品来源的作用，属于商标法意义上的使用。虽然涉案商标由文字、字母等多种元素组合而成，但最能彰显该地理标志的主要元素为该地理标志商标中所含的地名，即“景德镇”字样。被诉侵权商品底部印制的标识完整包含涉案商标的显著识别文字“景德镇”，易使相关公众对其产地及工艺品质产生误认，认为其产自景德镇，并符合“景德镇”瓷器所应具有的品质。❶

4. 商品品质是否符合地理标志要求的举证责任如何分配有待明确

判断侵害地理标志证明商标行为是否成立的重要判断因素在于侵权商品是否具备使用地理标志商标的条件，即来源于特定产地且具有相应的品质。诉讼中，对于该事实举证责任的分配并没有法律明确规定，因此，司法实践中存在不同的认识。有的观点倾向于将该项举证责任分配给被诉侵权产品的生产者或销售者。对于经营者未能证明其销售的产品来源于特定区域且符合地理标志证明商标使用标准的，构成侵权。在阿克苏地区苹果协会诉上海华果果品贸易有限公司侵害商标权纠纷案中，被告提交了新疆阿克苏地区佳木镇村民委员会出具的证明函，法院认为，被告提交的证据不足以证明其所售产品系来源于阿克苏地区。即使被告提交的证据可以证明其所售产品来自阿克苏地区，其标注的方式并非表明产地地名的描述性使用，而是以较大字体将“阿克苏”字样在箱体上突出使用，属于商标性使用，构成商标侵权。❷在地理标志侵权纠纷案件中，被告往往是个体工商户或个人，证据收集保存意识不强，部分被告不清楚地理标志产品的品质标准，且不具备产品检测能力。从举证能力来看，将产品品质的证明责任全部分配给被告，并不符合公平原则。

（二）地理标志商标权保护的法律意识有待提高

1. 故意侵权现象较为突出

从审理结果来看，大部分案件的被告侵权行为均成立，仅有 2 件案件中

---

❶ 上海市徐汇区人民法院（2021）沪 0104 民初 402 号民事判决书。

❷ 上海市浦东新区人民法院（2020）沪 0115 民初 78472 号民事判决书。

被告的被诉侵权行为并未构成对地理标志商标的商标性使用。由于地理标志产品多为农产品，仅从实物外观难以准确甄别产地，经营者故意侵权现象较为突出，假冒地理标志产品销售的方式五花八门。大量案件中被告作为销售商应当知道地理标志产品有特定的产区和品质，明知销售的为非地理标志原产地产品，却在商品名称或包装中突出使用与地理标志商标标识相同或近似的字样，进而故意混淆消费者的选择，比如零售普通的绿茶却使用“西湖龙井”作为商品名称销售、在包装盒上贴上“西湖龙井”的标识。也有的被告在包装上虽刻意规避侵权行为，但仍然在商品名称中使用地理标志。在杭州市西湖区龙井茶产业协会诉上海市浦东新区三林镇崎山岩茗茶行等侵害商标权及不正当竞争纠纷案中，被告销售的是产自浙江新昌的龙井茶，在商标包装上使用的也是“龙井茶”，但在淘宝店铺商品名称中使用“西湖龙井 2018 新茶散装 125g 正宗明前狮峰龙井绿茶罐装茶叶春茶上市”。

2. “搭便车”“傍名牌”问题仍一定程度存在

由于地理标志产品特定的产地来源和品质特色，相应产品的生产者和销售者可以直接从商誉中获得相当的收益。因此，经营者对地理标志“搭便车”的心理普遍存在，进而攀附地理标志产品声誉以吸引客户。有的在商品链接中使用“非库尔勒香梨”“赛高邮咸鸭蛋”“西湖雨前龙井”“西湖工艺”等容易引人误认的表述，或是在商品包装上以较大字体标注地名引人联想到特定的地理标志产品，或是利用相同地名的巧合宣传产品，比如虽声称其销售的桃子来自陕西省商洛市镇安县青铜关镇阳山村，在商品介绍中也明确实际产地为陕西省西安市，却在商品销售链接的商品名称中故意突出使用“阳山”字样。[1] 还有的经营者故意在与地理标志产品相关的商品上申请注册与地理标志相同或者近似的商标，以达到在实际生产销售过程中混淆是非的不正当目的。

3. 对能否使用地理标志缺乏明确认知

实践中，经营者多为个体工商户或个人，商标法律意识薄弱，不清楚地

[1] 上海市徐汇区人民法院（2021）沪 0104 民初 10046 号民事判决书。

理标志商标权的含义，对于地理标志的合理使用存在各种错误认知，不清楚商标性使用和陈述性使用的区别。有的认为地理标志可以用来表示产地；有的认为只要商品来源地是地理标志产品的原产地就当然可以使用地理标志商标；有的认为在产品包装上使用地理标志构成侵权，但只是在网页商品介绍或者商品名称中使用地理标志不构成侵权；有的认为地理标志就是商品的通用名称，他人无权禁止其使用；有的认为使用带有地理标志证明商标标识的包装物进行商品包装并销售并不会侵犯地理标志权利人的合法权益。

（三）涉地理标志诉源治理有待进一步规范

1. 权利人钓鱼取证等碰瓷式维权时有发生

针对侵权行为积极维护自身合法权益是权利保护的应有之义，但由于权利人往往授权委托他人开展取证、诉讼等维权活动，代理人在取证维权过程中，有时为了盲目追求案件数量，存在引诱侵权、钓鱼取证的不规范现象。在一些案件中，被告在抗辩中经常提出其原本并没有侵权的商品包装提供或者出售，是在代理人一再要求下才从其他经营者那里购入包装提供给代理人。例如，在部分涉“西湖龙井”侵权纠纷案件中，被告系销售散装茶叶的茶行，取证人员在公证购买茶叶时，主动提出要求包装，被告基于取证人员的要求而提供了印有“西湖龙井”字样的包装。虽然被告确实实施了侵害地理标志证明商标的侵权行为，且并没有证据证明取证人员实施了钓鱼取证的行为，但取证人员不当的取证方式亦是侵权发生的诱因。权利人钓鱼取证的方式，有违诚实信用原则，应予避免。

2. 侵权警告未能充分发挥应有作用

绝大多数地理标志侵权案件中，权利人在发现侵权事实取证后并未采取任何形式的侵权警告及时制止侵权行为，而是径直向法院提起诉讼请求损害赔偿。而相当部分的侵权行为情节较为轻微，销量极少，有的仅为原告取证的产品，而且被告在接到法院通知后大多及时停止了侵权行为。由于此类侵权行为给权利人造成的损失极少，权利人维权的目的主要是停止侵权，而非盲目地追求损害赔偿。诉讼前向经营者发送侵权警告函完全可以实现或者达到保护权利的目的，并非一概需要到法院提起诉讼。但在目前受理的案件中，基本没有权利人在发现侵权行为后采取发送侵权警告等方式要求行为人停止侵权的案例，一方面，这反映了权利人维权的方式有待进一步改进，诉讼外制止侵权行为的维权方式和手段尚未得到有效的利用；另一方面，维权异化为索取赔偿的问题也在相当多的案件中有所体现，权利人维权更应贴近权利的本质，不应仅仅为了追求赔偿而维权。

3. 电商平台保护地理标志存在缺位

随着电子商务的发展，消费者可以通过电商平台购买到全国各地的地理标志产品，突破了地理标志产品的地域性限制，但同时也放大了假冒地理标志产品的现象。虽然电商平台会在店铺协议中进行提醒，但对于在网络平台上存在的明显侵害地理标志商标权的行为存在监管缺位。在多数案件中，被告会利用关键词搜索功能，在商品链接中使用地理标志，在商品详情中标注真实产地。例如，在“阿克苏苹果”系列案件中，被告在拼多多使用“阿克苏”宣传自己销售的苹果，在被诉侵权商品销售页面的商品名称以及商品详情介绍中均含有“阿克苏”字样，而在商品详情中标注了产地为山西，造成混淆。同时，平台为方便商家发布信息设置了商品种类的选择，其中包含以地理标志产品名称作为分类，但是对于选择使用地理标志的经营者并没有要求提供相应证明。例如，淘宝网在“绿茶”的二级类目中设置“西湖龙井”“大佛龙井”等勾选项，也间接提高了侵权发生的概率。

三、强化地理标志商标权保护的对策建议

（一）明确和统一地理标志商标权保护的裁判标准

1. 厘清地理标志的权利范围

明确地理标志的权利范围，是判断被诉行为是否构成侵权的基本前提。地理标志，是指标识某商品来源于某地区，该商品的特定质量、信誉或者其他特征，主要由该地区的自然因素或者人文因素所决定的标志。与普通商标相比，地理标志商标权禁止权的范围受到一定的限制。在确定地理标志商标权权利范围时应当注意区分地理标志商标、地理标志、地名三者之间的关系。

地理标志商标未经许可，任何人均不得擅自使用，即使商品符合使用该地理标志条件的自然人、法人或者其他组织如果要使用地理标志商标，也应事先经过地理标志商标权人的许可或者加入相关协会。但地理标志商标权人无权禁止他人正当使用地理标志商标中所包含的地理标志或者地名。商品符合使用该地理标志条件的自然人、法人或者其他组织，即使没有加入相关的集体商标或者证明商标协会，也可以在商品上使用地理标志。商品确系产自地理标志所包含的地名所在区域的，相关经营者也可以为了说明商品的产地来源而在商品宣传介绍中正当使用相关的地名，地理标志商标权人均无权禁止。这是由地理标志商标的特殊性所决定的，即由于地理标志商标必然包含已经处于公有领域的地名或者地理标志，相关商标的权利范围自然也应受到限制。在巴音郭楞蒙古自治州库尔勒香梨协会诉刘某某案中，一审法院认为被告在被控侵权商品标题包括“新疆库尔勒梨”“库尔勒香梨”“新疆库尔勒”等文字组合是为了说明被控侵权商品的特征，客观指示其与涉案商标商品在生物学意义上的关联，属于对商品进行介绍的正当行为，而非指示或暗示被控侵权商品为涉案商标商品，不会造成相关公众的混淆和误认。[1]

2. 明确侵权判断标准

地理标志证明商标或集体商标与普通商标一样具有来源识别、商誉承载和品质保证三种功能。因此，地理标志证明商标或集体商标的侵权判断标准与普通商标不应存在区别，均应适用《商标法》第 57 条的规定，总体上采用消费者混淆误认的标准，不论是对来源还是品质的误认，均属于混淆误认的范畴。对于地理标志的合理使用，即使商品提供者没有向含有地理标志证明商标的注册人提出使用该证明商标的要求并获得许可，只要其提供的商品确实来源于地理标志所标示的地区，且商品质量达到了证明商标注册人规定的质量标准，则对该证明商标的使用，既不会造成消费者对于商品地理来源的误认，又不会使消费者对商品质量产生错误的信赖，属于对该地理标志的正当使用。

[1] 上海市徐汇区人民法院（2020）沪 0104 民初 7068 号民事判决书。

3. 合理分配举证责任

在涉地理标志商标侵权纠纷案件中，应当综合当事人的举证能力等因素予以确定举证责任分配。原告举证被告未经许可擅自使用了地理标志，包括将商标用于商品、商品包装或者容器以及商品交易书上，或者将商标用于广告宣传、展览以及其他商业活动中。被告应当对于行为的合法性和正当性进行举证，被告应当举证证明其销售的商品具备使用地理标志的合法条件或者其销售的产品客观上产自地理标志核定的地域范围。对于产品是否符合地理标志产品的质量标准，则应采取推定原则，即只要被告证明产品产自地理标志核定的区域范围，应当推定该产品自然应当具有地理标志商标所要求的品质，除非原告有相反证据推翻。在无锡市惠山区阳山水蜜桃桃农协会诉陈某某侵害商标权及不正当竞争纠纷案中，二审法院认为，如果特定商品的确产自地理标志核定的地域范围，除非存在相反证据证明该商品不具备地理标志要求的特定品质，否则，应当推定该商品符合使用地理标志的条件，该商品的生产者、销售者等有权正当使用地理标志。[1]

（二）加大地理标志商标权保护的宣传力度

涉地理标志商标权侵权纠纷案件的发生，反映出地理标志商标权在实际使用中的混乱以及市场经营者对地理标志保护的法律意识薄弱。法院应当就地理标志保护广泛开展普法活动，充分发挥公开庭审、法官工作室宣讲、发布典型案例及审判白皮书等机制作用，通过以案释法的普法方式，使相关公众能够了解地理标志保护相关法律规定，特别是地理标志商标的保护规则，推动地理标志产品市场的有序经营，加强地理标志商标权保护。

（三）加强地理标志商标权保护的协同治理

我国地域辽阔、历史悠久，国内外闻名的地理标志众多，地理标志的保护不仅涉及相关消费者的利益，还涉及区域经济发展和传统文化等公共利益。地理标志保护水平的提升，需要多方合力加强对地理标志商标权保护的协同治理。一是政府层面，严格控制地理标志的注册，加强对地理标志商标使用

[1] 上海知识产权法院（2021）沪73民终708号民事判决书。

的监管，增强执法力度，严格查处假冒地理标志产品及虚假宣传行为。二是行业自治层面，充分发挥行业协会作为地理标志商标管理人的职能，对地理标志商标的使用进行有效管理和维护，细化地理标志产品的认定标准，建立地理标志产品质量控制制度，合理为原产地区符合条件的使用人提供公开公正的使用平台。三是平台层面，建议电子商务平台将地理标志商标侵权纳入日常知识产权监管，做好对店铺经营者的风险提示，合理利用技术手段发现侵权行为，及时作出警告或下架处理。

中医药知识产权保护发展研究报告*

姜晓婧　李士林　黄　诚　李奕琨　厉　堂　谷雨龙**

党的二十大报告提出“促进中医药传承创新发展”，以推动健康中国建设。习近平总书记于2021年5月在河南南阳市考察时指出：“过去，中华民族几千年都是靠中医药治病救人。特别是经过抗击新冠肺炎疫情、非典等重大传染病之后，我们对中医药的作用有了更深的认识。我们要发展中医药，注重用现代科学解读中医药学原理，走中西医结合的道路。”❶ 传统中医药不仅是悬壶济世治病救人的良方妙药，而且是中华传统文化的精粹和国宝。弘扬和传承中医药是中华民族伟大复兴的重要组成部分，也是我国为国际抗击新型流行性疾病贡献的中国智慧和行效的中国方案。如果说传统中医药属于公共领域的知识和技艺，那么中医药的技术挖掘和创新应当纳入知识产权保护的范畴，以激励相关的主体传承创新中医药的开发、利用和保护。本报告从知识产权保护的视角对中医药的发展状况进行观察和总结，以求全面真实

* 本报告为江西省社会科学“十四五”（2021年）基金项目“江西省知识产权驱动创新的地方法制保障研究”（21FX02）的阶段性研究成果。

** 姜晓婧，华东政法大学博士研究生；李士林，南昌大学法学院副教授，知识产权博士；黄诚、李奕琨、厉堂、谷雨龙，南昌大学法学院法学硕士研究生。

❶ 习近平：进一步发展中医药［EB/OL］.（2021－05－13）［2022－12－20］. http：//politics.people.com.cn/n1/2021/0513/c1024-32102055.html.

反映中医药知识产权保护的发展现状、凸显问题和解决方案。

一、中医药产业知识产权发展情况数据（侧重专利方面）

（一）中药国内申请数量具有绝对优势，但“出海”比例较低

根据中药专利申请量数据显示，全球中药专利申请量约为33.7万件，其中中国占77%，国内申请数据上具有绝对优势。在中国国内申请数量中，国内本土申请数量优势明显，国外来华仅占1%。但不足的是，中国专利“出海”比例较低，仅占4%。

（二）“专利质量提升工程”挤压数量泡沫，迈向高质量发展阶段

在国务院《中药现代化发展纲要（2002年—2010年）》施行以后，2015年之前，中药专利数量稳步增长；2015年数量达顶峰，但存在数量泡沫；2015年之后申请量回落，但更重质量；在国家知识产权局实施“专利质量提升工程”之后，高质量专利的申请稳步增长。近年来，国家陆续出台鼓励中医药传承创新的系列政策、法规，落地多项强化中药知识产权保护的措施，从多层面多维度促进专利申请质量的提升。

（三）国内提交PCT申请的比率较低

国外主要的创新申请主体除了日、韩，还有欧、美、俄等国家和地区。从中医药知识产权的保护途径选择来看，中国申请数量多，PCT比例低，专利申请策略单一；国外申请数量少，PCT比例高，更加关注多国布局。

（四）国内外关注的治疗适应证有一定差别

排名靠前国内外专利申请治疗适应证并不相同。排名前4的分别为：中国本土专利药品的适应证为消化系统疾病、皮肤疾病、风湿疾病、感染疾病；国外来华申请专利药品的适应证为皮肤疾病、代谢疾病、抗肿瘤药、神经系统疾病。国内外研究领域和适应证之所以有差别，主要在于两点：其一，由不同人种的生活环境和习惯、疾病发生率、遗传背景导致的客观差异；其二，应用中西医理论基础上的差异。国内中药更讲究治未病，以方剂研究为主，重点是运用整体的理论调理和辅助治疗；而国外的申请以提取物、活性成分、

单体研究为主，因为西医理论基础更讲究活性成分，直接针对靶标调控。

（五）国内企业和科研院所正成为主要创新力量

自2015年以来，在国内本土申请者中，个人申请占比逐渐降低，企业和科研院所申请占比逐渐增加；而在国外来华申请者中，企业申请人占绝大多数。由此可见，企业和科研院所正在成为主要创新力量。

（六）国内创新主体的有效专利数量较多

在中药专利授权的全球申请人里，申请量排名前十位中有6位为中国申请人，国内主要申请主体有天津天士力（丹参滴丸）、康缘药业（桂枝茯苓胶囊）、以岭药业（连花清瘟胶囊）。这些创新主体申请了较多的有效专利。

二、中医药知识产权保护的法律法规

关于中医药保护的法律法规主要包括《中华人民共和国中医药法》（以下简称《中医药法》）、《中华人民共和国药品管理法》（以下简称《药品管理法》）、《中药品种保护条例》。

（一）《中医药法》涉及知识产权的要点与评价

《中医药法》指出发展中医药事业应当遵循中医药发展规律，坚持继承和创新相结合，保持和发挥中医药特色和优势，运用现代科学手段，促进中医药理论和实践的发展。国家主要鼓励和支持中医药三个方面的创新和知识产权保护：其一，支持中药新药的研制和生产，鼓励开发传统的中成药；其二，促进中医药理论和技术方法的继承和创新；其三，加强对重大疾病、重大传染病的中医药防治。

国家建立道地中药材评价体系，鼓励采取地理标志产品保护等措施保护道地中药材。对于产自特定地域，品质和疗效更好，且质量稳定，具有较高知名度的中药材可以申请使用道地中药材特殊标识。

对于中药处方组分和生产工艺分别施行商业秘密和国家秘密保护。中医药传统知识持有人对他人获取和利用其知识享有知情同意和利益分享等方面的权利。

当然，作为一则指导性立法，在促进中医药事业极大发展的同时，也存在照搬西医思维主导，套用本以保护创新为长的知识产权制度，脱离中医传统实践等弊端。[1] 亟待后续吸收中医发展实践，结合工作实际，修改和完善此法，切实推动我国中医药文明在创新与守正平衡中光耀世界。

(二)《药品管理法》涉及中医药的概况

《药品管理法》强调管理的对象为从事药品研制、生产、经营、使用和监督管理活动。其中药品不仅包括现代药，也包含传统药，国家保护野生药材资源和中药品种，鼓励培育道地药材。国家鼓励运用现代技术和传统中药研究方法开展中药科学技术研究和药物开发，建立和完善符合中药特点的技术评价体系，促进中药传承创新。

中药材、中药饮片品种由国务院主管部门制定目录，不列入审批管理的除外。中药饮片生产企业履行药品上市许可持有人的相关义务，对中药饮片生产、销售实行全过程管理，建立中药饮片追溯体系，保证中药饮片安全、有效、可追溯。同时，中药饮片应当按照国家药品标准炮制；国家药品标准没有规定的，应当按照省、自治区、直辖市人民政府药品监督管理部门制定的炮制规范炮制。省、自治区、直辖市人民政府药品监督管理部门制定的炮制规范应当报国务院药品监督管理部门备案。不符合国家药品标准或者不按照省、自治区、直辖市人民政府药品监督管理部门制定的炮制规范炮制的，不得出厂、销售。对于中药材原料可以在城乡集市贸易市场出售。另外，《药品管理法实施条例》第 44 条要求，生产中药饮片，应当选用与药品性质相适应的包装材料和容器；包装不符合规定的中药饮片，不得销售。中药饮片包装必须印有或者贴有标签。中药饮片的标签必须注明品名、规格、产地、生产企业、产品批号、生产日期，实施批准文号管理的中药饮片还必须注明药品批准文号。

总之，《药品管理法》对药品生产的全链条全过程进行监督管理，针对中医药特点，尤其是中药饮片的制作和包装，进行了详细规定。

[1] 朱海天.《中医药法》立法不足之思考 [J]. 行政与法，2017 (9).

（三）《中药品种保护条例》概要

早期我国药品监管制度并不完善，药品知识产权保护重视程度不够，擅自仿制情况严重。有鉴于此，1993 年经由国务院法制局牵头起草的《中药品种保护条例》（以下简称《条例》）正式施行，2018 年予以修订。

《条例》明确了保护对象、保护等级的划分、保护期限、申请保护的程序等。从《条例》作为中药品种保护制度运行的法律保障上看，其有效控制了市场竞争主体的数量和药品质量，缓解了粗制滥造的局面，中药资源配置得到良好优化。

《条例》对中药品种实行分级（一级、二级）保护，并根据不同分级分别给予不同时间段的保护期。借助“行政许可”的方式设置准入门槛：中药生产企业提出申请，若满足条件，则由国务院药品监督管理部门给予颁布《中药保护品种证书》。获得保护证书即获得保护期，将阻止其他未获得证书的中药生产企业进入中药保护品种生产市场。

《条例》仅对临床用药紧缺的中药保护品种亟须仿制的情形作了允许性例外规定，此情况下仿制企业须满足两个条件：第一，提出申请并获得国务院药品监督管理部门发给的批准文号；第二，应支付持有保护证书的企业合理使用费。作为一部行政法规，《条例》创设了针对中药品种为调整和保护对象的新型知识产权保护。

（四）《专利法》药品专利相关规定

2020 年新修正的《专利法》确立了我国的药品专利链接制度，将药品专利纠纷，尤其是仿制药与原研药之间的权利争议，提早至药品审评审批阶段解决，这既保证了原研药市场的确定性，又解决了仿制药提前对侵权风险的判断。

《专利法》第 76 条规定，药品上市审评审批过程中，药品上市许可申请人与有关专利权人就药品专利产生的纠纷，可以向法院诉讼解决，或者请求行政裁决。国务院药品监督管理部门在规定的期限内，可以根据相关判决或裁决作出是否暂停批准相关药品上市的决定。

三、中医药与知识产权关系的政策性文件

（一）中共中央、国务院发布的政策性文件

1.《中医药发展战略规划纲要（2016—2030年）》（2016年2月22日颁布）

《中医药发展战略规划纲要（2016—2030年）》提出全面做好中医药理论方法继承，加强中医药传统知识保护与技术挖掘；着力推进中医药创新，加强对重大疑难疾病、重大传染病的联合攻关，推动重大药创制取得新进展。

2.《国家知识产权战略纲要》（2008年6月5日颁布）

《国家知识产权战略纲要》提出将“生物和医药”作为重要的产业和技术领域，并提出“建立健全传统知识保护制度。扶持传统知识的整理和传承，促进传统知识发展。完善传统医药知识产权管理、保护和利用协调机制，加强对传统工艺的保护、开发和利用”。

3.《关于促进中医药传承创新发展的意见》（2019年10月20日颁布）

《关于促进中医药传承创新发展的意见》提出与中医药创新和知识产权相关的以下内容：“传承创新发展中医药是新时代中国特色社会主义事业的重要内容，是中华民族伟大复兴的大事，对于坚持中西医并重、打造中医药和西医药相互补充协调发展的中国特色卫生健康发展模式，发挥中医药原创优势、推动我国生命科学实现创新突破，弘扬中华优秀传统文化、增强民族自信和文化自信，促进文明互鉴和民心相通、推动构建人类命运共同体具有重要意义”，“加快推进中医药科研和创新”，“支持企业、医疗机构、高等学校、科研机构等协同创新，以产业链、服务链布局创新链，完善中医药产学研一体化创新模式”，“加强中医药产业知识产权保护和运用”，“健全赋予中医药科研机构和人员更大自主权的管理制度，建立知识产权和科技成果转化权益保障机制”。

4.《关于强化知识产权保护的意见》（2019年11月24日颁布）

《关于强化知识产权保护的意见》在“二、强化制度约束，确立知识产权

严保护政策导向”方面之“（四）完善新业态新领域保护制度”方面，提出：“研究制定传统文化、传统知识等领域保护办法，加强中医药知识产权保护。”

5.《“十四五”中医药发展规划》（2022 年 3 月 3 日颁布）

《“十四五”中医药发展规划》以中医产业、文化传承与发展为基点，重保护以推创新，提出要推动出台中医药传统知识保护条例，建立中医药传统知识数据库、保护名录和保护制度。提出要加强道地药材地理标志保护“制定发布全国道地药材目录，构建中药材良种繁育体系。加强道地药材良种繁育基地和生产基地建设，鼓励利用山地、林地推行中药材生态种植，优化生产区域布局和产品结构，开展道地药材产地和品质快速检测技术研发，集成创新、示范推广一批以稳定提升中药材质量为目标的绿色生产技术和种植模式，制定技术规范，形成全国道地药材生产技术服务网络，加强对道地药材的地理标志保护，培育一批道地药材知名品牌。

另外，该“规划”提到加强中医药文化产业发展、中西医结合等，也离不开商标与专利保护制度。需要注意的是，对道地药材商标、地理标志的不当使用会对品牌、地域产品造成不当影响。

6.《中医药发展战略规划纲要（2016—2030 年）》

《中医药发展战略规划纲要（2016—2030 年）》就“着力推进中医药创新”部分强调了三点：协同创新、产业转型、知识产权国际保护。“健全中医药协同创新体系。健全以国家和省级中医药科研机构为核心，以高等院校、医疗机构和企业为主体，以中医科学研究基地（平台）为支撑，多学科、跨部门共同参与的中医药协同创新体制机制，完善中医药领域科技布局。统筹利用相关科技计划（专项、基金等），支持中医药相关科技创新工作，促进中医药科技创新能力提升，加快形成自主知识产权，促进创新成果的知识产权化、商品化和产业化。”“促进中药工业转型升级。推进中药工业数字化、网络化、智能化建设，加强技术集成和工艺创新，提升中药装备制造水平，加速中药生产工艺、流程的标准化、现代化，提升中药工业知识产权运用能力，逐步形成大型中药企业集团和产业集群。以中药现代化科技产业基地为依托，实施中医药大健康产业科技创业者行动，促进中药一二三产业融合发展。”

“扩大中医药国际贸易。将中医药国际贸易纳入国家对外贸易发展总体战略，构建政策支持体系，突破海外制约中医药对外贸易发展的法律、政策障碍和技术壁垒，加强中医药知识产权国际保护，扩大中医药服务贸易国际市场准入。”

（二）国家中医药管理局发布的政策性文件

1.《关于加快中医药科技创新体系建设的若干意见》（2016 年 12 月 22 日颁布）

《关于加快中医药科技创新体系建设的若干意见》提出，到 2030 年建成符合中医药自身发展规律和特点、适应我国经济社会发展和中医药事业发展需求、科技创新关键要素完备、运行协调高效的中医药科技创新体系。中医药科技创新体制机制更加完善，创新环境更加优化，科技资源配置更加合理，自主创新能力显著增强，符合中医药特点的方法学体系基本完备，在关键领域建成一批具有辐射能力的科技创新平台，培养一批高素质的科技领军人才团队，取得一批具有国际领先水平的重大科技成果，推动中医药现代化与国际化，科技支撑引领作用显著增强。

该“意见”进一步提出以下举措：发挥创新主体优势，促进协同创新；优化资源配置，加强中医药科技平台与体系建设；完善中医药科技创新机制，优化创新政策与环境；加强政府指导，完善落实保障政策措施。

2.《“十四五”中医药信息化发展规划》（2022 年 11 月 25 日颁布）

为贯彻新发展理念，抢抓信息革命机遇，加快信息化建设，激发中医药行业新发展活力，为实施健康中国战略、推动中医药振兴发展提供强力支撑。根据《中华人民共和国国民经济和社会发展第十四个五年规划和 2035 年远景目标纲要》《“十四五”国家信息化规划》《“十四五”中医药发展规划》《“十四五”推进国家政务信息化规划》《“十四五”全民健康信息化规划》等文件精神，制定《“十四五”中医药信息化发展规划》。

当前中医药信息化发展不平衡、不协调、不深入等问题还比较突出，与数字中国、中医药传承创新发展、全民健康信息化要求存在较大差距，基础设施、数据应用等方面存在较大短板弱项，中医药政务信息化水平不高，中医医院信息化基础较差，中医药特色信息系统应用不够，便民惠民能力有待提高；国家中医药综合统计体系尚不健全，贯通行业的综合统计平台还未建成；数据要素价值潜力尚未激活，挖掘应用不够，“数据壁垒”依然存在；专业人才不足，标准应用尚需加强，网络安全防护体系亟待完善，中医药信息化发展整体水平仍不能满足需求。针对当前存在的突出问题，《“十四五”中医药信息化发展规划》从总体要求、主要任务、保障措施等方面予以规划和安排，尤其是在“强化网络和数据安全防护”方面，要求“坚持安全和发展并重，全面贯彻《网络安全法》《数据安全法》《个人信息保护法》等法律法规，落实党委（党组）网络安全与数据安全责任制，压实主体责任”。

（三）地方中医药制度建设概况

通过在“北大法宝”先后输入2个关键词“医”“药”，并勾选地方法规，进行中医药地方立法文本的查找与整理，共得49部现行有效中医药地方规范性法规。其中，省级地方性法规30部、自治条例和单行条例14部、经济特区法规1部、设区的市地方性法规4部。除港澳台以外，全国所有的省、自治区、直辖市均制定了1部以上中医药地方规范性法律文件。2020年时的数据为仅有80.6%的省、自治区、直辖市制定了地方性法规，彼时还有6个省、自治区、直辖市未制定过中医药地方性法律规范文件。

《湖北省中医药条例》以促进、保护中医药产业发展为主。在第三章和第四章提到中药材标准化建设、追溯机制和知识产权保护。

《浙江省中医药条例》以促进中医药产业现代化为立足点，具有国际化视野。在第三章中提到地理标志保护道地药材，第五章提到通过非遗申报来保护传统中医药。

《广东省中医药条例》立足于岭南特色和大湾区协同发展，对广东省中医药发展作出规范。第26条提出通过专利、商标、地理标志、药用植物新品种等知识产权对中医药进行保护。

《福建省中医药条例》第24条提到对中药资源、野生中药材物种进行分级保护。

除了湖南、云南、新疆、辽宁等部分省区的中医药条例还在征求稿阶段，全国其他省区基本已经出台专门条例对中医药的发展与保护形成规范。虽各有地域特色，但共性元素相对较多。例如，对中医药资源、物种进行普查、筛选，建立数据库；形成分级保护制度；通过专利、商标、地理标志形成中医药知识产权保护；在保护中医药的同时，积极对外交流；运用新技术推动传统医药创新性发展，等等。

值得一提的是，具有中国千年药都之称的江西省樟树市提出了《关于振兴"中国药都"千年雄风推动中医药产业高质量发展的二十条意见》，突出亮点集中为：推进中医药传承人建设、支持关键核心技术研发与产品突破、创建中医药樟树标准、加快中医药创新平台建设。

总之，这些法律法规及政府性文件体现了国家对中医药创新和知识产权保护的高度重视，也为中医药传承创新和产业发展指引了方向，包括中药现代化、中西药结合、中医药国际化等。这些文件也将进一步推进中医药领域的创新和知识产权保护。

四、中医药知识产权保护体系概况

（一）知识产权保护类型

1. 专利保护

我国自1985年4月1日起施行《专利法》，1992年第一次修订《专利法》，开始对药品给予专利保护。专利制度是中医药知识产权法律保护体系中的核心部分，亦是保护力度最大且保护发明创造的最有效手段。我国《专利法》第2条规定："本法所称的发明创造是指发明、实用新型和外观设计。"根据上述规定，中医药专利也可以划分成发明专利、实用新型专利及外观设计专利三类。

这三类专利类型中，外观设计专利和实用新型专利由于受到其保护范围的限制，在中医药领域并不活跃。相比较而言，对中医药的知识产权保护主要集中在对药品创新发明的保护上，即主要通过发明专利来保护。主要从两方面予以保护，其一，产品发明专利保护。该保护类别主要包括：从中药材中提取获得的单体、中药复方制剂、新发现用途中药材以及含有中药成分的非药物产品，等等。其二，方法发明专利保护。中医药领域的方法发明主要包括中药活性成分的提取、分离和纯化方法；中药制剂的制备方法及其工艺步骤；中药材的加工和炮制工艺以及相关产品的生产方法等。属于上述中医药领域的产品发明或者方法发明产品只要符合《专利法》要求的新颖性、创造性和实用性，通过向国家专利行政部门提交申请，获得批准后则可以获得专利权法律保护。

现行的《专利法》中有关药品专利保护条款是借鉴了一部分西方国家的专利法规内容。目前的做法，主要存在以下不足：第一，侵权认定困难。权利人认为他人可能侵犯了自己的专利权，即使分析出他人药品与自己药品含有几十种相同的化合物，但一味中药中往往含有几百甚至上千种化合物，根本无法证明他人一定侵权。第二，审批周期长，保护期限相对于中药品种保护短。从中药发明专利申请的提出到最终授权，大概需要将近三年的时间。《专利法》规定，发明专利的保护期限是 20 年，从申请日起算，而中药品种保护最长可达 30 年。第三，专利审查严格。中药产品申请专利必须具备新颖性、创造性和实用性的要求，许多中药生产企业用简单办法申请专利的愿望并不容易实现。

2. 商标保护

《商标法》和《药品管理法》都规定人用药品必须使用注册商标，未经注册不得在市场上销售。药品商标的注册量却很少。我国共有 2 000万家企业，到 1995 年约注册了 500 万件商标，平均 4 家企业才有一个企业注册商标。近年来，中草药企业的商标意识有很大提高，但在运用商标和创建驰名商标等方面还存在诸多问题。

3. 行政保护

中医药行政保护是指依照国家行政机关法规对药品的知识产权进行保护。该领域的法规主要包括《新药保护和技术转让的规定》《药品注册管理办法》及《中药品种保护条例》等。《新药保护和技术转让的规定》《药品注册管理办法》中对新药产品提供保护，即其保护对象为在我国未生产过的药，概念仅限于我国境内。因此，在国外已有专利的药品，只要在中国境内尚未生产过，均可以视为新药。《中药品种保护条例》主要保护的是中药品种。中药品种保护主要针对在中国境内生产制造的中药品种，包括中成药、天然药物的提取物及其制剂和中药人工制成品等质量稳定、疗效确切的中药品种。

相对其他保护方式来说，我国已基本形成一个比较完善的药品行政保护体系。目前主要由《关于新药保护和技术转让的规定》和《中药品种保护条例》分别从科研成果和产品两个阶段对中药的自主知识产权进行保护。目前大多数中药科研、生产单位都是利用上述两部行政法规来保护知识产权的。

（二）知识产权法规保护体系

1. 专利保护与商标保护

专利与商标均属于企业工业产权。但二者保护对象不同，专利保护的是技术方案，商标保护的是商品标识，二者相互支撑，结合起来可以给企业带来更加实惠的利益。

2. 专利保护与技术诀窍

专利保护与技术诀窍的保护手段不同，专利是通过公开换取的垄断性保护，有一定的保护期限，专利侵权可以通过司法或行政等途径救济。技术诀窍即技术秘密不用任何审批，没有保护期限，可以简单地永远保护下去，但是如果技术诀窍泄密了，在救济过程中取证比较困难。而且技术秘密保护不具有垄断性，其他人也可以有相同的技术秘密，相互之间不影响。

3. 专利保护与植物新品种保护

专利与植物新品种的保护对象不同，专利保护所有领域技术方案，但是各国专利法根据情况排除了一些，比如说植物新品种。无性繁殖的工艺是可以通过专利来保护的。植物品种要通过《植物品种保护条例》来保护，专利保护与植物新品种保护相互支撑。

4. 专利保护与中药品种保护

专利保护要求技术创新，申请的主题具备新颖性，必须是未经公开、披露的技术方案。中药品种保护针对的是已经生产的临床有效，而且质量稳定、疗效确切的中药品种，其是一种行政保护，权利人不能独占市场。

5. 专利保护与药品注册行政保护

专利保护可以抢占先行入市的时间，一般在临床前研究完成后，有开发价值的技术就可以申请专利。药品注册行政保护，保护的是批准上市的新药安全监测期和未披露的临床试验数据。只有符合新药规定的注册药品才能享受行政监测期保护。含有新型化学成分的药品，自行取得且未披露的试验数据才能享有数据保护。

五、中医药知识产权司法保护文件

（一）《最高人民法院关于审理申请注册的药品相关的专利权纠纷民事案件适用法律若干问题的规定》（法释〔2021〕13号）

为了准确审理药品相关侵权纠纷民事案件，最高人民法院依据《专利法》第76条，于2021年7月5日起施行《关于审理申请注册的药品相关的专利权纠纷民事案件适用法律若干问题的规定》，为解决药品专利链接问题提供了根据。为了避免当事人利用不同诉讼程序持续阻碍药品上市，保障公众的药品可及性，该“司法解释”第11条规定，药品专利链接诉讼的生效判决，特别是关于是否落入专利权保护范围的认定，对于在后的针对同一专利权和申请注册的药品的专利侵权诉讼或确认不侵权诉讼具有既判力。尤其是第12条针对恶意诉讼阻碍药品上市的行为可以提起损害赔偿诉讼，以遏制滥用专利权和诉权扰乱药品市场的行为。

（二）《最高人民法院关于加强中医药知识产权司法保护的意见》（法发〔2022〕34号）

为深入贯彻落实党的二十大精神，落实党中央、国务院关于中医药振兴发展的重大决策部署和《知识产权强国建设纲要（2021—2035年）》有关要求，全面加强中医药知识产权司法保护，促进中医药传承精华、守正创新，推动中医药事业和产业高质量发展，最高人民法院制定了《关于加强中医药知识产权司法保护的意见》（以下简称《意见》）。

《意见》总体要求健全完善中医药知识产权司法保护体系，推动中医药传统知识保护与现代知识产权制度有效衔接。正确适用民法典、知识产权部门法、中医药法等法律法规，合理确定中医药知识产权的权利边界和保护方式，推动中医药创造性转化、创新性发展。

针对中医药专利，行政执法标准应当与司法裁判标准统一，正确把握中药组合物、中药提取物、中药剂型、中药制备方法、中医中药设备、医药用途等不同主题专利特点，依法加强中医药专利授权确权行政行为的司法审查，合理确定中医药专利权保护范围，完善侵权判断标准。

《意见》强调加强中医药商业标志保护，依法惩治商标恶意注册和恶意诉讼行为，加强中医药驰名商标、传统品牌和中华老字号的司法保护，促进中医药品牌传承发展。充分利用地理标志制度保护道地中药材，加强中药材植物新品种权保护。

依法保护中医药商业秘密，有效遏制侵犯中医药商业秘密行为，促进中医药技术传承创新。对经依法认定属于国家秘密的传统中药处方组成和生产工艺实行特殊保护，严惩窃取、泄露中医药国家秘密行为。

加强对中医药配方、秘方、诊疗技术收集考证、挖掘整理形成的智力成果保护和创作者权益保护。依法保护对中医药古籍版本整理形成的成果，鼓励创作中医药文化和科普作品，推动中医药文化传承发展。依法保护以古代经典名方等为基础的中药新药研发，鼓励开展中医药技术创新活动。

（三）《天津市高级人民法院关于加强中医药知识产权司法保护的纪要》（2022年4月）

为加强中医药知识产权司法保护，实现中医药文化传承和创新，推动中医药现代化和中医药产业高质量发展，天津市高级人民法院审判委员会专题研究了中医药知识产权司法保护问题。该“纪要”将中医药的范围限定为中医药药材、药物、药物的制备和检测方法、药物的使用方法、中药制药装备、中医药诊疗设备和中医药传统知识等。对涉中医药专利、商标、商业秘密和中医药传统知识等审判细节予以详细归纳和总结，为相关问题的审判提供了可操作的指引。

六、中医药知识产权保护的典型案例

（一）罗某某与国家知识产权局发明专利申请驳回复审行政纠纷案［（2021）最高法知行终158号］

【裁判要旨】中药发明专利创造性判断中，对于最接近现有技术的选择，不宜过度关注现有技术披露的发明技术特征数量，如药味重合度，而应当根据中药领域技术特点，特别是配伍组方、方剂变化、药味功效替代等规律，综合考虑发明技术方案和现有技术方案的适应证及有关治则、治法、用药思路是否相同或者足够相似。中药发明创造性判断中，关于现有技术是否给出将区别技术特征用于最接近现有技术以解决技术方案实际要解决的技术问题的启示，应当基于中医药传统理论，结合中医辨证施治的基本治疗原则，从治则、治法、配伍、方剂、效果等方面全面分析。

【案情简介】罗某某系申请号为201410046681.5、名称为“用于治疗肿瘤的药磁贴”（以下简称“涉案申请”）的发明专利申请人。该案专利申请属于中药领域的发明创造，涉案申请权利要求1请求保护用于治疗肿瘤的药磁贴的制备方法，对比文件公开了一种用于肿瘤消肿镇痛的纳米药磁贴及其制备方法。经实质审查，国家知识产权局驳回了涉案申请。罗某某提出复审请求并修改了权利要求，国家知识产权局复审后维持原驳回决定。国家知识产权局认为，本领域技术人员根据“方从法出”的原则，在解决相同的技术问题时，可以根据治则在具有相同或相似功效的药物中自由选择用何种药物，且涉案申请对于中药材、制备方法、药磁贴具体组成和结构的选择均为本领域的常规选择，在对比文件的基础上结合公知常识给出的治疗肿瘤的治法、治则和各中药材的功效能够得到涉案申请的技术方案，故涉案申请不具备创造性。罗某某不服，诉至北京知识产权法院，请求撤销被诉决定，判令国家知识产权局重新作出决定。

【审判要点】最高人民法院审理认为，对比文件和涉案申请的发明目的、技术领域、技术问题具有高度相似性，尽管两者技术方案中所选用的中药材存在不同，但具有相同功能的中药材之间具有可替代性是本领域的公知常识，将对比文件作为最接近的现有技术并无不当。涉案申请基于中医治疗理论，从具有类似功效的中药材中进行选择并组合获得的疗效相当的中药组合物，对于本领域技术人员来说，无须付出创造性劳动即可获得涉案申请的技术方案，而从涉案申请说明书记载的内容中也看不出所作出的中药材替换、增加以及用量的限定产生了预料不到的技术效果。涉案申请与对比文件之间的其他区别技术特征也属于本领域的常规技术手段。因此，被诉决定和一审判决认定涉案申请不具备创造性，并无不当。在判断发明是否具有创造性时，通常遵循以下步骤：在确定最接近的现有技术的基础上界定发明的区别特征，根据该区别特征所能达到的技术效果确定发明实际解决的问题，并从最接近的现有技术和发明实际解决的技术问题出发，判断要求保护的发明对本领域技术人员来说是否显而易见。针对中药领域的发明，特别是在药物有效成分涉及几味、十几味甚至几十味中药材时，不宜过度关注现有技术披露的发明技术特征的数量，如药味重合度，而应当根据中药领域技术特点，特别是配伍组方、方剂变化、药味功效替代等规律，综合考虑发明技术方案和现有技术方案的适应证及有关治则、治法、用药思路是否相同或者足够相似。在判断一项发明对于本领域技术人员是否显而易见时，需要以中医药传统理论为指导，结合中医辨证施治的基本治疗原则，对发明和现有技术的技术方案从治则、治法、配伍、方剂、效果等方面全面分析和比较，从而确定现有技术整体上是否提供了某种技术启示，使本领域技术人员用以解决本发明所要解决的技术问题。如果现有技术存在这种技术启示，则发明是显而易见的。

（二）江西康御堂生物科技有限公司诉某药健公司、某电子商务公司、上海某信息技术公司著作权权属、侵权纠纷［（2021）赣 09 知民初 213 号］

【案情摘要】江西康御堂生物科技有限公司（以下简称“康御堂公司”）系《紫花地丁成人装外包装设计图》美术作品著作权人，该作品在法律保护期内，其著作权受法律保护。某药健公司生产的“紫花地丁透皮抑菌膏”产品外包装为六面体盒子，拆开后经比对，被控侵权产品外包装主视图、后视图上下结构布局与康御堂公司享有著作权的作品主视图、后视图上下结构布局构成近似；俯视图、主视图、后视图中的“图形+文字+字母”表示方面，从整体上看，元素、设计风格、内外结构等内容构成近似。

某电子商务公司系案涉侵权产品的销售商，该公司提供了案涉产品的合法来源，且已经停止销售行为。上海某信息技术公司（以下简称“某信息技术公司”）系网络销售平台提供者，该公司在该案起诉时已断开相关链接，下架了相关商品。

【审判要点】生效判决认为，某药健公司生产的“紫花地丁透皮抑菌膏”产品外包装与康御堂公司享有著作权的作品，均以紫花地丁为主题设计，从整体上看，元素、设计风格、内外结构等内容高度相似，外在的创意表达相近，与康御堂公司享有著作权的作品构成近似，构成对康御堂公司著作权的侵犯。销售商某电子商务公司提供了案涉产品的合法来源，且已经停止销售行为，依法不需承担赔偿责任。某信息技术公司作为网络销售平台提供者不明知某电子商务公司销售的商品侵犯他人在先权利，且在该案起诉时已经断开相关链接，下架了相关商品，尽到了适当的注意义务，不需承担该案的赔偿责任。故判决某药健公司停止侵害案涉著作权的行为、赔偿康御堂公司 6 万元。

【典型意义】该案系中医药领域侵害著作权的一个典型案例。侵权产品外包装与权利作品构成近似，属侵权行为。该案对于网络平台交易中的市场参与主体无论是产品生产者还是销售者、网络服务平台提供者均具有良好借鉴和警示意义，对于中医药领域产品包装的著作权保护具有较大积极意义。该案提醒中医药企业对产品包装进行保护时，除可以选择外观设计、知名商品包装装潢外，还可以选择著作权方式保护。

七、中医药知识产权保护学术研究情况（2017—2022 年 CSSCI 成果）

（一）王璐：《传统医药知识产权与遗传资源权的博弈合作——以新冠肺炎防治中医药的保护为例》［《暨南学报（哲学社会科学版）》2022 年第 5 期］

该文提出，传统医药与现代知识产权制度的特性存在内在的冲突，大部分传统医药无法适用知识产权保护。《生物多样性公约》为各国确立了遗传资源权，许多无法适用知识产权的传统医药可成为遗传资源权的客体。明确遗传资源权的在先权利地位，以在先权利为基础强化来源披露和知情同意制度，基于遗传资源权复合权利主体构建惠益分享，以国家公权力实现传统医药利用的后续跟踪保障，实现传统医药的有效保护。

（二）梁艳：《传统知识非专有产权保护模式研究——以中医药法为契机》（《甘肃社会科学》2017年第6期）

中医药传统知识保护制度使用了"持有人"这一民法中的特殊概念，区别于"占有""所有"等专有产权的表意功能。"持有人"中的"持有"既是"事实"又是"权利"，表示"持有事实"为基础的持有人权利。循之辨析知识产权、遗传资源、传统知识和民间文学艺术政府间委员会（ICG）"保护传统知识"议题中争议因素的合理性，建议建立平等保护、有限公开的登记管理和政府机构受托管理的"非专有产权"保护模式，区别于现有研究中确定权利人标准、登记强制公开、研究保护期限为特征的专有产权模式。

（三）陈庆：《传统知识持有人权利限制规则构建研究——以中医药法为契机》（《河北法学》2022年第2期）

《中医药法》通过构建"持有人"这一特殊民事主体概念，赋予持有人传承使用、知情同意和利益分享等权利。遵循IGC"保护传统知识"议题中对于传统知识保护的例外和权利限制理念，通过界定商业性使用行为，以及借鉴著作权转换性合理使用制度构建中医药传统知识商业性合理使用的权利限制规则，为建立中医药传统知识持有人专有权利保护制度奠定法理基础。

（四）李一丁：《RCEP传统知识数据库条款：析解、例证与应对》（《知识产权》2022年第6期）

以RCEP传统知识数据库条款为背景，提出传统知识数据库条款要求中国在履约时全面、具体、细致地对待传统知识数据库话题。具体包括：维护公共领域作为认知前提；厘清官方公益型和非官方营利型两大数据库类别；确立中医药主管和市场监督管理（知识产权）、科学技术、商务、海关等部门协管相结合的行政监督管理体制；完善《中医药传统知识保护条例（草案征求意见稿）》《专利法》及其配套措施，遵守《公共图书馆法》等规范；施行部际联席会议制度，构建注册登记、编纂标准、分类管理、获取程序、贸易管制等制度。

（五）马治国：《中医药传统知识传承保护立法问题研究》（《人民论坛》2019 年第 31 期）

发展中医药是实现文化自信和健康中国战略的重大选择，习近平总书记关于中医药发展发表了系列重要讲话，并对中医药工作作出了重要指示。重要讲话和指示的核心思想从理论和实践两个方面强调了中医药具有的独特优势，历史、文化价值和医疗健康价值。实现中医药现代化、国际化、产业化的前提是对优秀中医药传统知识的传承和保护。为此，迫切需要建立符合中医药发展规律的政策法律体系。

（六）陈庆：《专利视角下中医药传统知识现有技术评介及制度启示》（《知识产权》2017 年第 10 期）

中医药传统知识的价值在于以传统知识形式披露的医药用途信息，在专利视角下，应以出版物公开发行的群体来界定中医药传统知识医药用途信息是否构成“现有技术”，在使用公开上更应以是否涉及中医药传统知识医药用途信息实质性用途的公开使用为准则，探索中医药传统知识医药用途信息新颖性标准。

总体而论，中医药知识产权保护的路径和模式遵从知识产权法的结构和体系，因而除了聚焦于知识产权的中医药制度适用和解释外，成果主要集中在中医药传统知识的惠益和分享机制的讨论上，建议《中医药传统知识保护条例（草案征求意见稿）》相关条款的设计应当合理和足够完善。

八、中医药发展存在的问题及未来展望

（一）中医药产业发展的现状

1. 中医药人才队伍稳步增长

针对我国中医药行业存在优秀中医人才短缺、人才供给不足的问题，国

家中医药管理局通过定向培养、中医全科医生培训、基层名老中医药专家传承工作室建设、畅通基层人才职业发展通道等措施，扩大基层人才供给，推动人才向基层流动，改善基层人才发展环境。截至2020年年底，城乡每万居民拥有0.66名中医类别全科医生，82.4%的社区卫生服务站和58.92%的村卫生室至少配备了1名能够提供中医药服务的医生。❶

2. 党的十八大以来中医药产业快速发展

依托全国重点实验室、国家工程研究中心等国家级平台，持续深化产学研合作；国家中医药管理局、国家发展改革委共同实施中药标准化项目，加强中药生产全过程质控；中药制药装备优化升级，促进产业智能、绿色发展。目前，以中药农业为基础、中药商业为纽带、中药工业为主体的产业体系日益完善，产业发展态势良好。根据全国医药工业统计数据显示，中药工业主营收入由2012年的5 156亿元增长到2021年的近7 000亿元。❷

3. 中医药科技创新能力增强

国家中医药管理局、科技部等部门持续加大对中药的科技投入，加强道地药材、中药炮制、质量保障、新药研发等方面的研究；积极配合国家药监局改革完善符合中医药规律的中药审评审批制度，建立中医药理论、人用经验和临床试验“三结合”的审评证据体系，进一步激发了中药科技创新的活力。❸ 中医药头部企业知识产权运用和保护能力持续提高，中医药产业链的中下游企业知识产权运用与保护方面意识不强，中医药在国内和海外的知识产

---

❶ 中共中央宣传部就党的十八大以来卫生健康事业发展成就有关情况举行发布会（实录全文）[EB/OL].（2022-09-07）[2023-01-02]. http://www.satcm.gov.cn/bangongshi/gongzuodongtai/2022-09-07/27611.html.

❷ 中共中央宣传部就党的十八大以来卫生健康事业发展成就有关情况举行发布会（实录全文）[EB/OL].（2022-09-07）[2023-01-02]. http://www.satcm.gov.cn/bangongshi/gongzuodongtai/2022-09-07/27611.html.

❸ 中共中央宣传部就党的十八大以来卫生健康事业发展成就有关情况举行发布会（实录全文）[EB/OL].（2022-09-07）[2023-01-02]. http://www.satcm.gov.cn/bangongshi/gongzuodongtai/2022-09-07/27611.html.

权保护形势严峻。商标注册、专利、版权等领域面临许多新情况、新问题。[1]

（二）中医药知识产权保护提出的法律问题

（1）传统知识和经典古籍与著作权制度不契合。由于传统知识和经典古籍已经进入公有领域，与著作权制度要求的独创性和保护期制度不契合，其无法获得著作权的保护。国家鼓励对经典古籍进行整理和再创新，对传统知识进行深挖掘和再利用，再创新的内容表达可以获得作品的法律地位。

（2）通用名称与商标显著性要求冲突，道地药材的地理标志保护不够。道地中药材是在特定的地域内产出的药材，由于其特有的生态环境而集中生长在一定的区域，在栽培技术、采集加工方面，都有特定的方法和技巧，相对于其他地方生产的中药材，品质更好、疗效更佳。我国道地中药材资源非常丰富，但假冒道地药材的情况严重，严重损害行业利益。[2]

（3）在专利授权标准上，面对新颖性、创造性和实用性的要求，中药复方往往难以满足上述要求。《专利法》是借鉴西方倾斜于西医药的专利保护的法律规范。中医药和西医药属性和特征均不同，因此，专利法不能全面地保护中医药，主要保护中医药配方和配方制剂，对于复方制剂、配方的用途以及加减等未能得到有效保护。在认定是否获得专利权时，新颖性、创造性和实用性是必要的审查要求，但“三性”标准对于申请中医药专利未免有些苛刻。[3]

（4）中医药的技术秘密往往是指特别的下料配方，或者是特殊的炮制工艺、特殊的制造方法和材料等，这些关键信息在同行业技术人员看来，一旦有所泄露，他人掌握了该关键信息并生产出同样产品并不困难。[4] 中医药保护

---

[1] 杨丽.中医药知识产权保护的难题和破解［EB/OL］.［2022-12-05］. https：//mp.weixin.qq.com/s/fcE_lNicXHUlsx1RMmmS2g.

[2] 程永顺.中药知识产权保护难点及对策［EB/OL］.［2022-12-15］. https：//mp.weixin.qq.com/s/6uPgpRellIwyYe6t7OLavw.

[3] 戚建刚．我国中医药知识产权保护问题与对策分析［EB/OL］.［2022-12-20］., https：//mp. weixin. qq. com/s/2PJcxfbGtIpk-ogc7LTBfg.

[4] 宋建立．中医药知识产权保护的障碍及解决路径［EB/OL］.［2022-12-15］. https：//mp. weixin. qq. com/s/ICZP92sCq9onx5qlgnQi6w.

主要涉及平等主体间的个人利益保护，属于国家秘密保护的中医药存在公权（国家秘密）侵占私权（商业秘密）之嫌疑。[1]

（三）未来的中医药制度展望

中国的传统医药保护至少应当关注五个方面的问题：一是古典中药汉方的传统知识特别保护问题；二是中药材产品的专利保护；三是中医药的治疗方法、工艺采取技术秘密保护；四是中药产品的商标、商号保护；五是中药材产地的地理标志产品保护。[2]

总体来说，解决中医药专利方案大致有两类：一是尝试在现有知识产权法律框架之外为中医药保护设立专有制度，如国家中医药管理局发布的《中医药传统知识保护条例（草案）》（征求意见稿）中设立了“持有人的权利及保护”一章；二是立足于现行知识产权制度体系，基于中医药特点，调整专利授权中对创造性和新颖性的审查标准。[3]

针对中药复方的保护，在专利审查过程中可以将配方、有效成分、临床药效三者结合起来综合考量，用配方表明宏观组成成分，中药指纹图谱微观反映内在所含化学成分的种类与数量，临床药效显示实际疗效。同时，中药指纹图谱也可以应用于侵权认定，综合描述和评估药物的质量，以区分不同中药的相似性。[4]

在新颖性方面，传统中药一般都经过了一定时间的积累，且在民间长期使用，如果这些传统药物制成中药制剂，则不能因这部分传统药物在国内公

---

[1] 戚建刚．我国中医药知识产权保护问题与对策分析［EB/OL］．［2022-12-20］．https：//mp. weixin. qq. com/s/2PJcxfbGtIpk-ogc7LTBfg.

[2] 吴汉东教授于 2022 年 10 月 31 日在由江西省高级人民法院指导，江西省宜春市中级人民法院、知产财经主办，江西省万载县人民法院、江西省樟树市人民法院协办的“赣知·2022 中医药知识产权保护论坛”上的讲话。

[3] 宋建立．中医药知识产权保护的障碍及解决路径［EB/OL］．［2022-12-15］．https：//mp. weixin. qq. com/s/IGZP92sCq9onx5qlgnQi6w.

[4] 戚建刚．我国中医药知识产权保护问题与对策分析［EB/OL］．［2022-12-20］．https：//mp. weixin. qq. com/s/2PJcxfbGtIpk-ogc7LTBfg.

开使用过，就认为其丧失了新颖性。❶

就中药品名称与商标注册之间的冲突，首先，应当禁止将中药药品名称注册为商品商标，从源头解决药品通用名称和药品商标的争议问题；其次，强化药品商标和药品通用名称的区别，提高药品商标本身的显著性；最后，要注意区分通用名称和特有名称，特有名称仍可以注册商标。❷

针对道地药材地理标志产品保护覆盖率低、注册量较少的问题，应设定理想的注册主体为县级以上政府认定的中药材协会等相关组织，但实际上道地药材生产者多为县级以下的中小型农户。当然，如何将农户组织起来，建立相应的合作社或协会组织进行规范管理，是当前面临的重要问题。❸

结　论

中医药不仅是中华民族的瑰宝，也是中华文明宝库的璀璨明珠。在我国抗击新冠疫情期间，中医药深度介入预防、救治和康复全过程，均取得良好成效，在抗击新冠疫情中贡献了中医力量。将中医药传统知识保护与现代知识产权制度有效衔接，进一步完善中医药知识产权综合保护体系，是促进中医药传承创新发展的必由之路。在党的二十大精神的指导下，期待我国的中医药事业行稳致远，在中华文化复兴之路上发出璀璨的光芒。

---

❶ 程永顺.中药知识产权保护难点及对策［EB/OL］.［2022-12-15］. https：//mp.weixin.qq.com/s/6uPgpRellIwyYe6t7OLavw.

❷ 彭学龙.中医药商标保护与品牌运营［EB/OL］.［2022-12-15］. https：//mp.weixin.qq.com/s/aW6JIqNb6rNIcxxCbC3ltg.

❸ 彭学龙.中医药商标保护与品牌运营［EB/OL］.［2022-12-15］. https：//mp.weixin.qq.com/s/aW6JIqNb6rNIcxxCbC3ltg.

第四编　知识产权大事记

2022年知识产权国内大事回顾

谢　晶*

1　月

1月5日，公安部发布数据显示，2021年全国公安机关深入开展“昆仑2021”专项行动，依法严厉打击侵犯知识产权和制售假冒伪劣商品犯罪，破获刑事案件1.8万起，受理各级行政执法部门移送涉嫌侵权假冒犯罪案件4 700余起，较2020年同期分别上升12%和24%。

1月6日，全国知识产权局局长会议召开。

会议部署了2022年8个方面重点工作：一是建立健全知识产权强国建设纲要和“十四五”规划落实机制，全面贯彻中央决策部署；二是完善知识产权法律制度和工作机制，提升治理能力和治理水平；三是提升知识产权创造质量，助力高水平科技自立自强；四是健全知识产权保护体系，营造更好的创新环境和营商环境；五是加快知识产权转化运用，提高对经济社会发展的贡献度；六是优化知识产权服务体系，提升服务水平；七是统筹推进知识产

* 谢晶，西北师范大学法学院讲师，中南财经政法大学知识产权研究中心博士研究生，德国马克斯·普朗克创新与竞争研究所访问学者。

权国际合作和竞争，维护知识产权领域国家利益；八是营造良好知识产权环境，夯实事业发展基础。

1月7日，国家知识产权局印发《外国专利代理机构在华设立常驻代表机构管理办法》。

该“办法”以规范性文件的形式，规范外国专利代理机构在华常驻代表机构的设立及其业务活动，保障常驻代表机构及其代表的合法权益，促进专利代理行业高质量发展。

1月12日，国家知识产权局发布数据显示，截至2021年年底，我国发明专利有效量为359.7万件。其中，国内（不含港澳台）发明专利有效量为270.4万件。全国专利商标质押融资金额达到3 098亿元，融资项目达1.7万项，惠及企业1.5万家，同比增长均为42%左右。

1月20日，国家版权局联合中央广播电视总台召开北京2022年冬奥会“版权保护集中行动”暨“版权守护计划”发布会。

会议明确，1—3月国家版权局与工业和信息化部、公安部、文化和旅游部、国家广播电视总局、国家互联网信息办公室联合开展冬奥版权保护集中行动，专项整治非法传播冬奥赛事节目，严厉打击涉冬奥作品侵权盗版，规范冬奥赛事传播秩序，为简约、安全、精彩办奥提供坚实版权保障。

1月20日，国家知识产权局发布《2022年全国知识产权行政保护工作方案》，提出全面提高知识产权保护效果，持续对群众反映强烈、社会舆论关注、侵权假冒多发的重点领域和区域，重拳出击、整治到底、震慑到位；强调持续打击非正常专利申请和恶意商标注册行为，持续严格规范专利、商标申请行为，严厉打击非正常专利申请和恶意商标注册行为，提高发现和打击非正常申请的精准度；建立重点监控名单，严防非正常申请外溢造成国际影响。

1月24日，国家知识产权局印发《关于持续严格规范专利申请行为的通知》，强调逐步减少对专利授权的各类财政性资助，每年至少减少25个百分点，直至在2025年以前全部取消。

1月24日，国家知识产权局印发《国家知识产权局知识产权信用管理规定》，明确恶意商标注册申请行为等将列为失信行为，明晰存在非正常专利申请行为，但能够及时纠正、主动消除后果的，可以不被认定为失信行为，以进一步引导非正常专利申请人积极纠错。

1月24日，商务部等6部门联合印发《关于高质量实施（RCEP）的指导意见》，明确按照RCEP知识产权规则，为著作权、商标、地理标志、专利、外观设计、遗传资源、传统知识、民间文艺和商业秘密等提供高水平保护。

1月25日，海关总署发布数据显示，2021年全国海关共查扣进出口侵权嫌疑货物7.9万批次、7 180万件。

海关总署全年先后部署开展加强知识产权保护专项执法行动，围绕现场执法与打击侵权需要，以“智慧海关”建设为依托，组织开发并试点应用新一代查验管理系统移动端知识产权商标智能识别技术，提高执法办案效率。

1月27日，国家知识产权局发布数据显示，2021年全国深入推进知识产权代理行业“蓝天”专项整治行动，重拳打击违法违规代理行为，共约谈代理机构2 350家，责令整改2 105家，作出罚款与警告220件，吊销和停业12家机构，办案数量超过机构改革前的总量，专项行动取得积极成效，代理行业秩序持续好转，初步形成严厉打击代理违法行为的高压态势。

1月28日，国家知识产权局印发《防范和惩治知识产权统计造假弄虚作假的责任制规定》，持续强化防范和惩治知识产权统计造假、弄虚作假工作，进一步细化防范和惩治知识产权统计造假、弄虚作假的相关要求，通过加强制度保障，不折不扣落实，充分体现严守统计数据真实性的担当意识和责任感。

1月28日，农业农村部、最高人民法院、最高人民检察院、工业和信息化部、公安部、市场监管总局、国家知识产权局联合印发《关于保护种业知识产权打击假冒伪劣套牌侵权营造种业振兴良好环境的指导意见》。

该“指导意见”明确以强化种业知识产权保护为重点，坚持部门协同、上下联动、标本兼治，综合运用法律、经济、技术、行政等多种手段，推行全链条、全流程监管，有效激励原始创新，全面净化种业市场。

2 月

2月10—11日，全国价监竞争工作会议暨商业秘密保护创新试点工作部署会议召开，启动我国全国商业秘密保护创新试点工作，指出2022年重点做好“两稳两进”，具体包括：着力强化市场价格监管，稳定宏观经济大局；强化“规直打传”工作，稳定社会大局；强化涉企收费规范治理，进一步激发市场活力；强化反不正当竞争，进一步推动高质量发展。

2月14日，国家知识产权局在关于依法打击恶意抢注“冰墩墩”“谷爱凌”等商标注册的通告中指出，已对第41128524号“冰墩墩”、第62453532号“谷爱凌”等429件商标注册申请予以驳回，并持续强化对包括冬奥吉祥物、运动健儿姓名在内的奥运热词进行严格保护，对违反诚实信用原则、恶意抢注商标图谋不当利益的申请人及其委托的商标代理机构依法依规进行严肃处理。

2月22日，国家知识产权局党组书记、局长申长雨深入专利审查业务部门，调研专利审查提质增效工作，并召开座谈会，强调要认真贯彻落实习近平总书记重要指示和党中央、国务院决策部署，坚决打赢专利审查提质增效攻坚战，更好服务创新驱动发展和高水平对外开放，以优异成绩迎接党的二十大胜利召开。

2月24日，中宣部公布消息显示，中宣部版权管理局、中宣部印刷发行局、中宣部反非法反违禁局、公安部食品药品犯罪侦查局、教育部教材局、文化和旅游部文化市场综合执法监督局联合启动“青少年版权保护季”行动。

此次集中行动持续至9月，严厉整治教材教辅、少儿图书等领域侵权盗版乱象，重点打击盗版盗印、非法销售、网络传播侵权盗版思想政治理论课教材教辅、畅销儿童绘本等违法犯罪行为，重点加强开学季及假期出版物市场、印刷企业及校园周边书店、报刊摊点、文具店、打字复印店等场所的清查摸排，加大对电商平台传播、销售侵权盗版教材教辅、少儿图书的版权监管力度。

2月28日，全国公安机关“昆仑2022”专项行动动员部署视频会议召开。

会议指出，要深入开展“昆仑2022”专项行动，依法严厉打击食药环和知识产权犯罪。深入重点地区、重点行业、重点部位开展拉网式排查，密切关注网上交易平台、直播平台，广泛发动群众举报，及时发现梳理研判案件线索。坚持“打源头、端窝点、摧网络、断链条、追流向”，对跨区域、团伙化犯罪实施“全环节、全要素、全链条”打击，坚决斩断非法利益链条。

3　月

3月1日，中国国家知识产权局局长申长雨与吉尔吉斯共和国国家知识产权与创新局新任局长莱海特·克里姆巴耶娃举行视频会议。

会上，两局局长就两国知识产权最新发展、知识产权领域人员培训、联合举办研讨会、深化“一带一路”知识产权合作等议题深入交换了意见。

3月1—3日，中瑞（士）经贸联委会知识产权工作组第十一次会议以视频方式召开。

会上，双方就与经贸相关的知识产权立法及执法最新进展进行了交流，就知识产权保护具体问题进行了深入讨论，确定了下一步合作的方向和内容。双方表示，将进一步加强沟通协作，更好发挥知识产权工作组平台作用，推动产业深化合作，促进双边经贸关系持续、健康、稳定发展。

3月7日，市场监管总局开展全国商业秘密保护创新试点工作，并印发《全国商业秘密保护创新试点工作方案》。

该“方案”明确了全国商业秘密保护创新试点工作的6项任务，具体包括：加强商业秘密保护制度创新，建立健全制度规则，完善企业内部管理制度；健全商业秘密保护工作机制，建立部门联动机制，发挥行业协会作用；加强商业秘密保护监管执法，强化执法办案，提升执法能力；健全商业秘密保护服务保障体系，完善政府服务保障，加强第三方服务供给，加强智库支撑；对标高标准国际经贸规则，加强涉外维权援助保障，营造良好开放环境；营造商业秘密保护良好氛围，加大培训力度，加大宣传普及力度。

3 月 9 日，根据中国国家知识产权局和欧亚专利局的共同决定，将 2018 年 4 月 1 日启动的中欧亚 PPH 试点项目，自 2022 年 4 月 1 日起延长一年，至 2023 年 3 月 31 日止。两局提交 PPH 请求的有关要求和流程不变。

3 月 9 日，全国知识产权人才工作电视电话会议在京召开。

会议强调，全国知识产权系统要坚持以习近平新时代中国特色社会主义思想为指导，增强"四个意识"、坚定"四个自信"、做到"两个维护"，捍卫"两个确立"，进一步提升做好新时代知识产权人才工作的责任感、使命感、紧迫感，大力加强知识产权人才工作，加速壮大知识产权人才队伍，为建设中国特色、世界水平的知识产权强国提供有力支撑。

3 月 9 日，中国国家知识产权局局长申长雨与老挝知识产权厅新任执行厅长丰沙瓦举行视频会谈。

这是老挝知识产权管理机构改革之后，中老知识产权主管部门举行的首次高层会谈。申长雨表示，中国国家知识产权局与老挝知识产权厅在"一带一路"知识产权合作、中国—东盟知识产权合作、澜湄合作等框架下密切交往，围绕高层交流、专利审查合作项目推进等领域开展了富有成效的合作，希望双方未来进一步深化合作交流，携手推进各领域合作项目，为两国知识产权事业发展作出更大贡献。丰沙瓦介绍了老挝知识产权厅的转隶情况及最新发展，并表示，希望双方共同努力，继续推动各项合作务实开展，取得丰硕成果。

3 月 10 日，市场监管总局发布数据显示，2021 年深入推进重点领域知识产权执法，全年共查处违法案件 5 万余件，案值 10 亿余元，移送司法机关 1 000余件，有力震慑了违法者，保护了消费者和权利人的合法权益，促进了营商环境持续优化。

3 月 10 日，中柬专利审查合作研讨会以视频会议形式举办。

会上，中柬双方围绕中国发明专利和外观设计专利的授权程序、中国发明专利在柬登记生效项目和外观设计专利认可项目的合作历程及在中柬的申请审批流程等进行了介绍与交流。

3 月 16 日，国家知识产权局印发《推动知识产权高质量发展年度工作指引（2022）》。

该“指引”指出，2022 年年底，知识产权强国建设工作机制进一步健全，局省市联动工作格局进一步巩固，知识产权创造质量持续提升、知识产权运用效益加速显现、知识产权服务水平明显增强，知识产权国际合作和竞争统筹推进，知识产权保护工作得到全面加强，进一步激发创新活力，为服务构建新发展格局提供有力支撑。

3 月 22 日，国家知识产权局发布通告，对 1 270件涉冬奥会、冬残奥会商标注册申请依法予以驳回，并表示将持续保持严厉打击商标恶意注册的高压态势，不断强化对包括冬奥健儿姓名在内的相关热词的保护，对恶意抢注商标的申请予以坚决驳回，并及时公布。

3 月 23 日，国家版权局发布数据显示，2021 年全国著作权登记总量达 6 264 378件，同比增长 24.30%。

从作品类型看，登记量最多的是美术作品，1 670 092件，占登记总量的 41.92%；第二是摄影作品，1 553 318件，占登记总量的 38.99%；第三是文字作品，295 729件，占登记总量的 7.42%；第四是影视作品，244 538件，占登记总量的 6.14%。以上类型的作品著作权登记量占登记总量的 94.47%。

3 月 30 日，国家知识产权局 3 月例行发布新闻发布会召开。

会议指出，国家知识产权局将多措并举，加快推进知识产权人才的培养，实现 2025 年全国知识产权人才超 100 万人的目标。同时，截至 2022 年 3 月底，全国有超 1 400所学校，近 200 万中小学生接受了知识产权教育。

3 月 31 日，国家知识产权局开展首期知识产权信息服务优秀案例分享活动。分享活动邀请三家信息服务机构从不同领域和角度深度解读各自利用知识产权信息服务创新发展的典型经验和先进做法，并就热点问题与参会者进行线上交流。

4 月

4 月 6 日，国家版权局下发《关于做好 2022 年全国知识产权宣传周版权宣传活动的通知》，决定于4月中旬起在全国集中组织开展版权宣传活动，并将4月20—26日作为重点宣传时段。

4 月 7 日，国家知识产权局党组召开会议，听取一季度工作情况汇报，研究部署下一阶段工作。

会议指出，一季度开局良好、各项事业稳中有进，下一阶段要准确把握大局大势，深刻认识当前面临的国内外形势，立足知识产权工作实际，认真开展好“落实年”活动，积极出台有利于“六稳”“六保”的政策措施，持续提高专利商标审查质量效率，办好全国知识产权宣传周活动，做好《海牙协定》生效实施的各项准备，加强知识产权人才队伍建设，毫不松懈抓好常态化疫情防控，确保大局平稳，营造喜迎二十大的浓厚氛围。

4 月 8 日，以“地理标志产品质量管理与市场推广”为主题的中法地理标志在线研讨会举行。

此次研讨会是双方共同落实中法地理标志合作议定书的重要举措之一。会上，来自两国知识产权部门、行业协会和产业界的 1 000余名代表围绕欧盟地理标志监管体系、法国地理标志产品质量控制措施、中法地理标志产区推广的成功经验，以及中国地理标志保护和官方标志的规范使用四个主题开展了深入热烈的交流研讨。

4 月 12 日，国家知识产权局就持续严厉打击商标恶意注册行为发布通知。

该“通知”要求，强化整治以“囤商标”“傍名牌”“搭便车”“蹭热点”为突出表现的商标恶意囤积和商标恶意抢注行为，重点打击违反诚实信用原则，违背公序良俗，谋取不正当利益，扰乱商标注册秩序的典型违法行为。

4 月 20 日，国家林业和草原局发布数据显示，截至 2021 年年底，林业和草原植物新品种申请量 7 008件、授权量 3 404件；林业相关专利公开量

708 499件，其中发明专利 340 334件；草原相关专利公开量 101 742件，其中发明专利 58 827件；林业科研院所专利公开量 13 747件，其中发明专利 9 052件；林业高等院校专利公开量 58 127件，其中发明专利 28 525件；林产品地理标志 1 482件；林业和草原软件著作权 15 185项。

4 月 20 日，2022 年全国知识产权宣传周活动启动仪式以线上方式举办。

2022 年宣传周活动的主题是“全面开启知识产权强国建设新征程”，由国家知识产权局、国家市场监督管理总局牵头，会同中央宣传部等 18 家部门单位共同举办。2022 年宣传周活动期间，组委会成员单位开展的各类活动将超过 70 项，数量再创新高。

4 月 21 日，公安部公布打击侵犯知识产权犯罪十起典型案例。

典型案例分别是：打击侵犯北京冬奥会知识产权犯罪、打击危害公共安全假冒伪劣犯罪、打击危害民生安全侵权假冒犯罪、打击侵犯商业秘密犯罪、打击利用直播带货售假犯罪、打击侵犯影视作品著作权犯罪、打击侵犯民营企业知识产权犯罪、打击侵犯外商投资企业知识产权犯罪、打击危害粮食安全假冒伪劣犯罪和打击化妆品领域侵权假冒等典型案例。

4 月 24 日，国务院新闻办公室举行新闻发布会。

国家知识产权局局长申长雨表示，2021 年我国共授权发明专利 69.6 万件，每万人口高价值发明专利拥有量达到 7.5 件，较上年提高 1.2 件。通过《专利合作条约》途径提交的国际专利申请达 6.95 万件，连续第三年位居全球首位。核准注册商标 773.9 万件，收到国内申请人马德里国际注册申请 5 928件。世界知识产权组织发布的《2021 年全球创新指数报告》中，中国排名位居全球第 12 位，连续 9 年稳步提升。

4 月 24 日，国家知识产权局发布《2021 年中国知识产权保护状况》白皮书。

白皮书显示，2021 年，我国知识产权保护制度建设、审批登记、文化建设、国际合作等方面均取得积极进展。

4 月 25 日，最高人民检察院与国家知识产权局共商强化知识产权协同保护，会签《关于强化知识产权协同保护的意见》，推动构建“严保护、大保护、快保护、同保护”工作格局。

该“意见”的出台，对进一步深化执法司法协作配合，健全完善行刑衔接机制，推动构建知识产权协同保护体系，提升知识产权司法行政综合保护质效具有重要意义。

4月26日，海关总署发布数据显示，2022年一季度，共查扣侵权嫌疑货物10 220批次，涉及货物2 851万件。

4月26日，国家知识产权局举办“云开放日”活动。

活动发布了2021年度知识产权行政保护典型案例、专利复审无效十大案件、商标异议和评审典型案例，同时发布了“全面开启知识产权强国建设新征程”公益宣传片，宣传片温情讲述百姓身边的知识产权故事，受到公众广泛认可。

4月26日，知识产权融资创新实验室正式启动“企业知识产权质押融资指数”编制工作。

本次指数编制工作依托知识产权融资创新实验室，在国家知识产权局运用促进司的指导下，由中国银行普惠金融事业部开展指数编制的具体工作，同时，中国人民大学普惠金融学院也将受托参与指数的编制。

4月28日，国家知识产权局举行线上新闻发布会，并以中英文双语形式正式发布《中国电子商务知识产权发展研究报告（2021）》。

该“报告”指出，2021年，我国跨境电商进出口1.98万亿元，增长15%；其中出口1.44万亿元，增长24.5%。我国现存跨境电商相关企业3.39万家，2021年新增1.09万家，同比增长72.2%。随着电商平台对经济发展的贡献程度不断扩大，电商平台对新技术的应用已不局限于打击侵权假冒，电商平台持续发挥技术优势，促进知识产权综合运用水平提升，助力平台经济发展。

5　月

5月5日，《工业品外观设计国际注册海牙协定》在中国正式生效。

《工业品外观设计国际注册海牙协定》的生效，不仅表明中国积极参与全球知识产权治理体系的开放姿态，也为海外企业进驻中国这一最具活力的广阔市场提供了便利，有利于营造良好的营商环境，促进中国工业领域创新设计的蓬勃发展。同时，通过海牙体系提交外观设计国际申请有两种途径：申请人可以直接向 WIPO 国际局提交，也可以通过缔约方局间接提交申请。

5 月 6 日，中欧植物新品种保护法律法规研讨会在线上召开。

会上，UPOV 法律顾问兼培训和援助主任约兰达·韦尔塔（Yolanda Huerta）针对实质性派生品种解释性文件的内容和各方观点作了专题报告；CPVO 主任弗朗西斯科·马蒂纳（Francesco Mattina）针对欧盟植物新品种保护法律法规的最新情况进行了专题报告；农业农村部科技中心总农艺师崔野韩介绍了我国农业植物新品种保护最新进展以及新《种子法》修改情况；国家林草局科技中心柳玉霞介绍了我国林草植物新品种保护最新进展。

5 月 11 日，国家知识产权局办公室印发《专利开放许可试点工作方案》，组织有关省份开展专利开放许可试点工作。

该“方案”树立了坚持市场导向、加强服务创新、强化政策联动三个基本原则，明确了搭建声明信息发布平台、促进供需对接、做好配套服务、完善激励和规范措施四个方面的试点任务。通过试点，将探索可复制推广的经验模式，为制度全面实施起到推广预热的作用，筛选储备适宜开放许可的高价值专利，形成一批专利转化成果。

5 月 19 日，国家知识产权局公布信息显示，北京、上海、江苏、浙江、安徽、福建等 12 个省市知识产权局通过国家知识产权局验收，成为全国第一批以信用为基础的分级分类监管试点省市。

5 月 30 日，国家知识产权局发布《关于知识产权政策实施提速增效　促进经济平稳健康发展的通知》，要求加快提升市场主体知识产权行政保护效能。

该“通知”提出，要加强知识产权保护规范化市场建设，加大对侵犯各类市场主体专利权的行政裁决工作力度，开展知识产权纠纷快速处理试点，加强海外知识产权纠纷应对和维权援助，同时要求用好知识产权质押途径支持中小微企业融资。

5月30日，农业农村部办公厅印发《关于做好2022年地理标志农产品保护工程实施工作的通知》。

该“通知”明确，为全面推进地理标志农产品持续发展，2022年地理标志农产品保护工程将对支持产品全面推进“六个一”建设标准，在全国范围内重点支持200个地理标志农产品发展。

6月

6月8—9日，2022年中美欧日韩知识产权五局（IP5）合作局长系列会议以视频形式举行。

会议通过《2022年中美欧日韩知识产权五局合作局长联合声明》。五局局长授权全球案卷、协作式检索和审查试点、新兴技术与人工智能合作路线图以及专利实践协调等五局合作项目成果及下一步工作计划，并就五局未来围绕可持续发展开展长期合作达成共识。

6月20日，国家知识产权局发布《国家知识产权保护示范区建设方案》。

该“方案”提出，2025年前将在全国范围内遴选20个左右的城市（地区）完成建设工作，经评估认定为示范区，打造若干知识产权保护高地。同时，确定了六项重点任务：加强知识产权保护工作整体部署、提高知识产权保护工作法治化水平、强化知识产权全链条保护、深化知识产权保护工作体制机制改革、推进区域内知识产权领域国际合作交流、维护知识产权领域国家安全。

6月27日，市场监管总局发布《禁止滥用知识产权排除、限制竞争行为规定（征求意见稿）》。

该“规定”细化了知识产权领域滥用市场支配地位行为制度规则，完善限定交易、搭售、附加不合理限制条件等行为认定规则。修订后的“规定”共28条，从健全知识产权领域反垄断制度规则，完善标准必要专利等重点领域反垄断规则等4方面作出调整。

6月28日，国家知识产权局公布消息显示，北京、天津、吉林、上海、江苏、浙江、安徽、山东、四川等9省，南京、苏州、常州、宁波、济南、烟台、潍坊、郑州、武汉、长沙、广州、深圳、佛山、珠海、三亚、昆明等12市，义乌、绍兴市柯桥、晋江等3县为第一批知识产权纠纷快速处理试点地区。

6月29日，中国国家知识产权局局长申长雨与欧盟知识产权局局长克里斯蒂安·阿尔尚博举行视频会谈。

申长雨表示，自2021年两局签署新的合作谅解备忘录以来，双方合作项目有序开展，取得良好成效。期待未来两局能够在新兴技术领域、服务中小企业发展等方面加强工作交流与经验分享。阿尔尚博表示，近年来，中欧知识产权合作成果丰硕，2021年中国申请人在欧盟知识产权局提交的商标和外观设计申请量均位列第一，希望未来两局继续深化合作，取得更多积极成果。

6月29—30日，中俄经贸分委会知识产权工作组第十三次会议以视频方式召开。

会上，双方就与经贸相关的知识产权立法、执法和司法最新进展进行交流，就双方感兴趣的知识产权保护具体问题进行深入讨论，确定下一步合作的方向和内容。

6月30日，2022年度海外知识产权纠纷应对指导工作会议在北京召开。

国家知识产权局党组成员、副局长胡文辉出席会议并讲话，知识产权保护司作海外知识产权纠纷应对指导工作报告，中国知识产权研究会汇报了海外知识产权纠纷应对指导中心相关工作开展情况，理事成员单位、地方知识产权管理部门和地方分中心代表作典型发言。

7 月

7月6日，国家知识产权局在京召开“创新主体知识产权转化运用”主题座谈会。

此次座谈会是国家知识产权局办理全国两会提案建议的一项创新举措，

会议邀请来自高校院所、企业、服务机构、研究机构的各界专家从知识产权视角，就知识产权转化运用的政策创新、机制协同、平台支撑、工具指导等方面开展交流研讨，对科技成果转化中的重点难点问题提出意见建议。

7月11日，国家知识产权局发布《关于中国载人航天工程办公室“中国载人航天工程标识”官方标志登记备案的公告（第492号）》，对中国载人航天工程办公室“中国载人航天工程标识（中文标识）”“中国载人航天工程标识（英文标识）”予以登记备案，并纳入官方标志保护。

7月12日，国新办举行新闻发布会，介绍2022年上半年我国知识产权工作统计数据。

截至2022年6月底，我国有效注册商标已超4 000万件，同比增长20.9%；批准地理标志产品2 493个，核准地理标志作为集体商标、证明商标注册6 927件，核准使用地理标志专用标志市场主体19 350家。一系列核心指标表明，我国知识产权总体发展“基本面”稳中有进、质量提升。

7月13日，国家知识产权局、司法部向各省、自治区、直辖市和新疆生产建设兵团知识产权局、司法厅（局）印发《关于确定第三批专利侵权纠纷行政裁决规范化建设试点地方的通知》。

该“通知”指出，确定在天津、山西、内蒙古、吉林、黑龙江、河南、陕西、新疆等8个地方开展第三批专利侵权纠纷行政裁决规范化建设试点。第三批专利侵权纠纷行政裁决规范化建设试点期限为2年，自2022年6月至2024年6月。

7月14日，国家海关总署通报数据显示，上半年，我国加快审核知识产权海关保护备案申请，新增备案1.07万件，同比增加58%。

7月14日，全国商业秘密保护创新试点启动会在浙江省杭州市举行。

会议要求，各地要按照市场监管总局2022年3月印发的《全国商业秘密保护创新试点工作方案》总体部署，聚焦加强制度创新、完善工作机制、强化监管执法、健全服务保障体系、对标国际经贸规则、营造整体氛围六方面重点任务，在实践中推进改革、推进创新。

7月15日，国家知识产权局发布信息显示，北京、天津、河北、上海、江苏、山东、广东、重庆、四川、湖北、浙江、安徽等12省市知识产权行政保护协作机制自2019年建立以来日益完善，协作成效持续显现。2021年专利、商标、地理标志等案件线索移送数量约占全国总量的七成，协作范围也从线索移送逐渐扩展到调查取证、文书送达等，充分显示出跨区域行政保护的规模效应和整体优势。

7月18日，2022年地理标志农产品保护工程推进视频会召开。

会议指出，地理标志农产品保护工程实施3年来，取得了积极成效。共支持634个地理标志农产品保护和发展，建设核心生产基地1 672个、特色品种繁育基地892个。共授权生产主体3 011个，产品平均用标率90%以上，实现销售额2 700多亿元，带动1 130万户农户增收360亿元。支持了149个国家级贫困县、53个乡村振兴重点县发展。

7月19日，教育部发布数据显示，党的十八大以来，高校科技创新改革发展成效显著。高校专利授权量从2012年的6.9万项增加到2021年的30.8万项，增幅达到346.4%，授权率从65.1%提高到83.9%；专利转让及许可合同数量从2 000多项增长到1.5万项，专利转化金额从8.2亿元增长到88.9亿元，增幅接近10倍。

7月20日消息，全国专利商标代理公共服务平台微信小程序正式上线运行。

小程序包含专利代理机构、专利代理师、商标代理机构、经营异常名录、严重违法失信名单、风险名单等各类代理机构和从业人员基本信息及风险警示信息，还包括移动端违法违规代理行为投诉举报功能，内容丰富，便捷实用。

7月20日，国家知识产权局印发《展会知识产权保护指引》。

该“指引”明确，展会举办地知识产权管理部门可以会同有关部门指导展会主办方根据国家有关规定和实际需要设置工作站，并应展会主办方请求协调相关工作人员、执法人员、专业技术人员和法律专业人员进驻工作站。该“指引”适用于在我国境内举办的各类线上线下经济技术贸易展览会、展销会、博览会、交易会、展示会等活动中有关知识产权的保护。

7 月 25 日，海关总署对外公布一批侵犯知识产权典型案例。

典型案例涉及对国内外权利人商标权、著作权、专利权、奥林匹克标志专有权等知识产权的保护，涵盖汽车配件、儿童玩具、服装鞋帽等领域，2022 年 1—6 月共查扣侵权嫌疑货物 2. 25 万批次，扣留侵权嫌疑货物 4 527 万件。

7 月 25 日，国家知识产权局发布《知识产权纠纷调解工作手册》。

《知识产权纠纷调解工作手册》立足于指导和规范知识产权纠纷调解工作，在系统梳理党中央、国务院及有关部委关于知识产权纠纷调解政策法规的基础上，总结吸纳部分省（区、市）现有知识产权纠纷调解工作经验，从调解理论、调解实务、文书档案等方面提供详细的操作指南和典型案例，供相关政府部门和调解组织在工作中借鉴和参考。

7 月 25 日，智能化专利检索及分析系统正式运行。该系统是国家知识产权局专利审查和检索系统智能化升级项目的重要组成部分，其旨在面向社会公众用户提供优质的专利检索、专利分析、文献浏览和数据下载等服务。自 2021 年 12 月 31 日上线试运行以来，新系统运行稳定，并根据用户意见和建议进行了优化完善。

7 月 26 日，国家知识产权局在杭州召开 2022 年全国代办工作会议，交流代办工作经验，研究 2022 年度工作任务。

会议指出，2021 年全国代办系统加强政治引领，持续改革创新，坚持稳中求进，较好完成全年主要目标任务，实现“十四五”代办工作的良好开局。杭州代办处、济南代办处和贵阳代办处分别作了经验交流发言。

7 月 26 日，国家知识产权局印发《关于加强知识产权鉴定工作的指导意见》。

该“意见”提出，力争到 2025 年，形成较为完善的知识产权鉴定工作管理机制，建立多层次多类型的知识产权鉴定标准体系，知识产权鉴定机构规模合理、技术领域覆盖面广、专业化规范化水平明显提升，知识产权鉴定的应用范围更加广泛，对全面加强知识产权保护工作的技术支撑作用更加突出。

7 月 26 日，2022 年第三期全国知识产权信息服务优秀案例分享活动在线举行。

分享活动以“分享经验，服务创新”为主题，从不同领域和角度全方位展示知识产权信息服务创新发展的典型做法。

7月28日，2022年全国知识产权局局长高级研修班以线下和线上相结合的方式在京举行。

会议强调，做好下半年工作，要深入贯彻落实习近平总书记重要讲话精神和党中央、国务院决策部署，扎实推进知识产权事业高质量发展。要坚持政治引领、服务大局，坚持稳字当头、稳中求进，坚持落实为要、质量优先，坚持改革创新、提升能力，坚持底线思维、确保安全。

7月28日，国家知识产权局、中国银行股份有限公司开展商标质押助力餐饮、文旅等重点行业纾困“知惠行”专项活动。

活动聚焦受新冠疫情影响较大的餐饮、文旅等重点行业小微企业和个体工商户，突出发挥商标质押的独特作用，充分利用中国银行“惠如愿·知惠贷”等普惠金融专属产品，加大服务模式创新和政策支持力度，迅速组织企业调查、银企对接、政策宣讲等系列活动，一体推进“快评、快审、快登、快贷”，为困难行业小微企业纾困，助力稳就业、稳经济发挥积极作用。

8 月

8月1日，国家知识产权局发布公告，核准浙江安吉茗静园茶叶有限公司等75家企业使用地理标志专用标志。

8月1日，国家版权局印发《以无障碍方式向阅读障碍者提供作品暂行规定》。

该“规定”提出，鼓励出版、电影、广播电视、网络视听等机构为其拥有版权的作品同步制作、提供无障碍格式版。各级著作权主管部门以及相关部门对无障碍格式版服务机构（含跨境交换机构），在业务指导、宣传推广、资源对接、经费协调等方面给予支持。

8月2—3日，全国专利开放许可和转化专项专题研修班以线上线下相结合的方式在京举办。

研修班上，国家知识产权局运用促进司负责同志、局相关部门和各界专家，聚焦专利开放许可和转化专项计划实施主题，围绕法律制度、政策解读、业务流程、管理实务、配套服务等内容进行讲解。上海、浙江、广东、四川、济南、武汉、苏州等省市知识产权管理部门作了典型经验交流，各省（区、市）知识产权管理部门、各运营服务体系建设重点城市知识产权管理部门进行了深入研讨。

8 月 9 日，国家知识产权局与中国人民财产保险股份有限公司在京举办知识产权保险战略合作中期推进座谈会。

会议指出，双方签署战略合作协议以来，知识产权保险规模范围不断扩大，产品类型逐渐丰富，双方合作取得的成绩值得充分肯定。下一步，双方将进一步深化战略合作，积极开拓创新，共同建设好知识产权保险产品创新实验室，推动知识产权保险产品和服务向规模化和常态化方向发展。

8 月 19 日，知识产权保护中心建设推进工作组召开第三次会议。

会议指出，2021 年以来，知识产权快速协同保护工作在各部门共同推进下，取得显著成效。面对新形势、新要求，快速协同保护工作还需要进一步提高运行管理能力，释放“一站式”综合服务效能，加强人员队伍服务能力建设。

8 月 24 日，国家知识产权局举行“知识产权转化运用”专题新闻发布会。

会议明确，2022 年上半年面对较大经济下行压力，全国专利商标质押融资额依然达到了 1 626. 5亿元，同比增长 51. 5%。其中，1 000万元以下的普惠项目达 7 345项，同比增长 112%，有效缓解了一批中小企业的燃眉之急。

8 月 25 日，国家知识产权局与湖南省共建“三高四新”知识产权强省推进大会在湖南长沙召开。

会议指出，要不断完善共建知识产权强省工作机制，力争在服务国家大局上贡献更多力量，在知识产权保护上取得更大成效，在知识产权转化运用上取得更高效益，在夯实知识产权强省建设基础上取得更大进展，高质量推进“三高四新”知识产权强省建设。会上，国家知识产权局宣读同意湖南省、湘潭市开展国家级知识产权保护中心建设的批复，并为中国专利奖金奖获奖项目颁奖。

8月29—31日，国家知识产权局在京举办2022年知识产权保护体系建设能力提升线上培训班。

培训班重点围绕《“十四五”国家知识产权保护和运用规划》解读、严格规范专利商标申请行为、知识产权快速协同保护、知识产权维权援助、纠纷调解、信用体系建设和知识产权对外转让等专题开展培训。

8月30日，“2022年内地与香港特区、澳门特区知识产权研讨会”以线上方式举行。

研讨会围绕“内地与港澳知识产权的最新发展”及“商标保护与品牌建设”两个主题展开讨论，由三地知识产权行政管理部门的代表分别介绍内地及港澳特区知识产权的最新情况和发展趋势，并邀请三地企业代表担任主讲嘉宾，共同探讨商标保护对企业发展的重要性，分享运用品牌策略推动企业建设创新的心得与经验。

8月30日，2022年知识产权保护重点工作座谈会在安徽合肥召开。

会议围绕国家知识产权保护示范区遴选建设和2022年全国知识产权保护工作检查考核安排两项重点工作通报信息、加强交流，听取意见建议。

9 月

9月1日，2022年全国知识产权公共服务培训班以线下线上结合的形式在京举办。

此次培训班作为2022年全国知识产权人才专业提升培训计划的一项内容，以“知识产权公共服务能力提升”为主题，旨在提高全国知识产权公共服务干部队伍综合能力和专业化水平，充分发挥知识产权公共服务在助力创新发展和经济平稳健康发展中的基础支撑作用。

9月2日，国家知识产权局宣布，决定和世界知识产权组织共同开展第二十四届中国专利奖评选工作，鼓励和表彰为技术（设计）创新和经济社会发展作出突出贡献的专利权人和发明人（设计人）。中国专利奖设中国专利金奖、银奖、优秀奖，中国外观设计金奖、银奖、优秀奖。

9月6日，国家知识产权局发布数据显示，2021年全国知识产权保护社会满意度达到80.61分（百分制），较2020年提高0.56分，相较于调查启动之初（2012年）和“十三五”初期（2016年）分别提高16.92分和8.23分，得分连续两年迈过80分门槛，整体步入良好阶段。

9月6日，“知识产权案件办理疑难复杂问题同堂培训专题研修班”在国家检察官学院河南分院开班。

此次研修班是最高人民检察院知识产权检察办公室成立后，首次举办的公、检、法机关和行政执法机关共同参加的同堂业务培训，学员是来自全国知识产权执法司法一线的130余名法官、检察官、警官和商标、版权领域行政执法办案骨干。

9月7日，第三届全国知识产权快速维权案件模拟演示活动在长沙开幕。

知识产权快速维权案件模拟演示活动，是全国各知识产权保护中心、快速维权中心、维权援助中心之间定期举行的业务活动，旨在促进各中心之间交流，共同提升维权保护业务能力和水平。

9月9日，国家版权局、工业和信息化部、公安部、国家互联网信息办公室四部门联合启动打击网络侵权盗版“剑网2022”专项行动。

这是全国连续开展的第18次打击网络侵权盗版专项行动，重点开展四个方面整治：一是开展文献数据库、短视频和网络文学等重点领域专项整治；二是加强对网络平台版权监管，依法查处通过短视频平台、直播平台、电商平台销售侵权制品行为；三是强化NFT数字藏品、“剧本杀”等网络新业态版权监管；四是持续加强对院线电影、网络直播、体育赛事、在线教育、新闻作品版权保护。

9月15日，由中国国家知识产权局主办的第十四次金砖国家知识产权局局长会议以视频形式举行。

此次会议是全面落实《北京宣言》要求，扎实推进专利、商标和外观设计等领域合作召开的一次重要会议。会上，金砖五局局长共同批准更新《金砖知识产权合作运行指南框架》，该更新文件为金砖五局未来合作提供了更加明确的指引，并将“知识产权支撑联合国2030年可持续发展议程”写入合作目标，将数字技术、知识产权保护和管理纳入未来合作内容，进一步完善了合作机制。

9月16日，国家知识产权局条法司综合业务处有关人员赴沪调研地方知识产权综合立法工作并召开座谈会。

会上，上海市知识产权局和浦东新区知识产权局分别介绍了《上海市知识产权保护条例》《上海市浦东新区建立高水平知识产权保护制度若干规定》的起草制定、内容亮点、经验做法等情况，并就地方知识产权综合立法中存在的难点问题进行了讨论交流。

9月19日，国家林业和草原局科技发展中心线上举办林草新品种及知识产权保护与管理培训班。

此次培训班旨在进一步增强各地林草新品种和知识产权保护意识，提高专业能力和水平，做好“双打”各项工作。

9月20日，国家知识产权局在京组织召开数据知识产权工作指导专家组第一次全体会议。

会上，宣布了数据知识产权工作指导专家组名单。十三届全国人大常委会委员江小涓任组长，中国科学院院士梅宏、中南财经政法大学教授吴汉东任副组长。专家组成员包括来自理论和实务界的19位专家。

9月22日，“知识产权青年人才”专题培训班（第一期）举办。

此次培训班由国家知识产权局主办、重庆市知识产权局指导、国家知识产权培训（重庆）基地和重庆理工大学重庆知识产权学院承办，旨在进一步激发知识产权青年人才的创新活力和实践动力，提升知识产权各链条人才能力水平。

9月22日，2022年全国知识产权规划工作会议在京举行。

会议总结了知识产权规划工作成绩，部署持续推动规划实施工作深入开展。会议指出，要在有序推进规划任务全面落实、着力实现规划任务重点突破、更好发挥规划指标导向作用、不断提升统计监测业务水平、多措并举做好规划实施保障、齐心协力做好分项规划和地方规划实施等 6 个方面下功夫，扎实推动规划部署落实落地。

9 月 23 日，生物医药产业海外知识产权纠纷应对指导试点单位江苏省知识产权保护中心组织召开闭门会议。

会议围绕美摩德纳公司（Moderna）就新冠疫苗 mRNA 专利技术发起多起专利侵权诉讼的热点问题，研讨生物医药产业如何加强海外知识产权风险防控。会议通报了相关背景情况，来自国家知识产权局专利局专利审查协作江苏中心、中国贸促会专利商标事务所等单位的 6 位专家从 mRNA 专利技术及布局、专利诉讼相关法律问题、药物研发全周期知识产权风险管理等角度进行了专题分享。

9 月 27 日，国家知识产权局与司法部联合向各地知识产权局、司法厅（局）发布《国家知识产权局办公室司法部办公厅关于推介第二批全国专利侵权纠纷行政裁决建设典型经验做法的通知》，推介北京、河北等地在专利侵权纠纷行政裁决建设方面涌现出的 13 个典型经验做法。

2020 年以来，国家知识产权局会同司法部在全国范围大力推进专利侵权纠纷行政裁决规范化建设试点工作，已组织三批次共计 23 个省（区、市）开展行政裁决试点建设。此次第二批行政裁决建设典型经验做法的发布，标志着行政裁决规范化建设工作取得阶段性成果。

10 月

10 月 9 日，国家知识产权局在北京举行“知识产权这十年”专题新闻发布会。

中国国家知识产权局新闻发言人张志成表示，十年来，知识产权维权援助“全国一张网”持续完善，维权援助机构总数达到 1 300余家；截至 2022 年 9 月，我国累计批准保护地理标志产品 2 495个，地理标志专用标志使用市场主体超 2 万家，地理标志产品年直接产值超 7 000亿元；中国知识产权保护社会满意度得分逐年提升，2021 年达到 80.61 分，整体步入良好状态。

10 月 13 日，国家知识产权局、工业和信息化部联合印发《关于知识产权助力专精特新中小企业创新发展的若干措施》，并提出“充分发挥专利、商标审查绿色通道作用，支持专精特新中小企业新技术、新产品高效获取知识产权保护”“面向‘专精特新’等中小企业举办高校院所与企业对接活动”“加大对专精特新中小企业海外知识产权维权援助力度，助力企业‘走出去’”等多方面内容。

10 月 14 日，国家知识产权局印发《专利开放许可使用费估算指引（试行）》。

该“指引”发布目的在于深入贯彻落实《“十四五”国家知识产权保护和运用规划》关于“建立完善专利开放许可制度和运行机制”的部署，推动专利开放许可制度平稳落地、高效运行，引导专利权人科学、公允、合理估算专利开放许可使用费。

10 月 25 日，科技部发布《“十四五”技术要素市场专项规划》。

该“规划”提出，到 2025 年，技术合同成交额达到 5 万亿元；国家科技成果转移转化示范区达到 20 家，国家技术转移区域中心达到 15 家，国家技术转移机构达到 500 家，国际技术转移中心超过 60 家，技术经理人数量突破 3 万名。

10 月 27 日，海关总署发布中国海关 2022 年前三季度知识产权执法情况。

海关总署不断强化知识产权保护，组织开展全面加强知识产权保护“龙腾行动 2022”、寄递渠道知识产权保护“蓝网行动 2022”、出口转运货物知识产权保护“净网行动 2022”等专项行动，持续保持对侵权贸易的高压打击态势，强化统筹协作，进一步提升打击进出口侵权假冒违法行为的执法效能。2022 年 1—9 月，全国海关共扣留侵权嫌疑货物 4 万批，扣留侵权嫌疑货物 5 977万件；海关总署核准知识产权海关保护备案 16 424件。

10 月 28 日，国家知识产权局印发《深入实施〈关于强化知识产权保护的意见〉推进计划》，明确了 2022—2025 年落实《关于强化知识产权保护的意见》重点任务和工作措施。

11 月

11 月 4 日，2022 年全国知识产权保护检查考核工作会议在京召开。

会上，国家知识产权局知识产权保护司介绍了 2021 年度检查考核工作成效和 2022 年度检查考核工作整体安排，重点介绍了 2022 年度实地检查考核分组建议、工作程序、重点环节等事项。此次检查考核聚焦各地党委政府深入贯彻落实习近平总书记关于加强知识产权保护工作的一系列重要指示精神，全面落实党中央、国务院关于强化知识产权保护的决策部署，结合实际统筹部署本辖区知识产权强国建设、强化知识产权保护，落实属地责任情况，将从知识产权保护工作的整体组织实施、资源配备保障、重点工作推进情况等方面对各地知识产权保护工作和成效进行检查考核。

11 月 5 日，第五届中国国际进口博览会“保护知识产权 打击侵权假冒国际合作”虹桥分论坛在上海国家会展中心举办。

11 月 11 日，国家知识产权局发布通知，面向重点产业组织开展国家级专利导航服务基地建设工作。《通知》指出，国家级专利导航服务基地的主要工作任务包括开展需求对接、加强组织管理、强化应用推广三方面。

11 月 16 日，全国商业秘密保护百家企业圆桌会议在北京召开。

会上，百家企业代表联合签署“保护商业秘密 助力创新发展”倡议书，向全国企业发出九项倡议，具体包括：秉持创新精神，致力发明创造；重视商业秘密，保护知识产权；健全管理制度，夯实保护基础；加大投入保障，提升保护能力；恪守商业道德，净化竞争生态等。

11 月 21 日，《中华人民共和国植物新品种保护条例》向社会公开征求意见。此次修订是 25 年以来的首次全面修订，也是落实新修改《种子法》有关要求，有助于进一步加大我国种业知识产权保护力度，激励种业原始创新。

此次修订主要包括七个方面的内容，涉及对实质性派生品种（EDV）制度实施步骤和办法作出规定；扩大保护范围及保护环节；延长保护期限；完善侵权假冒案件处理措施；明确权利恢复的情形；增加对不诚信行为处罚的规定；建立植物新品种保护专业队伍。

11 月 22 日，国家知识产权局、最高人民法院、最高人民检察院、公安部、国家市场监督管理总局联合印发《关于加强知识产权鉴定工作衔接的意见》，就全面贯彻党的二十大精神，加强知识产权法治保障，进一步深化知识产权管理执法部门与司法机关在知识产权鉴定工作中的合作等明确了具体措施。

11 月 28—29 日，国家知识产权局与世界知识产权组织（WIPO）共同举办知识产权与传统知识和遗传资源国际专题讨论会。

会上，WIPO 成员和观察员分享利用知识产权和传统知识促进经济增长和可持续发展的实践、经验与案例，并就与知识产权、遗传资源和与遗传资源相关的传统知识有关的重要议题展开研讨。

11 月 30 日，第十一届中国知识产权年会以线上形式开幕。

此届年会由知识产权出版社主办，通过学习强国、央广网、中国日报、百度、快手、会议微信视频号等平台同步直播，仅开幕式就超过 10 万人次在线观看。来自 WIPO 等国际和地区组织，我国政府相关部门，国内外知识产权服务机构、高校、科研院所、企业的代表围绕数字经济、金融科技、生物医药、移动通信等重点领域的知识产权内容展开深入探讨。

11 月 30 日，中国国家知识产权局发布数据显示，截至 2022 年 10 月，中国已累计批准地理标志产品 2 495个。自《中欧地理标志保护与合作协定》2021 年 3 月生效以来，累计实现中国与欧盟互保地理标志 244 个。

12　月

12 月 2 日，国家知识产权局发布《关于依法打击恶意抢注“世界杯”“拉伊卜”等商标注册的通告》，对 26 件世界杯热词商标注册申请予以驳回，对 1 件已注册商标依职权宣告无效。

12 月 5 日，国家知识产权局、国家医疗保障局联合印发《国家知识产权局　国家医疗保障局关于加强医药集中采购领域知识产权保护的意见》。

该“意见”的出台，将推动国家知识产权局和国家医疗保障局进一步深化合作、加强能力建设，协同强化医药领域知识产权保护，形成多层次、高效率的知识产权纠纷防范和化解联动机制，有助于提高全社会依法保护知识产权的意识，进一步优化营商环境，鼓励医药产业研发创新、促进公平竞争。

12 月 5 日，国家知识产权局知识产权发展研究中心对外发布《中国民营企业发明专利授权量报告》，披露了“中国民营企业发明专利授权量 TOP10（2021）”榜单。其中，联想集团与华为、比亚迪等企业位列其中。

该“报告”指出，上榜民企发明专利授权量 TOP10 的 10 家民营企业，2019—2021 年发明专利授权量三年平均增长率平均值为 49.25%，增长速度惊人。中国迈入创新型国家行列后，创新主体创新创造的热情空前高涨。在各类创新主体中，中国民营企业创新更为强劲，某种程度上已成为中国创新的主力军。

12 月 6 日，国家知识产权局制定印发《知识产权行政保护案件请示办理工作办法》，进一步规范和优化各级知识产权管理部门专利、商标、地理标志、集成电路布图设计等知识产权行政保护案件请示办理工作，加快构建完善职责明确、统筹有力、有机衔接、高效运转的行政保护案件执法业务指导体系，不断提升全系统知识产权行政保护综合效能。

12 月 8 日，由人民日报社主办的“2022 中国品牌论坛”在北京举行。

此次论坛以“推动中国品牌建设高质量发展”为主题。会议指出，近年来，全社会品牌发展理念与时俱进，品牌发展氛围日益浓厚，企业品牌、产业品牌、区域品牌竞相涌现，老字号品牌、非遗品牌、文旅品牌各展风采，我国品牌建设取得显著成效。

12 月 13 日，国家知识产权局办公室印发《知识产权保护规范化市场创建示范管理办法》。

该“管理办法”所称知识产权保护规范化市场是指已批准纳入知识产权保护规范化市场创建名单的商品交易市场，通过重点培育建设，经国家知识产权局认定，在推动提升市场相关方知识产权保护意识和管理能力，促进商品交易市场建立知识产权保护长效机制等方面具有示范标杆作用的国家级知识产权保护规范化市场。

12 月 13 日，国家知识产权局印发《绿色低碳技术专利分类体系》，并在此基础上开展了发明专利统计分析。

《绿色低碳技术专利分类体系》显示，2016—2021 年，全球绿色低碳专利授权量累计 47.1 万件，其中，我国国家知识产权局授权 16 万件，占 34%，已成为全球绿色低碳技术创新的重要带动力量，而我国绿色低碳专利海外布局仍显薄弱，与美日欧存在一定差距。2016—2021 年，我国专利权人在海外获得绿色低碳专利授权 1.5 万件，远低于欧洲的 7 万件、日本的 4.8 万件、美国的 4.5 万件，也低于韩国的 1.7 万件。

12 月 13 日，第 29 次中日知识产权局局长会议、第 28 次中韩知识产权局局长会议和第 22 次中日韩知识产权局局长会议分别以视频方式举行。

中国国家知识产权局局长申长雨、日本特许厅长官滨野幸一、韩国特许厅厅长李仁实分别率团出席会议，回顾了一年来双边和三方合作项目的开展情况，并签署有关会谈纪要。

12 月 21 日，教育部、国家知识产权局、科技部发布《关于组织开展“百校千项”高价值专利培育转化行动的通知》。

该“通知”旨在深入贯彻党的二十大精神，加快落实国家中长期科学和技术发展规划、《知识产权强国建设纲要（2021—2035 年）》的有关部署，深入实施《教育部关于加强高校有组织科研 推动高水平自立自强的若干意见》，推动《教育部 国家知识产权局 科技部关于提升高等学校专利质量 促进转化运用的若干意见》落实落地，切实提升高校专利创造质量、加快转化运用。

12 月 23 日，国家知识产权局商标局与三级法院商标授权确权业务研讨会成功举行。

研讨会就“撤三”复审案件诉讼证据关门的可行性，避免情势变更适用的不当扩张，商标使用“合法性”的界定，关联公司间共存协议的采信等问题进行了充分交流与讨论。

12 月 28 日，国家知识产权局发布《2022 年中国知识产权发展状况评价报告》。

该“报告”从全国、地区及国际三个维度开展综合评价，设置知识产权强国建设指数、地区发展指数和国际比较指数三类指标，在量化评价知识产权强国建设各项目标任务落实情况的基础上，系统总结过去一年中国知识产权事业发展的主要特点。

12 月 28 日，国家知识产权局发布的《2022 年全国知识产权服务业统计调查报告》指出，知识产权服务业规模持续扩大，服务体系更加健全，服务区域经济发展能力持续增强，新模式、新业态不断涌现，支撑创新发展作用进一步显现。

12 月 28 日，由国家版权局举办的“版权让文化生活更美好”主题展亮相第十八届中国（深圳）国际文化产业博览交易会。主题展以丰富内容和新颖形式，全面展示了党的十八大以来，中国版权立法、版权保护、版权服务、版权国际交流合作、版权宣传教育助力提升我国文化事业繁荣发展取得的重大成就。

12 月 29 日，中国国家知识产权局和欧洲专利局、日本特许厅、韩国特许厅、美国专利商标局的共同决定，五局专利审查高速路（IP5 PPH）试点项目将自 2023 年 1 月 6 日起再延长三年，至 2026 年 1 月 5 日止。申请人在试点项目下提出 PPH 请求的有关要求和流程保持不变。

中南大知识产权研究中心 2022 年度大盘点

徐剑飞 *

2022 年，中心（学院）新增科研项目 16 项；发表学术论文 72 篇，其中 27 篇发表于 CSSCI 收录期刊，2 篇发表于《法学研究》和《中国法学》；在报刊发表理论文章 21 篇；出版专著 2 部、教材 4 部；招收博士研究生 10 名，硕士研究生 42 名；主办 3 场国际、国内学术研讨会；邀请 10 名外国专家开设了 16 场线上讲座和 7 场科研咨询；中心（学院）团队完成国务院知识产权战略实施工作部际联席会议办公室专项研究报告 2 项，提交《知识产权信息速递》8 期，编写《知识产权南湖快讯》12 期；向文化和旅游部提交研究报告 10 期。

1　月

吴汉东教授、马一德教授受聘为中国贸促会调解中心知识产权专业委员会委员。

* 徐剑飞，中南财经政法大学知识产权研究中心科研办公室主任。

2 月

根据《中华人民共和国仲裁法》和《深圳国际仲裁院条例》，经深圳国际仲裁院（又称“华南国际经济贸易仲裁委员会”“粤港澳大湾区国际仲裁中心”“深圳仲裁委员会”，SCIA）第二届理事会第十八次会议审议，新一届《深圳国际仲裁院仲裁员名册》于2022年2月21日起启用。吴汉东教授、彭学龙教授受聘为新一届仲裁员。

4 月

4月16—17日，2022知识产权南湖论坛“现代化强国建设与知识产权全球治理”国际研讨会在武汉召开，来自美国、德国、日本的知识产权专家和80余名国内知识产权实务部门、高校研究机构以及企业界人士通过线下和线上结合的方式参加会议，为我国知识产权事业发展和全球知识产权治理体制构建建言献策。

5 月

吴汉东教授的专著《知识产权精要：制度创新与知识创新》荣获第八届钱端升法学研究成果奖一等奖。

6 月

黄玉烨教授项目团队受湖北省知识产权局委托，负责收集分析《湖北省知识产权“十四五”规划》相关研究材料与支撑数据，为《规划》起草制定提供智力支持。

由黄玉烨教授担任首席专家的国家社科基金重大项目《总体国家安全观

下产业知识产权风险治理现代化研究》开题报告会成功举行。

由湖北省知识产权局主办、中南财经政法大学知识产权研究中心承办的湖北省知识产权保护地方综合性立法专家座谈会召开，专家学者围绕湖北省知识产权保护地方综合性立法的必要性、可行性和推动立法进程、提高立法质量提出具体建议。

9　月

国家知识产权局在京组织召开数据知识产权工作指导专家组第一次全体会议。会上宣布了数据知识产权工作指导专家组名单。十三届全国人大常委会委员江小涓任组长，中国科学院院士梅宏、中南财经政法大学教授吴汉东任副组长。专家组成员包括来自理论和实务界的19位专家。

10　月

黄玉烨教授、杨依楠博士撰写的《线上演播相关法律问题研究》获评“全国文化和旅游系统2021年度二十佳调研报告”。

11　月

为深入学习贯彻党的二十大精神，积极推动构建数据法律保护规则，探索数据知识产权保护制度，促进数据资源的充分利用，11月18日，中南财经政法大学知识产权研究中心、湖北省知识产权局、湖北省高级人民法院、湖北省知识产权研究会、湖北省法学会知识产权法研究会、国家社会科学基金重大项目（21&ZD203）课题组联合举办“数据知识产权保护研讨会”。学界、行政、司法、企业各界在数据法律保护领域已经有所研究或者实践的专家学者以线上线下相结合的形式进行深入研讨，线上直播观看人数超1.5万人次。

吴汉东教授的著作《中国知识产权理论体系研究》入选2022年度国家社

科基金中华学术外译项目推荐书目。

12 月

2022 年 12 月 5—9 日，世界知识产权组织知识产权和遗传资源、传统知识和民间文艺政府间委员会第四十五届会议在瑞士日内瓦召开。受国家版权局指派，胡开忠教授受邀担任 WIPO 知识产权和遗传资源、传统知识和民间文艺政府间委员会特设专家组专家，并参与传统知识和传统文化表现形式知识产权保护问题的线上研讨。何华教授、王小丽老师及张岚霄博士研究生与胡开忠教授一同组成项目组并参与这一问题的后续研究工作。

12 月 17 日，“2022 新型智库治理论坛”在江苏省南京市举行。彭学龙教授、杨曦专职研究员受邀参会，彭学龙主任在分论坛作主题发言。中南财经政法大学知识产权研究中心入选“CTTI2022 年度高校智库百强榜”。吴汉东教授、黄美玲教授、徐小奔副教授的《关于把武汉建设成知识产权纠纷解决优地》获 CTTI2022 年度智库优秀成果特等奖，黄玉烨教授、徐小奔副教授的《国际人才交流中数据跨境流动的国际形势与中国应对》获 CTTI2022 年度智库优秀成果二等奖。

稿　约

尊敬的女士/先生：

《中国知识产权蓝皮书》（书系）由国家知识产权保护工作研究基地、教育部人文社会科学重点研究基地——中南财经政法大学知识产权研究中心承编，著名知识产权专家、文澜资深教授吴汉东先生担任编委会主任，中心主任彭学龙教授担任主编。该书秉承民间视野、学界观察的编写方针，依托理论、注重实证，力求精深、兼顾广博，旨在汇集中国知识产权界的智力资源，展示中国知识产权事业的发展面貌、成就和走向。全书分为特稿、知识产权年度总报告编、制度创新与驱动发展编、行业知识产权创新发展报告编、地区知识产权创新发展报告编、知识产权发展大事纪要部分。以翔实的资料、准确的数据、深入的分析、独特的视角，记录上一年度我国知识产权事业发展的脉络和轨迹，为中国式知识产权的高质量建设提供智力支持和决策参考。届时将向海外同步推出《中国知识产权蓝皮书（英文版）》。

鉴于您在知识产权领域的瞩目成就，本书编委会特邀您就上述主题惠赐稿件，题目可以在拟定的范围内调整，尤其欢迎**数据产权和新业态知识产权保护状态报告**，格式与历年《中国知识产权蓝皮书》一致，敬请您百忙之中假时周全。对您为我国知识产权事业做出的努力和贡献，献上我们深深的敬意！

《中国知识产权蓝皮书（2023）》征稿**截止日期为 2023 年 12 月 15 日**，出版日期为 2024 年 4 月。本书将在各大书店及网络书店发售，2024 年 4 月召开的南湖知识产权国际论坛欢迎您莅临指导，并赠送本书。稿费将在该书出版后一并汇入您的账户。

邮件往来联系人：编委会联系人、年度执行主编 李士林

电话/微信：13636921842，电邮：lslindy@ 126. com

谢谢您的热心支持！

恭祝

工作愉快　安康吉祥

中南财经政法大学知识产权研究中心

《中国知识产权蓝皮书》编委会

声　　明

"知识产权蓝皮书""The Blue Book of IPR" 商标为中南财经政法大学的注册商标，受法律保护，侵权必究。

特此声明！

中南财经政法大学知识产权研究中心

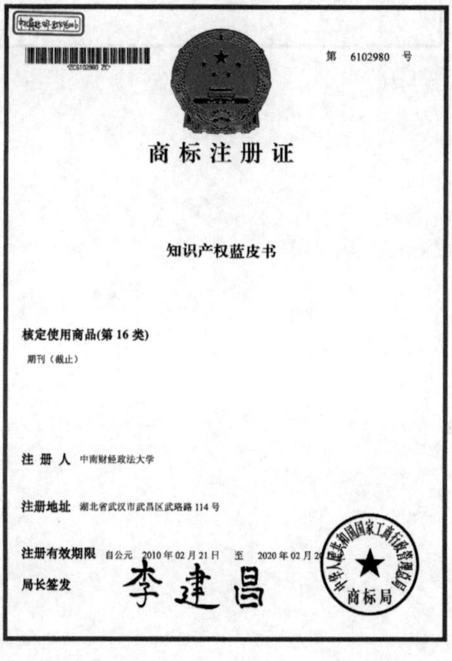

第 6102980 号

商标注册证

知识产权蓝皮书

核定使用商品(第 16 类)

期刊（截止）

注 册 人　中南财经政法大学

注册地址　湖北省武汉市武昌区武路路 114 号

注册有效期限　自公元　2010 年 02 月 21 日　至　2020 年 02 月 2

局长签发　李建昌

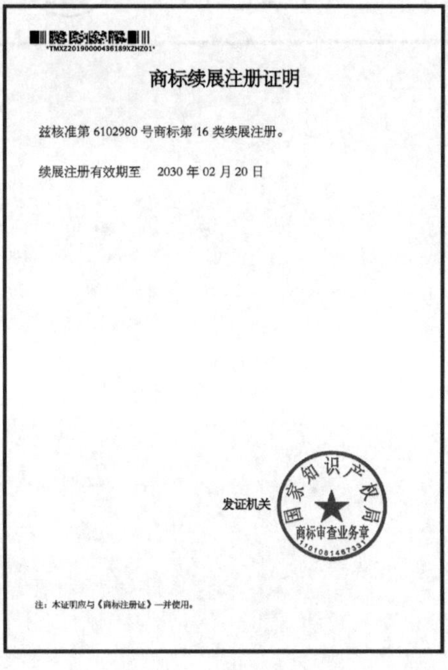

商标续展注册证明

兹核准第 6102980 号商标第 16 类续展注册。

续展注册有效期至　2030 年 02 月 20 日

发证机关

注：本证明应与《商标注册证》一并使用。

第 6102963 号

商标注册证

The Blue Book of **IPR**

核定使用商品(第 16 类)

书籍；印刷出版物；期刊（截止）

注 册 人 中南财经政法大学

注册地址 湖北省武汉市武昌区武路路 114 号

注册有效期限 自公元 2010 年 01 月 28 日 至 2020 年 01 月 27 日

局长签发 李建昌

中华人民共和国国家工商行政管理总局 商标局

"TMXZ20190000436190XZHZ01"

商标续展注册证明

兹核准第 6102963 号商标第 16 类续展注册。

续展注册有效期至 2030 年 01 月 27 日

发证机关 国家知识产权局 商标审查业务章

注：本证明应与《商标注册证》一并使用。